김원제·이용준·송해룡

굿 콘텐츠
Good Content

신영사

머리말

대한민국의 오늘을 사는 우리는 늘 피곤하다. 지쳐 있다. 그래서 과로사회, 피로사회다.

대한민국의 오늘을 사는 우리는 재난재해, 사건사고로 점철된 세상에 불안하다. 그래서 위험사회다.

대한민국의 오늘을 사는 우리는 콘텐츠를 탐닉하고, 휴대폰에 집착한다. 그래서 콘텐츠 과잉, 디지털 중독사회다.

대한민국의 오늘을 사는 우리는 디지털 공간, 스마트 세상에서 박탈감을 경험한다. 그래서 격차사회다.

피로, 위험, 중독, 격차 사회를 살아내기 위해 우리에겐 에너지가 필요하다. 살 만한 세상임을 확인시켜주고, 앞으로 나아가게 하는 원동력을 제공하는 무언가 말이다. 사람마다, 상황에 따라 다양한 해법이 있겠으나, 미디어가 제공하는 콘텐츠가 그런 역할을 한다. 우리는 미디어, 콘텐츠를 이용하면서 일상의 피곤함을 달래고, 재미와 공감을 넘어 세상에 희망이 있음을 확인한다.

'선한 영향력'이 화두다. 한 사람의 생각이나 행동이 긍정적 방향으로 발전하는 것, 선순환을 뜻한다.

방탄소년단(BTS)을 보자. 그들의 노랫말은 방황하는 지구촌 청춘들에게 위로와 힘을 주고 팬들의 선행 동참까지 이끌어낸다. '져도 괜찮아, 멈춰서도 괜찮아'와 같은 가사를 한글로 전할 때 전 세계 청소년들은 열창하며 눈물을 흘린다. 멤버들은 기회 있을 때마다 '좋은 메시지, 선한 영향력'을 강조한다. 전 세계 아미(BTS 팬클럽)도 자발적으로 BTS가 전하는 '선한 영향력'을 전파한다. 특히 BTS 멤버와 팬들의 기부 활동으로 사회 곳곳에 온기가 퍼진다. 과거 '조공'이라 일컫던 고가의 선물 문화가 기부 문화로 바뀌면서 선한 영향력의 좋은 예로 손꼽히고 있음이다.

'방탄소년단'이라는 이름에는 방탄이 총알을 막아내는 것처럼, 살아가는 동안 힘든 일을 겪는 10대와 20대의 편견과 억압을 막아내고 자신들의 음악과 가치를 지켜내겠다는 의미를 담고 있다(BTS 홈페이지). 방탄소년단의 팬덤은 아미(A.R.M.Y)로 군대라는 단어이지만 'Adorable Representative MC for Youth'의 약자로 청춘을 위한 사랑스러운 대변인, 즉 MC(진행자)라는 의미를 내포한다.

콘텐츠의 긍정적인 사회적 역할 · 책무 · 효과가 강조된 '선한 영향력!'

콘텐츠는 사회적 영향력을 행사하는데, 사회적 영향력은 사회 구성원으로서 인간이 욕구에 부응하기 위해 하는 일, 놀이, 삶의 방식에 변화를 결과한다. 사람들이 상호관계하면서 사회 구성원으로서 대처하는 방식의 변경을 야기하는 사회 · 문화적인 결과이다. 사회적 영향력이 효과적으로 작동하게 되면 한 사람의 태도, 신념, 행동을 바꿔놓기도 한다. 가치관과 자아는 물론 정체성까지 새롭게 만들 수 있다.

이러한 사회적 영향력 가운데 특히 정서적 공감을 일으켜 긍정적 작용을 하는 영향력을 '선한 영향력'이라 할 수 있다. 선한 영향력은 낙관의 단계를 넘어 적극성과 진취성의 단계로 이끌어 자신은 물론 가족, 이웃, 사회, 대중을 비롯한 주변 사람들의 삶과 태도를 향상시키는 선순환 작용을 한다. 일이나 행동이 의미가 있어 긍정적 작용을 하면서 성과를 만들어내 인간 사회의 발전에 기여하는 힘이라 하겠다.

인간은 희망, 성공, 도움과 같은 긍정적 속성보다 절망, 실패, 외면과 같은 부정적 속성에 더욱 민감하게 반응하는 '긍정과 부정의 비대칭 효과(positive-negative asymmetry effect)'를 보이는 것으로 설명된다. 선한 영향력에 기인한 행동은 인간적 성숙과 성찰을 전제로 자발적 의지와 정성이 있어야 가능한 일이기 때문에 존귀하게 평가된다. 심리학자 에릭슨(Erikson)은 인생을 8개 발달단계로 구분하면서 본성에 따라 7번째 단계(35~60세)에는 자신이 세상과 다음 세대에 기여하는 공헌의 덕목을 배우고 실천해야 하는 시기라고 하면서 선한 영향력이 인간 본연의 긍정적 성품임을 강조했다. 선한 영향력은 진정성, 창의성, 이타성, 지속성의 바탕 위에 문제 해결, 의사 결정, 사회발전에 긍정 작용을 하는 사회적 책임 행동으로 귀결된다.

끊임없이 새로운 콘텐츠가 쏟아진다.

유튜브, 넷플릭스, 웨이브, 티빙, 쿠팡, 디즈니플러스, 왓챠와 같은 OTT 플랫폼 이외에도 네이버, 카카오, 페이스북, 인스타그램 등의 포털과 SNS에서 우리는 쉼 없이 동영상을 접하며 산다. 때로는 보기 싫은 영상도 피할 도리가 없다는 이유로 시청하게 된다.

이용자가 주도하는 것이 가능한 미디어 생태계가 만들어졌다. 몇 개의 방송 채널만 존재했던 아날로그 시대의 이용자는 선택권이 제한되어 있었기 때문에 어쩔 수 없이 수동적일 수밖에 없는 존재였다. 하지만 이제 이용자에게는 무한한 선택권이 주어져 있다.

콘텐츠 소비자와 제작자의 구분도 모호해졌다. 즉, 모든 사람이 콘텐츠 생산과 선택의 권한을 자유롭게 누릴 수 있는 시대가 되었다. 누구나 쉽게 제작하고 접할 수 있으며 핵심적인 내용만 전달하는 숏폼 콘텐츠가 생산 및 소비되고 있다.

바야흐로 '콘텐츠 시대'다. 그런데 콘텐츠가 넘쳐나지만, 정작 무엇을 봐야 할지 고민이다. 볼 게 너무 많아 뭘 볼지 모르겠고, 반대로 눈앞에 펼쳐진 것은 많지만 정작 볼 게 없다고 탄식한다. 우리는 범람하는 콘텐츠 속에서 무엇을 즐길까 고민하기보다 배속 재생과 랜덤 재생, 연속 재생 등으로 내용물을 빠르게 흘려보내는 쪽을 택하고 있다. '콘텐츠 폭식'을 하게 되고, 급기야 콘텐츠 소화불량을 겪게 된다. 오늘 내가 무엇을 봤는지조차 기억이 나지 않는다. 콘텐츠로 인해 산만해지기만 하고, 나 자신을 잃는 듯한 기분이 든다. 콘텐츠 풍요 속에서 우리는 결핍을 겪는다. 지나치게 콘텐츠의 양이 많아져 소비자는 풍요 속 고독과 불안감을 겪고 있다. 콘텐츠의 범람이 우리에게 콘텐츠 소비 부담을 가져온 것이다.

좋은 콘텐츠, 선한 콘텐츠가 요구되는 이유다.

우리는 좋은 콘텐츠를 기대한다. 우리에게 필요한 콘텐츠는 인간적이고 사회적인 선(善)한 콘텐츠다. 휴먼 콘텐츠, 해피 콘텐츠, 헬스 콘텐츠, 힐링 콘텐츠, 소셜 콘텐츠, 공정 콘텐츠다. 인간, 자연, 소통, 협력, 휴식, 치유, 공감, 위로, 안심, 포용 등을 키워드로 하는 콘텐츠다. 누구에게도 나쁜 영향을 끼치지 않는 콘텐츠다. 자극적이지 않은 콘텐츠다. 공감하는, 목적을 만드는, 행동하게 하는 콘텐츠가 좋은 콘텐츠다.

이 책에서 제안하는 좋은 콘텐츠, 선한 콘텐츠 향유를 통해 좋은 사람이 되고 더 나은 사회가 되길 기대한다.

2023. 2

저자 일동

차 례

전반부 개념 및 이론 살펴보기

1. 미디어가 환경인 세상, 미디어 사회 ———— 15

미디어 세상에 사는 우리는 호모 미디어쿠스 / 15
미디어 진화는 사회의 진보와 상호작용 / 21
미디어 진화의 원칙과 방식 / 27
호모 모빌리쿠스, 디지털 노마드 / 30
미디어와 정체성의 관계 / 34
가상세계와 자아의 문제 / 39
초연결사회, 미디어 환경의 변화 / 43
미디어 4.0 콘셉트로 진화 / 46
스마트 시대의 도래와 스마트미디어 / 50
스마트미디어 테크놀로지 인사이트 / 54

2. 일상의 콘텐츠, 콘텐츠라이프 ———— 59

콘텐츠의 개념 및 의미 / 59
스마트미디어 시대 스마트콘텐츠 / 63
콘텐츠 4.0 시대의 도래 / 68

테크놀로지 덕분에 콘텐츠 범주의 무한 확장 / 71
코로나19로 인한 콘텐츠 시장의 역설적 변화 / 74
가상융합(XR) 경제 시대 콘텐츠 비전 / 81

3. 굿 콘텐츠가 필요한 배경 맥락 — 87

지치고 피곤한 사회 / 87
피로사회 | 과로사회

불안하고 우울한 위험사회 / 102
재난재해로 점철된 위험사회 | 코로나블루, 멘탈데믹

디지털 중독 · 격차사회 / 112
미디어 확장에 따른 위험요소, 디지털 리스크 |
집단지성이 낳은 디지털 피로감 | 코로나19에 따른 위험 이슈 |
디지털 중독, 호모 아딕투스의 시대 | 미디어콘텐츠와 디지털 격차

4. 대안이론, 미디어 생태학 — 134

미디어 생태학적 고려의 필요성 / 134
미디어의 현실구성과 감각의 손실 / 138
커뮤니케이션 능력 상실에 대한 우려 / 141
미디어 빅뱅, 콘텐츠 과잉 시대, 생태학적 접근의 유용성 / 147

후반부 굿 콘텐츠 전경 톺아보기

1. 휴먼 콘텐츠 —— 153

감성소통, 이모티콘 / 153
취향도 콘텐츠, 좋은 콘텐츠 비즈니스 / 159
정보 · 지식 공유 플랫폼으로 기능하는 유튜브 / 167
연대와 협력, 공실존의 미디어 / 170
애도 콘텐츠 / 174
죽음의 사회학, 부고 콘텐츠 / 177
좋은 콘텐츠의 집합, 잡지 / 181

2. 재미 · 행복 콘텐츠 —— 187

재미와 즐거움을 주는 콘텐츠 / 187
스낵컬처 시대, 콘텐츠 스낵 / 190
숏폼 동영상의 미학 / 193
음악 축제(페스티벌)와 일탈 / 197
건강을 챙겨주는 스포츠콘텐츠, 디지털 헬스 / 205
미디어와 음식 문화의 결합 / 211
음식 이미지 공유로 행복 추구하는 '먹스타그램' / 219
캐주얼 게임, 향수와 소통의 매개 / 225
테마파크와 몰입 체험 / 231
체험적 몰입을 극대화하는 노래방 콘텐츠 / 236
어르신들의 목적 있는 여행을 지원하는 콘텐츠 서비스 / 243
가상 관광, 스마트 여행 서비스 / 248
온라인 공연과 콘텐츠 경험의 확장 / 252

3. 안심 · 힐링 콘텐츠 256

위험사회, 불안 시대 안심 콘텐츠의 가치 / 256
힐링을 제공하는 미디어콘텐츠 / 259
오디오콘텐츠의 재발견 / 271
세대 통합의 음악콘텐츠, 트로트 / 279
킬링이 아닌 힐링의 게임 콘텐츠 / 285
진정한 위로를 건네는 애플리케이션 / 292
마음 챙김을 위한 명상 애플리케이션 / 297
VR 힐링 콘텐츠 / 304
XR, 경험 확장을 통한 사회적 치유 / 308

4. ESG 콘텐츠 312

사회적 책무의 가치, ESG / 312
글로벌 콘텐츠업계의 ESG 활동 / 317
국내 콘텐츠업계의 ESG 추진 / 323
ESG 철학 보여주는 방송 프로그램 / 326
팬데믹-엔데믹 시대 일상회복과 콘텐츠 / 336
방탄소년단(BTS) 음악의 선한 영향력 / 341
포용적 경험과 포용 콘텐츠 / 346
사회적 이슈에 주목하는 착한 미디어 / 351
장애인 묘사와 미디어 다양성 / 354

참고문헌 359

전반부

개념 및 이론 살펴보기

1. 미디어가 환경인 세상, 미디어 사회

미디어 세상에 사는 우리는 호모 미디어쿠스

우리는 미디어에 둘러싸여 산다. 그야말로 미디어 세상이다.

이제 미디어는 우리의 일상생활의 일상적인 시 · 공간을 지배한다. 미디어가 우리 일상생활에 스며들어 있다. 생활의 모든 영역이 미디어 기기로 구성된다는 것은 단순히 양적인 문제가 아니라 모든 영역에서 미디어 기기가 환경화되고 그것들의 상호작용 속에서 살아간다는 질적인 문제를 포함한다. 미디어의 문화적 파급력은 상상을 초월할 정도로 커서 개인은 미디어에 의존하지 않고 생활할 수 없을 정도이다. 미디어가 삶을 구성하는 것이다.

현실에 대한 직관과 인간의 지각을 장악하고 기억과 공간을 변모시키는 기제로서의 미디어. 미디어가 인간의 일상생활을 구성하는 시대, 즉 미디어 사회를 살아가는 우리네 인간의 모습을 여실히 증명하는 개념으로서 '호모 미디어쿠스'는 매우 의미심장한 설명력을 갖는다. 미디어 없이는 살 수 없는 인간의 특성을 개념화한 것이다(김원제, 2006).

새로운 테크놀로지가 미디어 양식을 변화시키고, 인간커뮤니케이션의 차원을 넘어 문화 전반을 변모시킨다는 논리는 미디어학자들의 공통된 주장이다. 디지털 시대에 접어들어 이러한 주장이 더욱 설득력을 얻고 있다. 특히 인터넷이나 모바일 커뮤니케이션의 확산은 개인의 행동과 사회관계를 전혀 다른 새로운 차원으로 전환시키고 있다. 정보사회에서 디지털미디어의 문화적 파급력은 상상을 초월할 정도로 커서 개인은 미디어에 의존하지 않고 생활할 수 없을 정도이다.

이러한 배경에서 오늘날의 사회를 명명하는 다양한 개념 중 하나로 '미디어 사회(Media Society)'를 거론할 수 있다. 이는 정보기술을 내장하고 있는 미디어가 우리 일상생활에 스며들어 있는 상황을 설명한다. 생활의 모든 영역이 미디어 기기로 구성된다는 것은 단순히 양적인 문제가 아니라 모든 영역에서 미디어 기기가 환경화되고 그것들의 상호작용 속에서 살아간다는 질적인 문제를 포함한다. 미디어가 삶을 구성하는 것이다. 미디어 사회론은 미디어 진화단계를 기준으로 정보기술과 미디어를 인간과 사회 차원에서 고려한다. 이 관점은 정보기술이 인간이나 사회에 어떤 영향을 미쳤는가 하는 관점으로 보는 기술중심적인 미디어론과는 달리, 인간이나 사회가 정보기술을 문화적으로 어떻게 수용하고 활용해 가는가, 미디어 문화가 어떠한 정치성 · 역사성을 띠는가, 나아가 인간이나 사회가 정보기술이나 미디어를 어떻게 디자인해 가는가 등의 형태로 인간 및 사회 차원에서 미디어를 고찰한다. 이러한 맥락에서 미디어 사회론이 주창하는 바는 세 가지 기본맥락을 지지한다(Mizukoshi, 2000).

첫째, 테크놀로지와 사회의 관계를 대립적인 성격으로 파악하는 것이 아니라 상호작용적인 것으로 받아들인다. 테크놀로지는 사회 속에서 작동하는 것이며, 사회는 테크놀로지에 의해 존립한다. 둘째, 테크놀로지와 미디어라는 개념을 구별하여 별개의 개념형으로 보고, 그들 사이의 역학관계를 정의한다. 미디어는 사회적인 산물이다. 테크놀로지는 그러한 것에 결실을 맺게 하는 핵심이기는 하지만, 하나의 구성요소에 지나지 않는다. 기술을 포함한 여러 가지 요소가 복합되어 사회적으로 의미가 부여되며, 문화적 상황에 적합한 형태로 사람들에 의해 채용되고 기능한 결

▶ 우리는 미디어 환경과 상호작용하며 삶을 구성한다. (픽사베이 제공)

과가 바로 미디어인 것이다. 예컨대, 나치즘하에서는 정치적인 이유로 라디오가 선택되었고 전시에는 군사적인 목적으로, 오늘날에는 상업적인 목적에서 실용화된 것으로 이해된다. 결국 미디어는 테크놀로지를 내포하면서도 정치적, 경제적, 문화적인 여러 가지 사회적 요인의 개입으로 사회적인 양태를 정돈해 가는 것이라 할 수 있다. 셋째, 미디어는 다원적인 실체성을 띠고 사회에 존재한다는 인식이다. 미디어의 이미지는 의미를 공유하는 사회집단마다 각각 다르게 받아들여진다.

미디어 사회적 관점에서 미디어의 역사적, 사회적 위상은 다음과 같이 정리된다.

첫째, 새로운 정보기술이 기술자 집단 내에 등장해도 그것이 미디어로서 사회적으로 정착하기 위해서는 상상 이상의 긴 세월을 필요로 한다. 예컨대, 15세기에 구텐베르크가 활판인쇄술을 실용화한 것은 유럽사회에 커다란 영향을 주었지만, 이는 단시일 내에 일어난 것이 아니다. 인쇄라는 정보기술이 서서히 사회화하여 신문이나 서적 등의 물질적 · 사회적인 형태를 가진 미디어로서 사회에 본격적으로 정착하기 위해서는 18세기까지 기다려야 했다. 또한 영화와 마찬가지로 1895년에 실용화된 무선기술은 세계대전을 거치면서 체계적으로 연구개발이 이루어지고 이것이 대중소비사회 속에 보급되면서 여러 가지 우발적인 요인이 첨가되어 라디오방송이라는 미디어 형태를 취하게 된 것이다. 텔레비전 기술도 라디오와 같은 길을 걸어왔다. TV가 대중소비사회를 이끌어가기까지는 반세기에 가까운 세월이 걸렸다.

둘째, 새로운 미디어는 그것에 선행하는 오래된 미디어의 비유에 통솔되면서 그 사회적인 양태를 형성해간다. 어느 시대에 있어서도 새로운 미디어의 '새로움'이라는 특성을 순수하게 지각하지는 못한다. 단지 새로운 미디어에 지금까지 경험해온 미디어의 양태를 비교해 보고 서로 겹치는 부분에서는 그것을 토대로 이미지를 형성하고 겹치지 않는 부분에서 새로움을 느낄 뿐이다. 예컨대, 영화는 연극으로부터 공간장치로서의 영화관, 연기자나 제작자와 관중이라는 인적 관계성, 이야기의 구조 등을 계승했다. 라디오방송은 전화, 전화는 전신의 사업형태를 계승하여 산업적으로 성공했다. TV는 '그림이 나오는 라디오'라는 비유에 의해 시장에 도입된 것이다.

셋째, 이러한 오래된 미디어의 비유를 바탕으로 사회적 인지(認知)를 얻은 새로운 미디어는 그 양식을 서서히 독자적인 형태로 변화시켜 간다. 예컨대, 전화와 같은 것으로 받아들여진 라디오방송은 이윽고 영화 같은 오락의 영향을 받게 되었으며, 결과적으로는 라디오방송만의 독특한 영역을 형성하게 되었다.

넷째, 미디어와 사회의 상호작용 과정의 초기 단계에서는 사회의 중심영역에서부터 여러 가지 형태의 반발, 비판, 반동이 일어난다. 미디어의 존재양식은 그것을 매개로 하여 성립하는 여러 가지 문화를 규정하는 측면이 있다. 따라서 그 미디어가 모습을 변화시키거나 새로운 미디어가 경합하는 형태로 등장하여 그것에 의해 성립되고 있는 기존의 문화에 존망의 위기를 불러오는 경우가 종종 있는 것이다. 예컨대, 라디오의 등장이 1920년대의 음악문화에 복제된 음악의 가치에 대한 논쟁을 불러일으켰다는 사실이다. 이는 온라인 음악의 저작권이라는 오늘날의 상황에서도 재연되고 있다.

다섯째, 새로운 미디어가 등장할 때는 여러 가지 풍부한 상상력이 다양한 사회영역으로부터 제시되어, 무한한 가능성을 지닌 미디어가 모습을 드러내려 하지만, 어떤 한 가지 모습이 국가적 · 산업적으로 확립되면 여러 기능적인 양태가 잊혀간다. 예컨대, 1차대전을 전후하여 1920년대 초반 사이에 각국의 아마추어 무선가들은 무선을 세계적으로 널리 이용되는 양방향 미디어로 활용하려 했지만, 라디오방송이 매스미디어로 확립되자 설 자리를 찾을 수 없게 되었다.

미디어 진화는 사회의 진보와 상호작용

미디어 혁명이 진행 중이다. 매년 전 세계에서 개발되는 기술의 80%가 미디어 관련 기술이라고 한다. 그만큼 미디어 혁명은 전 지구적인 이슈이자 추동력이다. 미디어 환경의 지각변동은 미디어 조직이나 생산과정, 미디어 생산자, 메시지, 수용자에 이르기까지 광범위한 변화를 동반한다. 매체 간 상호결합과 프로그램, 콘텐츠 융합이 촉진되면서 신문과 방송, 방송과 통신의 경계도 사라지고 있다. 하나의 콘텐츠가 다양한 창구의 채널을 통해 수용자에게 전달되는 '원소스 멀티유즈', 신문이 TV나 라디오, 인터넷, 휴대전화 등 다른 전자미디어와 결합하는 '크로스 미디어' 현상도 확대되고 있다.

현재 진행되고 있는 디지털 혁명에 의한 정보사회는 전산화를 거쳐 정보화로, 또 다시 지식화를 거쳐 유비쿼터스화로 고도로 빠르게 진행되며 새로운 디지털 문명을 생성하고 있다. 즉 컴퓨터, 방송, 통신, 가전 영역 등 우리를 둘러싼 전반적인 미디어 환경이 인간 지향적이면서 이용자 심리적인 인터페이스로 발전하고 있으며, 유비쿼터스 환경에서 구현할 수 있는 문화적 보편성 및 편재성을 가능하게 하고 있다. 이러한 디지털 혁명은 사회 전반에 걸친 변화를 초래함과 동시에 각 사회를 구성하고 있는 요소들에까지 엄청난 파장의 영향력을 미치는 상황이다.

인류 진화는 커뮤니케이션의 발전을 동반하였다. 점차 고도화된 커뮤니케이션 기술과 상징의 사용은 인류의 발전을 이루어내는 동력이었다. 집단생활, 도구 이용 등의 행위는 커뮤니케이션을 전제로 가능하였다. 커뮤니케이션은 미디어를 통해서 이루어진다. 사람과 사람 사이에 미디어가 존재함으로써 커뮤니케이션이 이루어진다. 사람과 사람 사이의 관계를 이어 주는 것이 커뮤니케이션이라면, 커뮤니케이션의 보조수단이 미디어인 것이다. 여기서 미디어는 '인간화(예, 이동전화)', '인간의 확장(예, 인터넷)'이라는 관점에서 모든 커뮤니케이션 수단을 포괄한다. 미디어 발전의 역사는 직접 커뮤니케이션(면대면 커뮤니케이션 ; face to face communication)이 갖는 시간적, 공간적 제약을 극복하는 역사로 해석할 수 있다. 테크놀로지의 눈부신 발달은 다양한 형태로 응용되면서 커뮤니케이션 제약요인을 극복하고 있다. 디지털 기술의 다양한 변신은 이를 잘 보여준다.

미디어 발전에 따라서 인간 생활과 사회 모습도 달라진다. 미디어가 진화한다는 것은 일찍이 맥루한(McLuhan)이 지적한 바와 같이, 우리 시대의 미디어는 우리 일상생활의 갖가지 양상을 재형성하고 재구성한다는 것이다. 미디어는 실제로 이전의 사고와 행동, 그리고 관습에 대해 다시 생각하도록 강요하며 재평가하도록 요구한다. 미디어 발전은 사회변동에 영향을 미치며, 나아가 우리의 사고와 경험에 영향을 미치는 환경이 되는 것이다.

맥루한에 따르면, 인류의 역사란 인간의 기능과 역할을 확대하기 위한 도구나 기술, 즉 미디어의 발달사에 다름 아니다. 미디어는 메시지이며, 미디어 자체가 인간의 사고방식과 생활양식을 변화시킨다. 인간의 커뮤니케이션은 미디어를 통해 이루어진다. 사람과 사람 사이에 미디어가 존재함으로써 커뮤니케이션이 이루어져 온 것이다.

미디어는 커뮤니케이션의 역사를 설명해주는 요소이다. 미디어를 중심으로 커뮤니케이션 역사를 정리하면, 구두커뮤니케이션 시기(말하기와 듣기) – 인쇄시기(필자와 독자) – 전자미디어 시기(조직적인 생산과 수용자)로 이어진다. 특히 멀티미디어, 전자미디어로서 TV의 등장은 복수감각의 사용, 균형된 커뮤니케이션 감각을 발달시킴으로써 이성적 커뮤니케이션의 왜곡화를 감성적 커뮤니케이션으로 회복하는 계기로 작동했다. 전자미디어의 등장이 선형적이며 분리적 형태의 인간커뮤니케이션을 재원형화함으로써 감성적 커뮤니케이션 패러다임으로 전환한 것이다.

이처럼 영상은 인간의 복합적인 감각에 호소한다는 점에서 새로운 가능성을 부여받았다. TV의 등장은 시각과 청각의 결합을 통해서 인간커뮤니케이션에 있어서 재원형화를 가능케 하였으며, 시각 위주의 알파벳문화가 가져온 전인(全人)으로서의 인간을 복원하였다. 영상미디어는 인간의 사고체계와 유사한 커뮤니케이션 구조, 즉 복합적 감각을 사용하여 환경과 커뮤니케이션하는 가장 이상적인 구두언어 중심으로의 회귀를 시작한 최초의 미디어로 평가된다. 따라서 커뮤니케이션 기술의 발달이 인간의 모든 감각을 사용하는 구술커뮤니케이션 시대를 이상으로 삼고, 이 목표를 향해서 진행되었다는 점에서 보면, 텔레비전과 같은 영상미디어의 등장은 이를 실현시켜 줄 가능성을 갖는 것이다. 텔레비전이 광범위하게 확산되면서 사회적, 문화적 코드를 만들고 확산시키는 역할을 수행하면서 보다 광범위한 개념적 구성이 이루어지기 시작했다. 오늘날의 영상은 특정 기술에 의한 표출된 객관적 대상뿐만 아니라 인간 내부의 지각 상(像), 심적 상(像), 그리고 역사적, 사회적, 문화적 차원에서의 의미를 지니는 개념이다.

사회문화적인 변화와 미디어 발전은 밀접한 상호 관련성을 갖는다. 예컨대, 중세 후기와 르네상스 시대의 사회적인 변화가 인쇄술의 발명으로 확대되었고, 인쇄술의 발명은 다시 서구 합리주의의 확산과 발달을 뒷받침했다. 17세기 말에 신문과 잡지가 등장한 것은 당시 정치경제적 변화, 상품 유통구조의 발전, 그리고 이와 관련한 정보 욕구와 밀접한 관련이 있다. 전신기의 발명과 최근의 인터넷이 증권거래소를 통한 경제 교역을 가속화하는 것은 미디어 발전이 경제적인 측면과 밀접한 관련이 있음을 보여준다. 따라서 서구에서 산업과 시장의 발전이 이루어지고, 기계화가 일찍 시작된 것은 인쇄술의 발명이 동반한 사회적인 커뮤니케이션 변화과정의 결과라 할 수 있다.

▶ 미디어 진화는 인간 사회 진화와 상호영향 관계를 형성한다. (픽사베이 제공)

모든 미디어는 필요성에 대한 하나의 반응이며, 동시에 또 다른 발전을 위한 자극이 되기도 한다. 필요성 그 자체는 정치, 경제, 또는 사회적인 분야를 구성하는 구체적인 사회 상황과의 반응에서 생겨났다. 따라서 기술의 혁신과 사회적 과정은 서로 고립된 무관한 관계로 볼 수 없다.

미디어의 변천(발전)은 일반적인 문화 욕구 변화를 담아내는 시스템의 일부로 진행되어 왔다. 역사적으로 미디어 변천에는 나름대로 규칙성이 있다. 새로운 미디어는 그 이전 미디어의 형식과 내용을 통합하는 형태로 발전한다. 즉 모든 미디어는 다른 미디어를 기반으로 하거나 그 내용을 필요로 한다. 미디어의 효용성은 바로 어떤 미디어의 '내용'을 다시 활용하기 때문에 강력하고 효력이 있다. 영화의 내용은 소설, 연극 혹은 오페라인 것이다. 따라서 새로운 미디어가 도입될 때마다 미디어 문화에서는 기능의 재분배가 이루어진다.

미디어의 변천은 구어 커뮤니케이션에서 문자로 이행되고, 문자에서 인쇄미디어, 인쇄미디어로부터 라디오, 라디오에서 TV, TV에서 컴퓨터와 양방향 디지털미디어로 이행되어 왔음을 보여준다. 물론 가장 최근의 뉴미디어가 폭넓은 커뮤니케이션 기능의 스펙트럼을 갖는다. 미디어는 정보기능뿐만 아니라, 고전과 신화의 기능도 갖는다. 예를 들어, 과거에는 멀리 떨어진 세계의 소식을 담시(譚詩) 형태의 문학이 담당했다면, 17세기부터는 신문이 그 기능을 대신하였다. 인쇄미디어 이후의 매스미디어는 과거 커뮤니케이션 체계가 갖는 내용들을 통합하는 특징을 보여주다가 디지털 시대와 함께 대중 커뮤니케이션을 여러 형태의 개별 커뮤니케이션으로 이행시키고 있다. TV 시대에는 시청자가 수동적인 정보 습득자였다면 디지털 시대에는 개인의 필요에 따라 여러 형태의 미디어를 능동적으로 사용할 수 있는 정보소비자이며 생산자가 되도록 하고 있다.

미디어 진화의 원칙과 방식

미디어의 변화과정을 연구한 피들러(Fidler, 1999)는 새로운 미디어가 자생적이고, 자발적으로 생성되는 것은 아니라고 주장한다. 그는 새로운 미디어가 기존 미디어의 변형이라는 과정을 거쳐서 천천히 등장하며 새로운 미디어가 등장한다고 해서 기존의 미디어들이 사라지는 것은 아니고 계속해서 존재하며 새로운 환경에 적응해 나간다고 지적한다. 피들러는 FM과 TV의 등장을 예로 들면서 상대적으로 우수한 기술인 FM이 등장하였다고 해서 AM라디오가 사라지지 않았으며, TV가 등장했다고 해서 라디오가 당시의 호들갑스러운 예측과는 달리 없어지지도 않았다고 말한다.

피들러에 의하면 TV의 재빠른 확산은 기존의 미디어인 신문과 잡지, 그리고 같은 영상미디어인 영화에 중요한 변화를 야기했지만, 그것이 결코 기존 미디어의 소멸을 의미하는 것은 아니라는 것이다. 기존 미디어들은 새로운 환경에 잘 적응하였으며, 이러한 탄력적인 적응은 성급한 예측을 무력화시키기에 충분하였다.

피들러는 기존의 미디어가 발전해 온 과정에서 추론한 매체변화의 여섯 가지 원칙을 제시하고 있다.

그 첫째는 바로 공동 진화와 공존(coevolution and coexistence)이다. 모든 커뮤니케이션 미디어들의 형태는 계속 확장되고 있으며 복잡한 시스템의 내부에서 서로 공존하고 공동 진화한다. 다시 말해서 새로운 커뮤니케이션 형태들이 계속 등장하면서 기존의 미디어들과 서로 영향을 미치며 함께 변화한다는 것이다.

둘째는 변형(meta morphosis)이다. 새로운 미디어는 독자적으로 발전하는 것이 아니며 비교적 오래된 미디어들이 점진적으로 변화하는 과정 속에서 생겨난다는 것이다.

셋째는 유전(propagation)이다. 새로운 커뮤니케이션 미디어 형태는 기존의 커뮤니케이션 미디어 형태에서 독특한 형태를 물려받는다. 이 고유한 특성들은 언어를 통해서 다음 세대에 전달되고 확산된다.

넷째는 생존이다. 모든 커뮤니케이션 미디어 형태는 변화하는 환경에 적응하도록 강제되며, 변화하지 못하는 미디어는 소멸하게 된다.

다섯째는 기회와 필요(opportunity and need)이다. 새로운 미디어는 기술적인 관점에서만 발전하고 확산하는 것이 아니며, 새로운 미디어가 확산하기 위해서는 이러한 발전을 가속화하는 사회적, 경제적, 정치적 동기가 있어야 한다. 또한 발전의 기회도 아울러 제공되어야 한다.

▶ 미디어는 나름의 원칙에 따라 변화하고 진화한다. (저자 구성)

여섯째는 확산의 지연(delayed adoption)이다. 새로운 미디어가 완전하게 상업적으로 성공하기 위해서는 일반적인 예상보다 더 많은 시간이 필요하다. 적어도 20~30년의 시간이 필요하다고 한다.

이러한 미디어 변화의 원칙들은 미디어의 융합에 따른 새로운 미디어의 출현과 채택이 어떤 방식으로 이루어질 것인가를 알려주는 단서를 제공하고 있다. 우선 새로운 미디어의 출현으로 기존의 미디어가 소멸하지는 않는다면 기존의 미디어가 지켜가는 분야와 새로운 미디어가 우위를 점하는 부분을 구별해야 할 것이다. 유전의 원칙을 보면, 새로운 미디어 역시 기존의 미디어에서 크게 벗어나기는 어렵다는 점을 알 수 있다. 여기에서 새로운 미디어 특성의 독특함의 정도와 사회적 파급효과의 정도를 구분해야 한다. 새 미디어의 특성이 독특함이 많다고 해서 사회적 파급효과가 반드시 큰 것은 아니며 또 독특함이 작다고 해서 사회적 파급효과가 작은 것은 아니기 때문이다.

미디어의 융합에 따른 멀티미디어의 특성은 대부분 기존의 미디어에서 발견할 수 있는 것들이다. 영상은 TV 등의 방송과 영화에서, 전자게임은 게임기에서, 문자는 책과 신문 등의 인쇄미디어에서, 소리는 음향 기기에서 이미 사람들에게 익숙해져 있던 것이다. 그러나 이런 것들을 합한 종합적인 파급효과는 기존의 매체들을 뛰어넘는 혁명적인 것이 될 수도 있다.

호모 모빌리쿠스, 디지털 노마드

1980년대 호모 피씨쿠스(Homo PCcus)의 등장 이래 Homo Notebookus, Homo PDAcus에 이어 호모 모빌리쿠스(Homo Mobilius)가 신인류로 등장했다. 이 신인류는 각종 디지털 기기를 이용해 인류의 행동반경을 획기적으로 넓혀가고 있다. 이 인류는 기술뿐만 아니라 생활습관에서도 전 인류의 진화단계를 뛰어넘는다. 언제 어디서나 원하는 정보를 구하겠다는 강력한 열망을 품고 있다. 이동형 라이프스타일을 고집하고 네트워크를 중심으로 활동한다. 이들의 모토는 '나는 움직인다. 고로 존재한다'이다. 이렇듯 휴대폰을 이용해 인터넷 환경에서 생활하는 사람을 모티즌(Motizen ; Mobile+Netizen)이라 명명할 수 있다. 그리고 이들이 새롭게 창출하는 도시의 모습은 '모바일 도시(Mobile City)'인 것이다.

언제 어디서든지 사람과 사람을 연결해주는 효과적인 커뮤니케이션 수단이라는 기능적 의미뿐만 아니라 때로는 패션 소품으로, 때로는 장난감으로, 때로는 급한 업무나 전자상거래를 실행하는 비즈니스 수단으로 다양한 기능과 의미를 덧붙이고 변용해가면서 휴대폰은 현대문명과 경제와 기술과 문화를 뭉뚱그려놓은 상징 코드와도 같은 존재로 둔갑하고 있다.

전자유목민의 시대다. 맥루한이 말했듯이 '사람들은 빠르게 움직이고 세계 각지를 돌아다니며 전자제품을 이용하는 유목민(Nomad)'이 되고 있다. 더구나 각종 첨단 디지털 장비를 갖추고 있기에 한 걸음 더 나아가 디지털 노마드(Digital Nomad), 즉 전자

▶ 호모 모빌리쿠스, 전자유목민으로 살아가는 오늘의 우리 (픽사베이 제공)

유목민이 되고 있다. 유목문화의 특징인 '휴대'와 '이동'이 21세기에 다시 발현되고 있는 셈이다.

문화이론 및 미디어이론적 차원에서 모바일 미디어의 주요 특질을 정리하면 다음과 같다.

첫째, 접근 가능성(accessibility)과 커뮤니케이션의 비대칭성이다. 발신번호 표시 등으로 쌍방적 접근 가능성이 부정될 수 있다. 사적 맥락과 직업적 맥락 모두에서 전화기의 전략적 사용의 최근 경향에서 비대칭적 커뮤니케이션 관계가 증가하고 있다.

둘째, 영속적 접촉(perpetual contact)의 논리이다. 영속적 접촉은 커뮤니케이션 테크놀로지의 사회적 논리이다. 영속적 접촉의 강력한 이미지는 순수 커뮤니케이션의 이미지로, 신체적 제약 없이 서로의 정신을 공유하려는 욕망을 실현하려는 커뮤니케이션의 이상화를 의미한다.

셋째, 물신화 양상이다. 휴대전화기는 매체라기보다는 물신적 오브제에 가깝다. 권력의 모든 판타지아를 충족, 가까운 사람의 배타적 소유를 충족시켜 준다.

넷째, 재매개(remediation)이다. 기존의 다양한 매체를 흡수 변형하는 재매개화 현상이 현저하게 나타나고 있다. 텍스트, 사운드, 이미지, 동영상 등 모든 종류의 기호체계를 포괄하는 것이다.

마지막으로 현대문명의 노마디즘을 표상한다. '호모 모빌리쿠스'는 '호모 노마드'의 현대적 아이콘이다.

모바일 미디어의 문화적 특질을 정리하면 다음과 같다.

첫째, 상징적 오브제로서의 모바일, 개성과 정체성의 건설자로서의 모바일이다. 커뮤니케이션의 실용적 대상 차원을 넘어서 상징적 의미가 투여된 오브제인 것이다. 가격 요인 외에 모바일 브랜드의 선택 기준에서 가장 큰 구매 동기요인은 모바일의 모델과 결부된 정체성과 이미지이다.

둘째, 젠더 평등의 오브제로서의 모바일이다. 모바일은 남성과 여성 사이에서 동등하게 유포된 최초의 ICT로 여성친화력이 뛰어난 미디어라 하겠다.

셋째, 부족적 소속의 활동거점으로서의 전화 네트워크이다. 모바일 네트워크는 사회적 커넥션을 갖는다. 상이한 네트워크마다 문화적 차이를 보여주는 특정 의식과 사용코드가 존재한다. 특정 모바일 네트워크를 선택함으로써 젊은이들은 특정 가치 또는 준거집단(reference system)을 공유하는 특정 무리에 속하는 자신의 사회적 부족을 성립하려는 시도를 한다. 이 같은 부족적 소속 현상은 집단적 의미의 결여로 특징지어지는 포스트모던 사회에 대한 반응으로 해석된다. 결국 모바일 네트워크는 자기 부족의 구성원 사이에서의 커넥션을 강조하기 위해서 부족의 정체성을 위해서 존재한다.

넷째, 네트워크상에서의 존재, 네트워크 삶(networking life)이다. 모바일의 매체적 속성 가운데 연락 가능성은 가장 중요한 사회적 동기를 부여한다. 이 같은 동기부여 이면에 두 가지 중요한 사회학적 현상이 존재하는데, 하나는 네트워크상에서 존재하기 위해서는 당신은 먼저 호출되어야 한다, 다른 하나는 젊은이들 사이에서 호출은 '나는 커뮤니케이션을 많이 한다'와 같은 기능적 기호가 아니라 '나는 부족 가운데 존재하는 그 누군가이다'를 상징하는 상징적 기호라는 것이다. 메시지를 발송하고 수신하는 행위는 메시지 자체만큼 중요하다.

다섯째, 신체와 기계의 혼성(hybridization), 몸 속의 기계이다. 인간의 신체 속으로 커뮤니케이션 테크놀로지가 투영된다. 인간과 비인간이 더불어 사는 개인과 기계의 공생은 사회적 관계의 새로운 구조의 상징이다. 우리의 신체 속을 관류하는 테크놀로지는 때로는 우리의 건강을 지켜주고, 우리의 커뮤니케이션 영역을 확대시키며 심지어 생명을 구해주기도 한다.

그 밖에 심미적 오브제로서도 기능한다. 휴대폰은 하이패션과 보석제품 속에 삼투된다. 또한 혼자 있거나 주변 사람들과 불편해할 때 더 빈번하게 모바일을 사용하는 '미디어 유아론(唯我論, Solipsism)'을 표출하기도 한다.

미디어와 정체성의 관계

정체성은 사회학적 정의가 보여주듯이, 내가 누구며 나는 무엇을 해야 하고, 어떻게 해야 하는지에 대한 판단의 집합이다. 헤겔식으로 말하면 주체의 자기의식인데 반복적 실행을 통해 어느덧 무의식적으로 일상화된 태도의 집합을 형성하기도 한다. 이런 점에서 정체성은 사회적 주체가 자신을 하나의 동일한 주체로 인지하게 되는 일종의 공통감각인 셈이다.

정체성이 정상적으로 작동하기 위해서는 자신의 자기 인식뿐만 아니라 다른 사람들이 자신을 인식하는 대로 인식하는 것이 필요하다. 자신에 대한 자신의 인식과 타인의 인식이 일치하는 것이 필요한데, 예를 들면 자신이 의사라고 인식하는 자아를 타인도 의사로 보아주는 것이 필요한 것이다. 이것은 지속적인 사회화 과정을 통해서 이루어지는데, 미드(Meed)가 설정한 개인과 개인의 차원을 넘어 정치경제적 사회제도나 구조에 의해서 영향을 받는다. 그러므로 정체성은 본질적으로 주어지는 것이 아니라 사회적 관계에 기초한 구체적인 경험이나 문화적 경험을 통하여 만들어지는 구성물이다. 한 개인이 접하게 되는 사회적 관계는 다양하다. 성, 가족, 종교, 조직, 지역, 국가 등 매우 복합적인 사회적 관계 속에서 정체성을 획득하게 된다. 그 결과 나타나는 정체성은 다중적 정체성이다.

개인적 정체성을 넘은 집단적 정체성은 가치나 경험을 공유하거나 혹은 특정한 문화적 전통 혹은 언어를 공유함으로써 형성된다. 집단적 정체성은 개인의 정체성 형성과정에서 동시에 형성되는 경우가 대부분이다. 정체성 형성과정을 통해 자유로운 개인과 집단을 특정한 질서 시스템에 편입시키는 메커니즘에는 지배자 없는 지배자로서 미디어가 작동하고 있다. 이를 아렌트(Arendt, H.)는 '익명의 지배'라는 개념으로 표현한다.

미디어 공간에서 왜 정체성이 문제가 되는가. 이는 기본적으로 인간이란 본래 매체적 존재이기 때문이다. 즉 인간은 매체를 통해 세계를 인식하고 자기정체성을 확보한다. 인간의 오감에 감각대상들이 매체로서 또는 매체를 통해 지각됨으로써 우리의 세계가 구성되고 그 속에서의 우리의 존재가 확인된다. 즉 매체에 의해 정체성이 매개되는 과정을 거치게 되는 것이다. 특히 후기 현대의 정체성은 방송미디어에 의해 지배적 영향을 받는다. 텔레비전은 인공위성의 도움을 받아 먼 곳에서 일어난 사건을 실시간적으로 우리 눈앞에 제시하면서 전혀 새로운 경험을 가능하게 한다. 시공이 압축된 상황 속에서 전개되는 경험은 직접적인 경험이 아니라 매개된 경험이다. 후기 현대 사회의 인간 경험은 이처럼 매개된 경험이 직접적 경험을 압도한다. 매개된 경험이 영상을 통해 자아의 내밀한 의식 속으로 여과과정 없이 바로 들어온다. 매개된 경험이 지구적 차원에서 교류되고 유통된다. 오늘날 젊은이들이 보여주는 삶의 다양성은 매개된 경험 없이는 불가능하다.

방송과 인터넷이 지배적 미디어인 상황에서 개인적으로는 자아정체성, 집단적으로는 문화정체성이 새로운 국면을 맞이하고 있다. 직접적인 경험보다는 매개된 경험이 지배하는 사회에서는 실존적 문제가 제기된다. 매개된 경험이 제시하는 불안정성은 기초적 신뢰와 존재론적 안전감을 위협하고 모든 것을 일시성으로 이끌고 나아간다.

현대의 대표적인 미디어의 하나는 텔레비전이다. 맥루한이 주장한 것처럼 미디어는 기존의 감각균형에 영향을 주고 이는 다시 인간의 의식을 변화시킨다. 텔레비전은 첫째, 시공을 압축하여 거리의 상실을 가져온다. 시간과 공간은 인간 경험의 기본 범주로서 인간의 실천과 정체성 형성의 기초가 된다. 방송은 말하는 몸과 듣는 몸 사이의 거리를 분리하고, 읽거나 쓰는 사람과 인쇄되거나 손으로 쓰인 텍스트의 촉감 있는 물질성 사이의 연계를 추상화한다. 그럼으로써 주체와 소통되는 관계는 불안정하고 근본적으로 새로운 형태로 재구성된다.

텔레비전의 등장으로 객관적이고 단일한 시공개념보다는 다양한 시공개념이 존재함을 인정할 수밖에 없게 되었다. 하이데거에게 기술문명과 대중매체가 초래하는 거리의 상실은 세계의 상실과 같다. 그에게 무거리성이란 무세계성이며 존재론적 무중력성이다. 들뢰즈와 가타리의 관점에 의하면, 우리는 시공간이라는 영토에 고착된 존재로부터 몸과 의식이 분리되어 떠도는 '장소감각'이 결여된 유목민적 존재로 변모한다. 이제 어떤 누구도 텔레비전과 같은 통신수단의 공간적 침략 때문에 정신적 유목민을 피할 수 없게 된다. 시공의 응축은 동시성의 경험을 지배적으로 만들었다. 몸은 시골에 있으면서 의식은 지구촌을 떠돌고 있고, 데이터베이스에 저장된 나에 대한 정보로 나도 모르는 나에 대한 결정이 이루어지면 '나는 누구인가', '나는 어디에 있는가'에 대한 정체성 문제가 제기될 수밖에 없다. 결국 나는 미디어 속에서 분열되고 해체되고 분산되는 것이다.

둘째, 텔레비전은 속도문화를 창출한다. 폴 비릴리오(Virilio, P.)는 속도가 가진 폭력성에 주목한다. 그에게 속도는 무기이자 권력이다. 정지된 총알은 사람의 생명을 해치지 못한다. 인간의 손이 폭력을 사용하려면 속도가 가해져야 한다. 오늘날의 속도는 자동차나 비행기 정도의 속도가 아니다. 텔레비전에 순간순간 비치는 영상의 속도이다. 텔레비전의 이 같은 영상의 속도는 세계를 비현실적인 것으로 만들어버린다. 리얼리티와 허구의 차이를 무력화하는 것이다. 전쟁 보도는 이를 반영한다. 어떤 카메라도 지상의 잔혹한 참상을 느낄 수 있도록 파괴현장의 실제를 포착하지 않는다. 스타크래프트의 초기 버전을 보는 것처럼 대공포화의 불빛과 불타는 도시의 섬광 이미지만을 보여준다. 우리는 살육과 죽음이 지배하는 전쟁터마저 이미지 또는 예술로 가공 처리되는 전자적 가상세계 속에 살고 있다. 우리는 TV 스크린을 통해 세계를 이해하나 그것은 본래의 밀도를 상실한다.

텔레비전 화면의 속도는 우리의 인식에만 작동하는 것이 아니라 보다 근본적으로 우리의 일상 삶을 구성한다. 그것은 사물의 소비 속도와 사고방식에 즉흥성과 순간성을 강조하는 것이다. 텔레비전의 속도성은 〈타임〉지 같은 문자매체의 속도성과는 비교할 수 없다. 즉시성이 강조되는 사회에서는 모든 것이 일회용화되어 간다. 인간과 사물의 관계는 말할 것도 없고 인간과 인간의 관계마저도 일회용화되어 간다. 사람의 소비유형과 패턴을 형성하는 것이다.

셋째, 텔레비전은 이미지 문화를 만들어간다. 이미지는 기본적으로 속도 이미지이다. 구체성은 사라지고 느낌의 잔상만이 기억에 존재하게 된다. 이미지 문화에서 'see'는 사라지고 'look'만 남는다. 즉 '안다', '이해한다'보다는 외양에 대한 '본다'는 행위가 존재하는 것이다.

텔레비전에 의해 형성되는 이미지 문화는 이제 아날로그에서 디지털로 진화한다. 3차원 모델링과 시뮬레이션, 디지털 애니메이션, 가상현실 등이 이미 우리에게 주어지고 있다. 아날로그에서는 무엇인가 실재하는 것을 기본적인 바탕으로 삼았다. 하이퍼리얼리티를 만들어내더라도 기본적으로는 리얼리티를 바탕으로 한 것이 아날로그였다면, 디지털은 리얼리티 그 자체를 점점 축소하거나 존재 자체를 거부하는 방향으로 흘러간다. 디지털이미지는 이미지의 이미지이기 때문에 여기서는 원본과 복사, 현실과 이미지의 경계구분이 의미가 없으며 가상-현실의 관계에 대한 전통적인 관념이 전도되어 가상의 전면적 지배가 강화된다. 보드리야르에 따르면, 현실은 없고 이미지만이 세계를 뒤덮는다. 디지털 세상에서는 비실재가 실재가 되며, 하이퍼 리얼리티가 언어적으로 만들어진다. 리얼리티와 하이퍼 리얼리티의 경계와 구분은 의미를 상실하게 되는 것이다.

가상세계와 자아의 문제

감성과 이미지에 의해 움직이는 '꿈의 사회'에서 자아를 조작하고 보여주는 것에 대한 중요성이 증가한다. 가상공간에서 많은 시간을 소비하는 현대인은 가상세계를 통해 자신의 이미지를 형성하고자 한다. 가상공간에서 실제 얼굴 대신 아바타, 이름 대신 아이디를 활용, 코스프레하는 모습은 '꿈의 사회' 초기 현상이라 하겠다.

현실에 가상을 추가하거나 3D 가상 기술이 발달하여 현실세계를 닮아 가는 가상세계가 출현하고 있다. 다양한 산업에서 가상을 혼합하는 방향으로 발전하고 있으며, 인간의 삶을 닮은 메타버스(Metaverse)를 형성하고 있다. 메타버스는 닐 스티븐슨의 SF 소설인 〈스노 크래시(Snow Crash)〉에서 유래된 용어로 3차원 가상공간을 의미하며, 현재는 세컨드라이프와 같이 사람들이 사는 가상세계를 총칭하여 부르는 말이다. 웹서비스 중심으로 형성되던 가상세계가 생활과 밀접한 오락, 정보, 건강, 패션영역으로 확대되고 있다. 단순 여가활동이 아닌 실제 생활의 일부로서 자리잡고 질적, 양적으로 확산되는 추세이다.

미래에는 개인의 자기발전과 자아완성에 대한 욕구는 현실세계를 넘어 가상세계로 확장된다. 가상세계에서는 가상의 타인과의 교류를 통해 자기 자신을 표현하고자 하며, 자기발전을 실현한다. 자아실현에서 출발하는 가상세계의 욕구와 생리적 욕구부터 충족되는 현실세계는 중간에서 충돌한다. 가상세계는 매슬로우(Maslow, A. H.)가 설명한 '욕구단계(hierarchy of needs)' 중 상위 단계인 자아실현 충족에서부터 시작한다. 하위부터 만족되는 현실세계의 욕구가 충족과정에서 가상세계와 충돌하여 법제, 규제 등의 문제가 발생하게 된다.

따라서 디지털 정체성(identity)이 확대될 것이다. 첨단기술의 발달로 다양한 정체성을 가지고 활동하는 멀티 페르소나(persona)가 등장하고 있다. 페르소나는 본래 고대 그리스에서 연극배우가 쓰는 탈을 가리키는 것이며, 멀티 페르소나는 한 사람이 이성과 의지를 가지고 자유로이 책임을 지며 행동하는 다양한 성격을 가진 이미지를 말한다. 현대 사회에서는 인간의 신체적, 문화적, 정치적, 법적 정체성은 아주 흐릿해지거나 불투명해지는 반면, 세컨드라이프 등 가상공간에서 자신의 분신인 아바타(avatar)를 통해 감춰진 욕망의 대리 만족을 추구하는 디지털 정체성은 확대되는 것이다.

미래 디지털 정체성의 확대로 다양한 법적 문제가 야기된다. 현실 생활을 규제하고 있는 법률이 가상공간의 가상생활에도 적

▶ 디지털미디어 세상에서 우리는 멀티 정체성을 갖는다. (픽사베이 제공)

용될 수 있는지 여부에 대한 논란 등이다. 예컨대, 마이스페이스의 블로그에서 한 남자가 아동과 성적인 대화를 나눈 내용을 청소년 성범죄의 증거물로 사용할 수 있는지 여부 등이다. 미국의 경우, 2006년 법 개정을 통해 이메일, 전자장치에 남아 있는 흔적(ESI, electronically stored information)에 대한 증거능력을 인정하고 있다.

새로운 속성을 지닌 미디어들이 연속적으로 사회에 진입함에 따라 미디어 이용 양상에서 개별 미디어의 순차적 이용이 아니라 복수 미디어들의 병렬적 이용이라는 특징이 보다 강하게 형성되고 있다. 텔레비전을 보면서 인터넷 검색이나 쇼핑을 하는 것, 혹은 공부하면서 문자를 보내거나 잠시 MP3플레이어로 음악을 듣는 등의 활동은 이제 미디어 이용에 있어서 상당히 자연스러운 풍경이 되었다. 더불어 이동전화, PMP 등의 뉴미디어들이 장소의 제약에서 벗어나면서 미디어 이용 영역 자체가 과거에 비해 확장되고 있다. 대표적인 실례가 이동 시간의 활용 미디어 수 증가이다. 과거에는 지하철이나 버스 안에서 신문이나 책 이외에는 달리 선택할 수 있는 미디어를 찾아보기 힘들었다. 그러나 현재는 책이나 신문 이외에도 이동전화를 이용한 통화와 문자, 디지털미디어를 이용한 인터넷 검색이나 동영상 시청, 음악 감상 등 이동 시간에 활용할 수 있는 미디어 자원이 늘어났다.

'미디어 과잉(media unlimited)'이라는 사회적 현상도 대두된다(Gitlin, 2002). 각종 미디어가 보편적으로 확대되면서 지금처럼 사람들의 경험과 지식이 대중적 기기/기술체제와 직접적으로 연관된 시대는 없었으며, 또 지식과 정보가 국경, 계급, 대륙을 넘어 동시간대에서 소통된 시대 역시 없었다. 일상적 삶의 리듬, 형태, 속도, 내용을 재편성하면서 동시에 규율하는 미디어가, 스마트 융합 시대에 이르러 더욱 그 경향성을 강화하고 있다. 나아가 미디어는 현실의 환경을 바꾸어 놓는 기제가 되면서 미디어가 이제는 단순한 기기의 의미를 넘어 '인간 생존의 결정적 요체'(Ormiston, 1990)로 자리해 가고 있다.

미디어 과잉의 상태가 사회와 개인에게 던지는 문제, 예컨대, 미디어 난개발, 미디어 과소비, 중독, 수(이)용자 착취, 정보과부하, 문화적 오염, 시뮬라크라, 현실과 가상의 경계 소멸 등의 문제는 미디어 내용과 미디어 접근의 문제를 넘어선다. 미디어가 개인의 생활과 사회 전반에 침윤되면서 더욱 긴급한 문제들이 되는 것이다.

초연결사회, 미디어 환경의 변화

수백만 년에 이르는 인류 문명은 커뮤니케이션의 결과물이다. 원시 인류로부터 현재까지 이어져 온 시간들 속에서 인류는 몇 번의 중요한 커뮤니케이션 혁신을 이루어냈고, 그때마다 사회는 급속한 변화를 맞이하였다. 선사시대와 역사시대가 구분되는 것은 커뮤니케이션의 혁신, 즉 기록의 탄생 때문이다. 구텐베르크의 금속활자 인쇄술은 근대사회 형성의 중요한 디딤돌 역할을 했다. 인터넷의 등장은 지구촌의 형성과 경제·사회·문화 등 모든 측면에서 정보의 역할이 역사상 가장 중요하게 취급되는 사회로의 이행에 기여하였다.

그리고 최근 또 하나의 강력한 커뮤니케이션 혁신이 이루어지고 있는데, 바로 스마트미디어 혁신이다. 스마트폰, 스마트TV, 스마트패드로 대표되는 스마트미디어 환경이 일상화되고 있다. 스마트폰과 스마트패드(태블릿PC)에 이어 스마트TV까지 등장하고 있다. 콘텐츠와 미디어는 물론 커뮤니케이션까지 하나로 융합되는 스마트TV의 등장과 확산은 스마트미디어 환경의 본격적 도래를 의미한다.

커뮤니케이션, 미디어 분야와 관련해 4차 산업혁명은 '초연결'이라는 화두로 집약된다. 테크놀로지의 급속한 발전으로 사물(事物)이 인터넷과 모바일을 통해 연결되어 서로 커뮤니케이션(소통)하는 사회, 즉 모든 사물과 사람이 네트워크로 연결되는 초연결사회를 창조하고 있다. 초연결 시대에는 다양한 경제 주체, 산업,

학문, 사회, 문화, 계층, 세대, 국가 등으로 연결 확대가 용이하며, 이를 통해 새로운 가치를 창출하게 된다. 연결이 극대화될 수 있는 환경에서는 네트워크 외부성이 커지고, 이를 통해 더욱 혁신적이며 효율적으로 높은 성과의 창출이 가능해지는 것이다.

이러한 초연결사회를 구축하는 핵심 구성체가 바로 사물인터넷(IoT, Internet of Things)이며 5G 기술이다. 5G 기술은 사람, 사물, 데이터 등 모든 것이 인터넷으로 서로 연결되어, 정보가 생성 · 수집 · 공유 · 활용되는 기술 및 서비스를 통칭하는 개념이다. 쉽게 얘기하면 각종 사물에 컴퓨터 칩과 통신 기능을 내장해 이를 인터넷에 연결하여 자동화시키고 인공지능에 결정을 지시하는 기술을 의미한다.

여기에서 사물은 가전제품, 자동차, 모바일 장비, 웨어러블 기기 등 다양하다. 심지어 스마트 홈이나 스마트 시티에 적용할 경우 가정 내 출입문이나 각종 전열기구, 도시의 도로와 각종 설비까지 사물인터넷으로 연결될 수도 있다. 사물이 자율적 · 지능적으로 인터넷에 연결되면 기존에 생각하지 못했던 다양한 가치들이 접목될 수 있다. 과거 통신 환경에서는 정보의 수집, 분석, 대응에 '이용자의 인위적인 개입'이 필요한 경우가 일반적이었다면, 사물인터넷이 보편화된 환경에서는 이용자 개입 없이 관련 정보가 '자동적으로 처리'되어 다양한 편의성을 증진시킬 것이 예상된다.

인공지능 IoT 환경의 등장은 가정에서 다양한 미디어의 액세스를 보다 효과적으로 제시함으로써, 편리하고 안락한 미디어 이용의 장점을 확대시킬 것으로 예측된다. 실제로 모든 가전제품에 콘텐츠를 전달 또는 저장할 수 있는 지능형 미디어기능을 탑재함으로써, 홈 네트워크 컴퓨팅은 미디어를 통합하여 언제 어디서나 접근 가능하다.

생활환경에 따라 다양한 콘텐츠 액세스가 가능하며 상황인식에 의해 콘텐츠의 제공과 소비가 결정되는 새로운 비즈니스 플로를 형성한다. 무엇보다 가정, 일터, 차량 등 다양한 공간 간 연계를 자유롭게 해준다는 점에서 새로운 공간이동성을 제공한다.

미디어 4.0 콘셉트로 진화

콘텐츠 분야에서는 컴퓨터와 스마트폰, 태블릿PC 등의 디지털미디어 활용이 활발하며, 이들 디지털 기기는 기본적으로 인터넷에 연결되어 있기 때문에 사물인터넷의 개념을 확대시키고 있다. 자율 자동차, 웨어러블 스마트 의복과 같이 기존에는 인터넷에 접속되지 않던 기기들에 인터넷 접속 기능과 컴퓨팅 기능이 도입되면서 새로운 형태의 혁신을 구현한다.

초연결사회는 인터넷의 연결이 지배하는 세상이다. 그 연결선을 타고 흘러가는 센서는 미디어가 네트워크 기술과 만나 곳곳에 데이터를 뿜어내도록 한다. 웨어러블 기기, 스마트폰, 드론 속에는 헤아릴 수 없이 많은 센서가 부착돼 데이터를 끊임없이 전달한다. 예컨대, 사물인터넷 기술 중 하나인 NFC(Near Field Communication, 근거리 무선통신)나 비콘(Beacon) 기술을 활용할 경우 전시공간, 운동경기장 등에서 고객이 어떤 공간을 방문했는지, 어떤 행동을 했는지를 손쉽게 파악하고, 물론 고객이 선호하는 맞춤형 서비스까지 제공할 수 있다.

최근에는 IoT 기반 미디어플랫폼이 본격 부상하면서 미디어플랫폼은 단순히 미디어 기기만을 의미하기보다는 그 기기와 기기를 구성하는 부품, 기기 간 연결을 가능하게 해주는 네트워크나 소프트웨어 등을 아우르는 개념으로 진화하고 있다. IoT 시대 스마트미디어 플랫폼들은 지능, 접속, 이동성, 공개성, 비용 등의 측면에서 기존 플랫폼과 차별화를 이루면서 새로운 서비스와 콘텐츠를 소비토록 한다. 즉, 기업과 소비자 역할이 구분된 예전과 달리, 내가 기업가도 되고 소비자도 되는 것이다. 플랫폼 시대에는 나만의 서비스를 빠른 속도로 그리고 합리적인 가격으로 이용하는 스마트한 서비스 향유가 가능하다. 예컨대, 유튜브라는 동영상 기반 플랫폼에서 실시간으로 피드백을 받으면서 많은 사람들이 동영상을 생산하고 소비한다.

무엇보다 지난 몇 년 동안의 미디어 분야에서의 가장 중요한 트렌드 가운데 하나는 가족 구성원들 사이의 미디어 소비 패턴의 다이버전스(divergence)이다. 미래의 가정은 미디어를 중심으로 디자인될 것이 분명하다. 미래의 가정은 '미디어 센터'로 기능할 것이다. 가정은 TV, PC, 게임 콘솔, 음악 등을 융합적으로 이용할 수 있는 허브로서 기능하게 된다. 가정에서 이루어지는 우리의 미디어 경험은 음성과 몸짓의 인식 등을 포함하는 새로운 인터페이스를 통해 이루어질 것이다. 그리고 모든 방과 벽, 테이블, 계단 등에 설치된 스크린은 비디오, 인터넷 그리고 디지털 영상기기들과 연결될 것이다. 그리고 집안 내부의 벽은 비디오 벽지로 대체될 것으로 예상된다. 가정 내부 미디어는 모두 멀티미디어로서 기능한다는 점이다. 3D TV, 서라운드 스크린, 그리고 게임용 고글과 글러브 및 기타 장비들과 연동되며 풍부한 인터페이스를 제공한다. 또한 가정 내부의 미디어는 조명기구와도 연결될 것이다. 이 밖에 가정에서는 이 같은 미디어를 이용하여 활발한 상호작용이 보장되는 홈 쇼핑을 즐길 수 있게 될 것이다. 홈 미디어 융합은 연결성과 통합을 요구한다. 다양한 네트워크의 융합, 각 기술표준이 다양한 단말기들도 융합을 위해 연동성이 확보될 것이다.

우리는 많은 시간을 직장이나 자동차, 공항, 거리 등 집 밖에서 보내고 있다. 하지만 이제 우리가 집 밖에서 보내는 시간만큼이나 집에서도 자주 미디어를 이용하도록 강제되고 있다. 우리의 손 안이나 주머니에 들어갈 정도로 작은 크기의 단말기들은 단순한 휴대전화나 카메라 등의 기능을 초월하며 기존에 유선인터넷이 연결된 데스크톱에서 가능하던 이메일, 비디오, 소셜 미디어 등의 기능까지 보유하고 있다. 이는 모두 인터넷 연결이 온라인에서 모바일로 확장한 결과들이다. 이 같은 다양한 단말기들이 진정한 모바일 미디어의 형태로 융합되고 있다.

미래의 미디어는 곧 우리가 움직이는 어느 곳에서나 함께할 것이다. 광고게시판이나 도로, 카페의 테이블, 버스 등 어디에나 콘텐츠가 존재하게 될 것이라고 예상할 수 있다. 광고는 점점 더 모바일 미디어 콘텐츠들과 연동될 것이다. 따라서 광고뿐 아니라 소비자에게 매력적인 다양한 콘텐츠들이 광고게시판과 같은 아웃도어 미디어를 통해 제공될 것이 확실하다.

결국 4차 산업혁명 시대 미디어는 미디어 4.0 콘셉트를 구현하고 있다.

구 분	미디어 환경
1.0 시대	매스미디어
2.0 시대	인터넷
3.0 시대	모바일
4.0 시대	스마트미디어(스마트폰, 스마트TV), IoT플랫폼, 스마트카, 드론 등

▶ '모든 것이 미디어'가 되는 미디어 4.0 환경이 도래하고 있다.

이러한 혁신은 미디어 형태에 따라 분류되던 전통적인 콘텐츠 산업의 관점에 변화를 요구한다. 이용자의 지불의사에 따라 콘텐츠의 소비가 결정되기 때문에, 콘텐츠의 차별화와 이용자의 요구에 부응하는 시장 세분화가 중요하다. 또한 비즈니스 환경변화로 인해 가격 차별화, 패키지 판매 그리고 콘텐츠 버전에 따른 창구화 전략 등과 같은 새로운 수익모델의 개발을 강조하는 거대한 트렌드가 시작되었다.

스마트 시대의 도래와 스마트미디어

스마트(Smart)라는 단어가 우리에게 친숙하게 활용된 지도 꽤 오래되었다. 스마트폰, 스마트워크, 스마트TV에 붙이는 스마트는 똑똑하다는 뜻이다. 그렇다면 왜 똑똑할까? 바로 사람의 욕구를 알아서 측정하고, 사람이 원하는 것을 제공하기 때문이다. 나머지 기능과 장점은 이를 위한 부수적인 조건일 뿐이다. 하지만 예전부터 소비자들은 늘 똑똑한 것을 기대해왔다. 스마트라는 접두어가 붙는다고 해서 과거와 크게 달라진 것은 없는데 아주 혁신적인 것이 나타났다고 호들갑을 떤다는 이야기도 들린다. 아마도 그 속에 담긴 근원적인 변화의 모습을 놓치고 있기 때문일 것이다.

이에 스마트 시대의 도래에 대한 논의에 앞서, 스마트 시대의 선행조건인 디지털(시대)에 대한 논의와 언급이 필요하다. 1995년 MIT 미디어연구소의 네그로폰테(Negroponte)가 논의한 0과 1의 전자적 조합으로 이루어진 비트(Bit)의 시대, 디지털 시대는 기존의 아날로그를 대체하면서 과거에 경험할 수 없었던 기술혁신을 가져왔다.

물리적으로 존재하던 것이 가상화되고, 쉽게 복제되며 시공간을 초월하여 이동할 수 있게 되었다. 무엇보다도 디지털화된 미디어기술의 특징은 기존 커뮤니케이션과 미디어 양식의 경계를 허물었다는 점에서 매우 중요한 의미를 갖는다. 즉, '일 대 일' 혹은 '일 대 다'의 커뮤니케이션 양식, 인쇄 · 출판, 방송과 통신 등으로 구분되었던 기존의 미디어 양식의 구분과 경계를 극복시켜

주었다는 점에서 미디어 융합(convergence)의 새로운 시대 지평을 열었다는 평가를 받는다. 이제 디지털기술은 단순한 공학적 차원의 기술이 아니라 총체적 차원에서의 사회 변화를 추동하는 핵심 자원으로서 정치 · 경제 · 사회 · 문화 전반에 지대한 영향력을 미치고 있다. 디지털 시대란 말은 대단한 무게로 세상을 바꾸고 있음이다.

디지털 시대라는 말에 담긴 그 무게감을 생각하면서 스마트 시대를 다시금 생각해 볼 필요가 있다. 스마트화가 가져올 소비자의 변화, 우리 삶의 총체적인 변화, 우리 시대와 문화의 변화에 대한 고민 없이 스마트 시대라는 말을 유행처럼 받아들인다면, 우리는 그 본질을 과소평가하고 있는 것이다. 무엇보다도 '스마트'라는 의미를 그저 똑똑하다는 것으로 정의하기보다는 그 여부를 평가하는 사람이 누구인지를 알아야 한다.

기업(혹은 생산자)이 만들어서 이것이 바로 '스마트○○'라고 광고하는 것이 중요한 것이 아니다. '스마트'의 여부를 판단하는 것은 소비자(혹은 수용자)이다. 기능이 다채롭고 성능이 좋다고 스마트한 것이 아니고, 사용하는 사람들 개개인이 제품, 서비스를 이용하고 똑똑하다고 평가해야 한다. 사용자 개인에게 안성맞춤이어야 한다는 의미이다. 스마트는 매우 상대적인 개념이기 때문이다.

과거의 소비자들은 기업이 만들어준 제품 안에서만 선택지를 고를 수밖에 없었다. 그러나 스마트 시대에는 소비자가 자신의 제품을 직접 정의하게 된다. 기업이 낸 객관식 문항에서 답을 찾던 수동적인 소비자가 아니다. 스마트 시대에 사는 소비자들은, 그들 스스로 문제를 내고 기업에게 답을 요구할 권리를 인식하기 시작하였다. 제품, 서비스, 콘텐츠의 모든 중심이 소비자에게 넘어가고 있다. 이를 똑바로 직시하고 인식하는 것이 바로 스마트 시대에 있어 성공의 중요한 첫걸음이 되고 있다.

최근 스마트폰, 스마트TV, 스마트패드 등으로 대변되는 스마트 미디어 환경이 생활 속에 깊숙이 들어와 있다. 스마트폰과 스마트패드(태블릿 PC)에 이어서 스마트TV까지 등장하고 있다. 스마트TV는 콘텐츠와 미디어는 물론 커뮤니케이션까지 하나로 융합되면서 스마트미디어 환경의 도래를 의미한다.

스마트미디어 시대의 도래는 미디어의 다중창구화를 의미한다. 스마트미디어 환경은 N-Screen의 현실화를 이루었으며, 홈네트워킹의 보급화를 앞당기는 동인이 될 것으로 전망된다. 기존의 TV와 PC, 모바일로 이어지는 3Screen 환경에서 스마트TV와 태블릿PC, 클라우드 컴퓨팅 등의 다양한 플랫폼을 기반으로 한 단말의 등장으로 스크린의 제약을 넘는 미디어/플랫폼의 OSMU를 실현할 것이다.

스마트미디어를 정의하면, '언제, 어디서나, 이용자가 원하는 정보를 상황과 환경에 맞게 지능적이고 다양하게 가공하여 전달하는 매체'라고 할 수 있다.

- 언제 어디서나 ; 이용자의 선호와 필요에 따라 원하는 시간과 장소에서 다양한 디바이스를 통해 소비할 수 있는 능동적인 미디어
- 맞춤형 미디어 ; 이용 공간, 사용기기 등 이용자의 환경과 상황에 맞게 소비할 수 있는 미디어

- 지능적 상호작용 ; 콘텐츠의 추가적인 정보(소설, 소비환경, 부가 정보 등) 및 이용자의 정보를 이용하여 지능적 상호작용이 가능한 미디어
- 융합 미디어 ; 다양한 미디어를 쉽게 융합하여 새로운 가치를 생성할 수 있는 미디어

구 분	기존 미디어	스마트미디어
전달 매체	• 지면, 고정형 디스플레이	• 스마트폰, 태블릿, 스마트TV 등 스마트기기
전달 방향성	• 단방향, 일방성 • 콘텐츠 제공자→사용자	• 양방향, 사용자 주문형 • 콘텐츠 제공자↔사용자
시간 의존성	• 시간 제약적, 1회성	• 원하는 시간에 항상 이용
공간 의존성	• 공간 제약(집, 사무실 등)	• 모바일(사용자 위치 기반)
표현성	• 텍스트, 이미지 위주의 정보 전달형 미디어	• 동영상, 상호작용 등이 강화된 멀티미디어

스마트폰, 스마트TV 등 다양한 스마트기기를 활용한 스마트라이프의 가속화로 소위 '스마트사이어티'가 본격적으로 도래할 것으로 기대되고 있다. 스마트사이어티(Smartciety, Smart+Society의 합성어)는 스마트폰 등 각종 스마트기기로 대화와 소통이 이루어지고 업무처리, 학습, 의료진료 등 사회 전반에 스마트기술이 활용되는 사회를 지칭한다. 스마트사이어티에서 살아가는 스마트시민은 감성적인 사고방식을 지향하고, 가상공간을 향유하며 간접소유를 선호하고 공유-개방의 지식개념을 추구한다.

스마트미디어 테크놀로지 인사이트

스마트미디어는 미디어가 ICT 인프라와 결합하여 시공간 및 기기 제약 없이 다양한 콘텐츠를 이용자에게 융합적, 지능적으로 전달할 수 있도록 발전 중인 매체를 총칭한다. 소통의 도구로 사용자와 상호작용이 가능하고, 시간적, 공간적 제약 없이 융합콘텐츠를 제공하는 똑똑한 매체이며, 기술발전 트렌드에 따라서 다양하게 진화하고 있다. 그 대표적인 기술들의 특성을 살펴보면 다음과 같다.

스마트미디어를 대표하는 매체로 단연 손꼽히는 대상은 바로 '스마트폰'이다. PC 못지않은 성능에 다양한 기능들이 내장되어 우리에게 가장 필수적이고 친숙한 매체로 활용되고 있다. 그 시작은 1993년으로 거슬러 올라간다. 세계 최초의 스마트폰은 IBM의 '사이먼(Simon)'이다. 1993년 만들어진 이 스마트폰은 3인치 크기의 감압식 터치스크린을 사용했고 간단한 기능(계산기, 주소록, 세계 시각, 메모장, 이메일, 전자우편, 팩스 송수신, 게임) 몇 가지가 내장되어 있었다. 다만, 배터리 사용시간이 1시간 정도이면서 가격은 899달러였던 탓에 큰 인기를 끌지 못했으며, 판매 부진으로 2년 만에 시장에서 사라졌다. 그 이후에도 많은 스마트폰들이 등장했지만, 스마트폰을 대표하는 기업과 브랜드라면, 바로 애플의 아이폰을 빼놓을 수 없다. 아이폰의 역사는 단순히 스마트폰의 진화를 넘어 혁신의 역사로 불리며, 스마트폰이라는 단어를 대중화시켰으며, 스마트폰을 모든 IT 기기의 허브(중심)로 탈바꿈시켰다. 이는 아이폰이 역사상 최초의 스마트폰인 IBM의 사이먼을 제치고 '최초의 스마트폰'이면서 '혁신'으로 인식되는 이유이다. 스마트폰은 매번 출시마다 혁신적인 기술들이 장착되어 대중들의 관심을 모으고 있는데, 최근의 기술적 트렌드는 인공지능, 증강현실, 폴더블(foldable) 등 주로 4차 산업혁명의 최신기술들과의 융합에 있다.

인공지능, AI(Artificial Intelligence)는 4차 산업혁명에서 가장 주목받는 기술 중 하나로서, 최근 스마트폰 제조사들이 인공지능 성능을 강화하고 나선 것은 스마트폰 시장이 포화되어 차별화가 시급하기 때문이다. 최근 스마트폰에 적용되는 기술은 '음성'과 '비전'으로 크게 나눌 수 있다. 인공지능의 음성인식기술은 스마트폰에 탑재된 '인공지능 비서' 서비스가 대표적이다. 향후 날씨나 알람과 같은 단순한 기능을 넘어서 음성인식은 더욱 다양하고 복잡한 명령을 수행할 수 있는 방향으로 발전할 것이다. 이러한 관점에서 스마트폰에 인공지능 스피커와 같은 고성능의 음성인식 기술을 적용하게 되면, 이동 편의성이 높은 스마트폰의 활용도가 더욱 높아질 것으로 기대된다. 음성 인공지능으로 정보 검색뿐만 아니라, 스마트폰의 다양한 기능을 제어할 수 있게 되며, 결제, 배달 등의 생활 서비스도 더욱 편리하게 이용할 수 있다. 최근에는 볼 줄 아는 인공지능에 대한 기술들도 진화하고 있다. 통상적으로 '비전(Vision) AI'라고 불리는데, 비전 인공지능은 고객의 인지능력을 향상시켜 주는 기술로 주목받고 있다. 예컨대, 스마트폰에 장착된 카메라 렌즈로 사진을 찍고, 그 사진에서 원하는 정보를 검색하고, 쇼핑 등 고객들이 일상적으로 활용하는 서비스까지 연계하도록 하는 것이다. 이미지를 검색 키워드로 활용하여 상세 정보를 알려주고, 피사체를 분석하여 가장 최적의 화질 설정 조건을 스스로 찾아내고, 촬영 이미지나 저장된 이미지로 그와 유사한 쇼핑 상품을 찾아주는 서비스 등이 가능하다.

스마트폰이 보급되면서 '증강현실(AR, Augmented Reality)'이라는 용어도 대중적인 기술 용어가 되었다. 스마트폰이 증강현실 기술을 견인했다는 것도 과장은 아니다. 초창기의 모바일 증강현실 기술은 다양하고 무거운 장치를 수반하고 있어 일반 사용자들이 이용하기에는 활용성이 떨어졌지만, 카메라와 여러 센서가 장착된 스마트폰이 급속하게 보급되면서 사용자들이 언제 어디서나 증강현실 기술을 자신의 업무, 일상생활에 쉽게 활용할 수 있게 되었다. 스마트폰에 증강현실을 접목시킨 활용사례는 '포켓몬 고'의 성공으로 잘 알려진 분야인 게임 외에도 우리 일상 깊숙이 침투해 있다. 건축, 교육, 자동차 외에도 의료, 산업, 군사, 방송, 광고, 쇼핑 등 다양한 분야에 적용되고 있다.

스마트TV 역시 스마트폰과 함께 스마트미디어를 대표하는 기기이며 서비스이다. 스마트TV는 여러 정의가 있겠지만, '운영체제(OS)가 탑재되어 있고 인터넷이 연결되어 다양한 앱과 웹 콘텐츠를 제공하는 TV'로 정의할 수 있다. TV에 운영체제와 인터넷 접속 기능이 추가되었다는 것은 TV가 이전과 같이 방송 프로그램 재생과 같은 고정된 기능만을 수행하는 것이 아니라 새로운 기능을 외부로부터 공급받아 자유롭게 추가해 구현할 수 있게 되었다는 것을 의미한다. 물론 기존에 가지고 있는 기능이 더 이상 필요 없게 되었다면 이를 삭제하는 것도 언제든지 가능하다. 즉,

스마트TV는 기존 TV와 달리 그 기능을 이용자(또는 스마트TV 플랫폼 사업자)가 무한히 확장할 수 있게 되었다. 스마트TV의 가장 큰 특징 중의 하나는 별도의 셋톱박스를 설치하지 않고 케이블, IPTV, 위성방송 가입자가 아니더라도 다양한 방송/영상 콘텐츠를 즐길 수 있다는 것이다.

스마트TV는 인터넷과 TV의 결합을 바탕으로 이용자 친화적 멀티모달(Multimodal ; 사람과 기계 간 통신을 위해 음성, 키보드, 펜을 이용해 정보 주고받기) 인터페이스로 화면을 제어하고, N스크린을 통해 방송형, 통신형, 방송통신융합형, 컴퓨터형 서비스를 제공하는 CPTN(Contents, Platform, Terminal, Network) 개념을 구현할 수 있다. 스마트TV에서는 이용자의 이용 패턴 정보를 TV에 누적하여 이용자의 특성에 알맞게 최적화시킨 '이용자 적응형' 서비스까지 제공되기 때문에 이용자 맞춤형 스마트 광고도 개발할 수 있다.

스마트TV는 초고속망 보급에 따른 웹 기술의 고도화 및 개방성 확대, 그리고 다양한 콘텐츠 및 서비스에 대한 소비 활동이 증가하면서 등장한 IPTV, 커넥티드TV, OTT(Over-The-Top) 서비스의 진화 버전으로 볼 수 있다. 일부 인터넷 콘텐츠에 대한 수동적 소비만을 제공했던 IPTV와 커넥티드TV의 한계를 극복하기 위해 스마트TV는 인터넷 풀브라우징 기능을 수용함으로써 방송과 통신의 융합을 촉진하고, TV 고유의 린백(Lean-Back) 서비스는 물론 다양한 린포워드(Lean-Forward) 서비스를 함께 제공함으로써, 시청자의 능동적 소비를 유도하고 있다. 또한 이용자의 다양한 소비 욕구를 충족시키기 위해 기존 OTT 서비스를 적극 수용하고 TV 앱스토어 및 미디어 마켓을 통한 다양한 서비스 및 콘텐츠 제공을 추진하고 있다.

다만, 스마트TV에 대한 단점도 제기되고 있다. 스마트TV는 복잡하게 융합되어 있다. 수용자, 생산자, 사업자 차원에서도 경계가 복잡하게 얽혀 있다. 콘텐츠의 다양성과 규모 면에서 정의하기에도 어려움이 있다. 또한 스마트TV는 개별화된 서비스를 제공하기 때문에 사용자 선호와 프라이버시 노출 문제가 제기될 수 있다. 그리고 보편적인 대중 전달매체로서 보편적 시청권의 보장이나 공영성 구현이 어렵다는 지적도 받고 있다. 기존 TV에 대한 혁신성을 보여주기 어렵고 공익성과 공공성의 가치를 구현하기 어렵기 때문이다.

2. 일상의 콘텐츠, 콘텐츠라이프

콘텐츠의 개념 및 의미

콘텐츠의 사전적인 의미는 두 가지가 있다.

첫째는 '내용, 알맹이, 목록' 등을 의미하며, 둘째는 '만족시키다. 기쁘게 하다' 등의 의미로 사용된다. 결국 콘텐츠의 본래적 의미는 (구체적인) 알맹이이자 내용인 동시에 이를 통해 만족을 줄 수 있는 것이라는 의미로 유추 해석할 수 있다.

사전적 정의로 보면, 라틴어 'contentum'에서 유래된 단어로 "담겨 있는 것(thing contained) 또는 내용물"(Oxford English Dictionary, 2007)을 의미한다.

가장 널리 인용되는 개념으로서 콘텐츠는 논문, 서적, 문서의 내용이나 그 목차를 의미하는 과거의 개념을 넘어서 영화, 방송, 뉴스 등 미디어의 내용이나 게임, CD-ROM 타이틀 등 컴퓨터 관련 저작물의 내용을 지칭하는 용어로 사용되고 있다. 따라서 콘텐츠 산업의 범위에는 출판, 정보서비스, 영상물, 게임 및 소프트웨어 등을 모두 포함하는 것으로 볼 수 있다.

콘텐츠는 미디어를 통해 전달되는 내용물 및 메시지 등 인간의 창의적 산물로 경제적, 문화적 가치를 가지는 것을 의미한다. 상품화되어 생산, 유통, 소비 등 일련의 과정을 통해 부가가치를 창출하는 것이다.

콘텐츠는 다분히 문화적, 또는 심미적 즐거움(pleasure)의 성격을 갖고, 기호 혹은 코드의 체계(system of codes)로 구성되어 있다. 콘텐츠 상품의 가장 중요한 특징 중의 하나는 바로 문화적인 산물이라는 점이다.

콘텐츠는 문자, 이미지, 영상, 소리 등의 정보로 이를 제작하고 가공해서 소비자에게 전달하는 상품이다. 즉 우리 생활에서 사용되는 광범위한 유·무형의 정보 또는 그 내용물이다. 구체적으로 극장용 영화나 비디오 영상, 방송 프로그램, 책, 신문, 음악, 게임,

▶ 콘텐츠는 스토리 기반 감성적 재화

그리고 우리가 매일 이용하는 인터넷의 모든 정보도 콘텐츠가 될 수 있다.

콘텐츠를 구현하는 '플랫폼'은 사전적 의미로는 '강단, 무대, 정거장' 등의 의미이지만 콘텐츠 시대를 맞아 컴퓨터 시스템을 바탕으로 하는 운영체제를 의미하는 것으로도 해석이 가능하다. 콘텐츠는 여러 플랫폼을 통해서 소비자들에게 전달되는데, 방송을 예로 든다면 방송제작의 장비, 송출 시스템의 도구가 플랫폼이 되고 방영되는 프로그램이 콘텐츠라고 할 수 있다. 콘텐츠는 본래 문서, 연설 등의 내용이나 목차, 요지를 뜻하는 말이었지만, ICT 기술이 발전함에 따라 그 유통경로인 플랫폼이 다변화되면서 다양한 콘텐츠가 나타나게 된 것이다. 한편, 콘텐츠라는 개념을 어디에서 먼저 썼느냐에 대해서 학자들마다 많은 논의가 있었는데, 대체로 1990년대 유럽에서 'Multimedia Content'라는 말을 쓴 것이 그 효시라는 의견이 많다. 이러한 표현을 국내에서 멀티미디어라는 개념을 제외하고, 콘텐츠라는 용어만 이용하면서 쓰이게 되었다는 것이다.

콘텐츠는 '우리에게 텍스트 형태, 또는 시청각 형태로 표현된 미디어를 통해 전달되는 인간의 창의적인 산물로서 그 자체가 경제적이며 문화적인 가치를 가지는 것'으로도 정의된다. 여기서 말하는 경제적, 문화적 가치는 다음과 같이 설명할 수 있다.

- 경제적 가치 ; 상품 혹은 서비스로 제공되는 콘텐츠는 돈을 지불하고 구매할 수 있는 가치를 지녀야 함. 만일 영화라면 관객, 드라마라면 시청자, 음악이라면 청취자, 게임이라면 게이

머가 해당되는 장르의 콘텐츠를 돈을 지불하고 구매함으로 인해서 가치를 가지게 되는 것임

• 문화적 가치 ; 각 장르의 콘텐츠가 대중문화를 선도한다든지 혹은 오락적인 욕구를 만족하게 한다든지, 심리적 카타르시스를 제공한다든지, 최근에는 한류문화를 세계에 알린다든지 등의 문화적인 특질도 지녀야 함

이러한 '콘텐츠'가 중심이 되는 산업이 바로 우리가 흔히 이야기하는 '콘텐츠 산업'이다. 콘텐츠 산업은 영화, 게임, 드라마, 애니메이션, 음악 등의 콘텐츠를 기획/제작(스토리와 콘셉트를 창조)하고 유통(미디어 매체를 통해서 소비자, 시청자, 관객 등에게 제공), 소비(무료 혹은 유료의 콘텐츠를 이용)하는 과정과 관련된 서비스를 행하는 산업(국내 문화산업진흥기본법 제2조)으로 정의할 수 있다. 실제로 영화의 기획/제작, 유통, 소비와 관계된 제반 산업은 '영화 산업(예컨대, 영화제작사, 배급사, CGV와 메가박스 같은 극장 체인, 엔터테인먼트 회사, 관객, 그리고 심지어는 팝콘 회사까지 포함)'이 되는 것이다.

스마트미디어 시대 스마트콘텐츠

스마트미디어 시대를 맞아 새롭게 논의되고 있는 개념으로 '스마트콘텐츠'가 있다. 스마트콘텐츠는 스마트기기(스마트폰, 태블릿, 스마트TV 등)와 인터넷의 자원이 결합되어 사용자에게 편익을 제공하는 콘텐츠서비스라고 정의된다. 혹은 ① 기존 콘텐츠를 혁신기술과 방식을 이용하여 새로운 형식과 내용으로 변화시키고, ② 새로운 전송 및 유통 방식의 변화를 통해, ③ 이용자가 콘텐츠에 접근하는 방식, 즉 새로운 소비행태를 변화시키는 방향으로 진화한 콘텐츠라고 정의하기도 한다.

스마트콘텐츠는 3R을 구현한다. 즉, 실시간(Real-time)으로 무한 정보와 인적 네트워크에 접근(Reach, 소통)하여 시공간적인 한계를 넘어선 실재감(Reality)을 경험하게 해준다. 또한, 스마트콘텐츠는 이용자의 상황(TPO, 맥락)을 기반으로 이용자가 원하는 것(Needs, Wants, Demand)을 정확히 선별하여, 쉽고 빠르고 편리하게 제공하는 똑똑한 서비스이다. '무엇을 소비하느냐(What to consume)'가 중요해지는 시대이다. 소비 경험의 입체적 확장, 즉 'ASMD(Adaptive Source Multi Device) 소비 시대'라고 정의할 수 있다. 하나의 콘텐츠를 각 단말의 특성에 맞게 최적화하여 소비하는 환경이 구축되고 있다. 예컨대, TV로 좋아하는 스포츠 중계를 보면서 스마트폰으로는 경기에 대한 실시간 분석 데이터(볼 점유율, 타율/방어율 등의 다양한 스포츠 관련 정보)를 제공받는 방식 등의 적극적이고 새로운 경험을 추구하고 창조하는 환경이라고 할 수 있다(김원제 · 송해룡, 2015).

한편, 전 세계적으로 소셜 네트워크의 영향력이 확대되는 가운데 다양한 분야의 콘텐츠에 소셜적인 요소가 가미되는 현상이 지속될 것으로 전망된다. 특히 콘텐츠 소비 과정에서 소셜 네트워크 서비스(SNS)를 동시에 이용하거나 콘텐츠 소비행위를 SNS를 통해 지인과 공유하고 TV 시청 중 SNS 사용을 유도하는 경향이 보편화되고 있다. 이를 흔히 소셜TV라고 일컫는다. 소셜TV는 TV(내지 방송) 콘텐츠와 소셜 미디어 콘텐츠를 함께 이용해 TV 시청 자체를 소셜한 것으로 만드는 것이며, TV를 시청하면서 시청 중인 콘텐츠와 관련한 의견이나 감정 등을 같은 공간에 있지 않은 다른 사람들과 소셜 미디어를 통해 서로 표현하고 소통하는 매체이다. 시청자들은 소셜 미디어를 통해 자신이 시청 중인 콘텐츠에 관한 거대한 실시간 대화에 참여하고 자신이 그런 대화의 일부가 되는 것을 배우고 있으며, 이것은 개인화된 문화나 참여적 문화의 하나로 발전하게 된다. 이를 통해 시청자들은 TV 시청 경험을 더욱 향상시키는 효과를 얻을 수 있을 뿐만 아니라, 소셜TV 서비스가 시청자와 시청자를 연결하고, 프로그램 제작자, 광고주, 여론 조사자들이 시청자들과 상호 작용할 수 있는 방법을 제시하기도 한다. 결국 소셜TV를 포함하여 SNS 내에서 이루어지는 콘텐츠의 소셜적 소비는 결국 소셜 네트워크 플랫폼이 콘텐츠 소비의 장이자 온라인 콘텐츠 유통 플랫폼으로 진화하고 있다는 것을 단적으로 보여주는 근거라고 할 수 있다.

실상 스마트콘텐츠는 콘텐츠 자체가 스마트하고 가치 있는 것이라기보다는 기존 콘텐츠를 스마트하게 창조하고 분배하고 소비하도록 만드는 것이라고 정의하는 것이 적절하다. 단말기와 플랫폼에 관계없이 콘텐츠가 변환되는 수준을 넘어 각각의 환경에 최적화되고 개별화된 콘텐츠를 편리하고 신속하게 제공한다. 또한 이용자의 이용 환경과 맥락 환경에 맞춰 제공되어야 하며 이를 위해서는 콘텐츠를 둘러싼 구현 환경과 방식이 스마트해져야 할 것이다. 콘텐츠를 스마트하게 하는 데에 가장 중요한 요소는 개발자나 제작자의 의도가 아닌 이용자의 소비 행태나 잠재된 이용 니즈를 파악하는 것이다.

스마트미디어 환경의 도래에 따라 세분화된 개인들의 특화된 수요 만족과 콘텐츠 생산과정에 대한 개인들의 자발적인 참여가 강조되는 구조가 소수에 의한 정형화된 콘텐츠 생산과 다수에 의한 획일적 소비를 기본 메커니즘으로 하는 올드미디어 패러다임을 대체해 가고 있다. 따라서 스마트미디어 환경은 이용자가 정보 창출 과정에 자발적으로 참여하고 창출된 정보를 개방적인 환경에서 상호공유하며, 이 과정에서 집단지성이 구축되고, 이렇게 구축된 다양한 콘텐츠 중 자신이 원하는 것을 선택할 수 있게 한다.

스마트미디어 환경에서는 미디어와 이용자 사이의 관계가 역전된다. 소수의 독점적 매체가 지배하는 구조가 다양한 개인형 매체들의 공존과 분점구조로 대체되고 있다. 과거에 독점적 지위를 점유하던 기존 매체들은 다양한 개인형 매체들과 경쟁해야 하는 상황에 놓여 있으며 이에 따라 매체 선택과 이용의 주도권이 이용자에게로 이동하고 있다.

'Content is King, Media is Kingdom.' 스마트미디어 환경을 대변하는 아포리즘은 이렇게 정리된다. 스마트미디어 환경에서 플랫폼이 핵심적 역할을 수행하고 있다. 콘텐츠는 플랫폼을 자유롭게 옮겨 다닐 뿐이다. 디지털 컨버전스에 의해 TV를 통해서도 인터넷을 이용할 수 있으며, 인터넷에 접속된 PC를 통해서도 TV 등 기존 미디어의 콘텐츠를 이용할 수 있게 되어 가고 있다. 따라서 TV나 인터넷 등 플랫폼은 '광장'이 된다. 이용자가 자신이 생산한 정보 및 콘텐츠를 다른 이용자와 공유하고 미디어 기업과 언론사의 정보 및 콘텐츠 생산에도 관여하는 광장이 되는 것이다. 스마트미디어 시대의 미디어는 기존의 매스미디어와 달리 채널의 개념이 아니라 광장으로서의 플랫폼 개념이 된다. 이러한 플랫폼 위에서 사회구성원들은 다양한 형태로 양방향 커뮤니케이션을 전개할 수 있다. 참여와 공유, 그리고 개방 및 집단지성, 다양하게 차별화된 이용자의 수요 만족 등 스마트미디어 환경에서 강조되는 요인들은 모두 광장인 플랫폼에서 구현되는 것이다.

스마트미디어 환경에서 콘텐츠는 수많은 플랫폼에 떠돌아다니며 자유롭게 호환되어야 하고, 이러한 콘텐츠의 생산은 특별한 주체가 있는 것이 아니라 내가 될 수 있고, 너도 될 수 있는 개인 생산이 주를 이룰 것이다. 즉, 생산자이면서 동시에 유통자, 소비자가 될 수 있는 진정한 의미에서의 프로슈머가 확산될 것이고 이러한 현상은 양방향성을 극대화하여 집단지성을 이끌게 된다. 개방된 콘텐츠는 개방된 플랫폼에서 자유롭게 소비된다.

미디어 이용의 대체 가설에 따르면 새로운 미디어가 등장하면 이전 미디어의 소비시간을 대체하게 된다. 미디어를 이용할 수 있는 시간은 한정되어 있기 때문에 결국 새로운 미디어를 사용하면 그만큼 기존 미디어 이용시간을 줄이게 된다는 것이다. 미디어 이용 연구 역사를 보더라도 이 가설은 대체로 지지를 받아왔다. 그러나 '스마트'함을 내세운 새로운 미디어는 시간과 공간의 장벽을 무너뜨리고 있다. 미디어를 이용할 수 없던 시간과 공간을 새롭게 만들어냄으로써 대체 가설을 무력화시킨 것이다. 정해진 파이를 나눠 먹는 것이 아니라 새로운 파이를 더 만들어내서 먹게 된 것이다. 스마트미디어는 생산자에게도 소비자에게도 과거에는 없었던 새로운 종류의 새로운 크기의 파이를 제공하고 있다. 지하철에서 버스에서 길 위에서 사람들은 끊임없이 뉴스를 소비하고 TV프로그램을 보고 친구들과 소통하고 있다. 이동 중일 때뿐만 아니라 음식점이나 카페, 은행, 도서관과 같은 공간 역시 개인적인 미디어 소비공간으로 변하고 있다. 공적 공간을 사적 공간화하여 개인에 따라 저마다 다른 콘텐츠를 원하는 대로 이용하는 것이다. 특히, 스마트폰은 공적인 공간을 완벽하게 사유화할 수 있는 장치로 기능하고 있다. 이러한 부가적인 미디어 소비는 사적인 공간뿐만 아니라 관계적 공간으로까지 확대되었다. 카페에 함께 온 연인이 커피를 앞두고 서로 스마트폰 삼매경이 빠진다든지, 가족외식에서 고기를 굽는 아버지, 식사를 챙기는 어머니와는 별개의 공간에 있는 듯한 아들과 딸의 스마트폰에 대한 몰입(게임, 채팅, 동영상 감상 등)은 이제 낯선 모습이 아니다. 즉, 과거에는 미디어 이용이 어려웠던 시간, 공간을 뛰어넘어 원하는 콘텐츠를 무한 소비하게 됨으로써 새로운 미디어 소비의 공간과 시간이라는 새로운 파이가 새롭게 생겨난 것이다. 따라서 하나의 미디어 이용시간이 증가하면 다른 미디어 이용시간은 줄어든다는 대체 가설은 폐기된다. 하나의 미디어를 이용하면서 동시에 다른 미디어를 이용하는 것이 이제는 얼마든지 가능해졌기 때문이다.

콘텐츠 4.0 시대의 도래

스마트폰, 스마트TV, 스마트패드로 대표되는 스마트미디어 환경이 일상화되고 있다. 스마트폰과 스마트패드(태블릿PC)에 이어 스마트TV까지 등장하고 있다. 콘텐츠와 미디어는 물론 커뮤니케이션까지 하나로 융합되는 스마트TV의 등장과 확산은 스마트미디어 환경의 본격적 도래를 의미한다.

최근 미디어업계에서는 고품질, 고실감화, 초실감을 지향하는 서비스가 중요한 화두가 되고 있다. 홀로그램, 전방위(360°) LF(light field) 영상, post-UHD 등 가상과 현실을 구분할 수 없을 정도의 현장감과 몰입감을 제공하는 서비스가 초실감 빅뱅의 핵심이 되고 있다. 이러한 미디어 환경은 사람들에게 능동적 몰입과 종합적 체험을 통해 전혀 새로운 체험을 제공한다. 이로써 융합현실 콘텐츠가 제공하는 NUX(Natural User eXperience)의 시대를 만들고, 기존의 플랫폼이나 디바이스로는 경험할 수 없었던 독특한 경험을 제공한다.

가상현실(VR), 증강현실(AR), 홀로그램 등 융합현실이 개인 경험을 확장시키고 강력한 몰입을 유도하는 매개물이 되고 있다. 가상현실과 증강현실은 지금까지 존재하지 않았던 새로운 공간을 창조해내면서, 나아가 새로운 비즈니스, 시장 공간을 창출해낸다. 이미 많은 상거래가 온라인을 통해 이루어지고, 콘텐츠 및 인간관계까지도 온라인·모바일 SNS를 통해 이루어지고 있다. 가상 및 증강현실은 이러한 시장을 상당부분 잠식하거나 기존 시장과 융합되면서 스마트소비자들에게 더욱 많은 권한과 힘을 부여할 것이다. 가상공간에서는 현실세계의 물리적 한계를 극복하고 사물을 평가하는 데 필요한 더 풍부한 정보 접근을 가능토록 하기 때문이다.

또한 VR, AR과 더불어 현실과 가상의 정보를 융합하여 현실세계를 반영한 가상세계를 구현하는 MR(Mixed Reality, 융합현실)이 부상하고 있다. MR은 가상현실이 주는 이질감을 완화함과 동시에 증강현실의 낮은 몰입도를 개선하는 등 현실과 가상을 균형감 있게 융합함으로써 VR과 AR의 단점을 보완하고 특장점을 강화하고 있다. 마이크로소프트사에서 출시한 '홀로렌즈'가 그 대표적인 사례이다.

결국 미디어 4.0 시대 콘텐츠는 콘텐츠 스퀘어드(Content2)로 진화하고 있다.

4차 산업혁명기 사물인터넷 기반 스마트미디어 시대 콘텐츠 역시 4.0 콘셉트로 진화하고 있는데, 현실, 가상현실, 증강현실 구분이 없는 환경, 즉 융합현실을 구현한다. 초실감, 초지능, 초연결, 몰입 극대화 기반 감성체험, 증강체험, 오감체험을 구현해준다.

콘텐츠 콘셉트의 진화, 콘텐츠 4.0

구 분	미디어 환경	콘텐츠 양상
1.0 시대	매스미디어	대중콘텐츠
2.0 시대	인터넷	참여-공유-개방
3.0 시대	모바일	휴대성, 개인화, 연결 강화
4.0 시대	스마트미디어(스마트폰, 스마트TV), IoT플랫폼, 스마트카, 드론 등	초실감, 초지능, 초연결, 극(極)몰입 융합콘텐츠, 증강콘텐츠, 생동콘텐츠

콘텐츠 4.0은 콘텐츠 스퀘어드(Content2, Content squared) 특성을 지향한다. 콘텐츠가 '진짜 세상'을 만나는 것이다. 현실과 가상이 상호교차하고 상호 영역에 영향을 끼친다. IoT 기반으로 사람과 사람, 사람과 콘텐츠, 콘텐츠와 콘텐츠, 디바이스가 서로 소통하는 시대를 상징한다.

무엇보다도 초연결 시대 미디어콘텐츠 생활상의 가장 큰 변화는 '스마트라이프'로 개념화할 수 있다. 가정 내 모든 기기들이 인터넷에 연결되고 다양한 스마트 서비스를 제공하는 스마트홈은 우리에게 편리하고, 안전하며, 경제적인 생활의 영위를 기대하게 한다. 스마트홈은 가전기기의 인터넷 연결로 인한 자동화를 넘어서서 주변 환경, 사용자의 특성에 따라 적절한 서비스를 제공하는 새로운 스마트라이프 환경을 구축한다.

테크놀로지 덕분에 콘텐츠 범주의 무한 확장

오늘날 콘텐츠 환경은 시장 환경은 물론, 콘텐츠 생산, 유통, 소비환경 등 매우 광범위하고 급격한 변화의 소용돌이에 놓여 있다. 이와 같은 변화는 콘텐츠 산업을 둘러싼 생태계의 변화와 가치사슬체계에도 과거의 패러다임으로 설명할 수 없는 큰 폭의 변화를 요구하고 있다.

콘텐츠 산업과 시장구조가 크게 변화하고 있다. 지상파 방송이나 종이출판, 신문 등 전통적인 미디어의 영향력은 지속적으로 감소하고 있으며, 이는 광고시장의 급격한 변화를 통해 확인할 수 있다. 이른바 신문, 방송 등 레거시 미디어의 영향력이 축소되는 반면, 넷플릭스로 대표되는 글로벌 OTT 시장은 예전과 비교할 수 없을 정도로 성장하고 있다. OTT 서비스 등 새로운 방송콘텐츠는 이용자의 소비행태 변화를 가져왔고, 실시간 TV 시청 감소와 비선형적 콘텐츠 이용 증가 등 미디어 이용행태를 개인화하기에 이르고 있다. 이로 인해 OTT 서비스 사업자들에게는 새로운 시장을 개척할 기회가 열렸고, 기존 방송 사업자들은 다양한 기기에 최적화된 콘텐츠나 포맷을 제공해야 하는 미디어 환경 구축이라는 과제에 직면하게 되었다.

이러한 변화의 흐름은 기존의 콘텐츠 산업 가치사슬의 축의 지형 변화를 촉발하게 되었으며, 대형 플랫폼 중심의 수직계열화를 비롯해 다양한 콘텐츠 관련 기업들 간의 합종연횡이 나타나고 있다. 특히 OTT 서비스와 영상콘텐츠 시장의 확대 속에서 국내외

통신사, 인터넷 포털, 플랫폼, 방송사, 콘텐츠 제작사(CP) 등 다양한 주체들 간의 제휴 · 협업 · 인수합병 등이 이어지고 있다.

콘텐츠의 생산과 소비문화 차원에서의 변화도 유의해서 살펴볼 필요가 있다. 인구구조 변화와 사회문화적 가치관의 변화, 미디어 환경의 변화 등이 서로 얽히면서 기존과 다른 방식으로 콘텐츠를 만들고, 또 소비하는 양상이 속속 출현하면서 시장과 소비 질서를 재편하기도 한다.

1인 미디어 크리에이터들의 영상 콘텐츠가 기존의 주류 방송콘텐츠 이상의 영향력을 발휘하고 있고, 유튜브 등 온라인, 모바일 플랫폼을 통해 새로운 문화적 트렌드를 주도하고 있다. 10~20대가 주로 소비하던 웹툰은 여러 드라마, 영화 등의 원천 콘텐츠 IP로서 그 가치가 높아지고 있으며, 최근 국내에서 크게 유행한 트로트 대중음악은 중장년층의 새로운 팬덤 문화 부상과 그 가능성을 보여주는 등 계층 간 다원화된 콘텐츠 소비를 이끌고 있기도 하다. 시대와 세대를 넘나드는 레트로 콘텐츠들과 인터넷 밈(meme) 콘텐츠들이 시공간적 경계를 넘어서 새로운 문화적 감성과 코드를 만들어내는 양상 또한 주목할 만하다.

기존에는 콘텐츠의 주요 소비층이 20~30대를 중심으로 형성되어 있었으나, 콘텐츠 소비환경이 변화하고 제공자들의 마케팅 전략이 다각화되면서 콘텐츠 주요 소비층이 전 연령대로 확대되고 있다. '골드 키즈(Gold Kids)', '에잇 포켓(8 Pocket)', 'Fast(financial Active Self management Time) 시니어', '실버 서퍼(Silver Surfer)', '온라인 탑골공원' 등 전 연령대에 걸쳐 새로운 소비자층을 지칭하는 신조어들이 등장하고 있다. 주요 소비층의 확대는 콘텐츠 산업에 새로운 활력을 불어넣으며, 콘텐츠 산업은 물론 여행, 패션 등 연관 산업의 성장에도 크게 기여할 것으로 기대된다.

테크놀로지의 변화는 콘텐츠 산업은 물론 콘텐츠 창작에도 그대로 나타나 콘텐츠 생산, 유통환경에도 변화를 가속화시키고 있다. AI기술의 경우 콘텐츠 개발 및 제작에 적극 활용될 뿐만 아니라, 음성인식 서비스 확대, 자율주행 자동차 도입, 개인별 맞춤형 피트니스 서비스 등 인접 서비스 및 제조업 영역까지 확대되고 있다. AR, VR, MR 등 다양한 형태로 현실과 가상세계를 연결하는 실감형 콘텐츠의 경우 게임콘텐츠나 영상콘텐츠에 주로 활용되어 왔지만 최근에는 각종 전시, 테마파크의 탑승형 시뮬레이터, 쇼핑, 교육, 의료, 국방 등 여러 산업 분야에서 두루 활용되고 있다.

5세대(5G) 통신은 대용량 데이터를 주고받는 네트워크 기술을 향상시킴으로써 영상 스트리밍 서비스, 클라우드 게임 등의 품질 제고에 기여하고 있으며, 더 나아가 원격 화상회의 및 협업, 원격 진료, 사물인터넷(IoT), 자율주행 등 4차 산업혁명의 핵심 기술들을 구현할 수 있도록 하는 토대를 형성하고 있다.

새로운 비즈니스 모델들이 등장하고 있다. 넷플릭스, 유튜브 등 글로벌 콘텐츠 유통 서비스의 영향력이 국내 시장에서도 크게 확대되면서, 방송, 영화, 음악 등을 중심으로 새로운 비즈니스 모델이 지속적으로 창출되고 있다. 넷플릭스, 웨이브 등 OTT의 활성화는 기존 방송 산업의 지형을 새롭게 재편하고 있으며, 유튜브의 급성장 역시 음악, 방송 등의 비즈니스 모델을 빠르게 변화시키고 있다. 기존 소유 기반의 비즈니스 모델이 구독 기반으로 전환되고 있다.

코로나19로 인한 콘텐츠 시장의 역설적 변화

콘텐츠 산업을 둘러싼 관련 거시적 환경은 코로나19라는 예기치 못한 변수에 직면하면서 더욱 가속화되거나 굴절되는 등 새로운 방향으로 전개되었다. 코로나19가 강타한 글로벌 팬데믹 상황은 기존의 콘텐츠 산업구조 및 시장에서 이전과는 달리 훨씬 더 급격한 지각변동을 촉발했다.

오프라인 중심의 영화관과 공연장의 관람객 수가 폭락했고, 제작이 예정되어 있던 각종 공연과 전시가 취소되었으며, 영화나 방송 촬영이 중단되고 관련 투자 또한 크게 위축되었다. 코로나19에 따른 감염 확산 방지, 사회적 거리두기 방침 등에 따라 서점, 만화방, 공연시설, 노래연습장, PC방, 가상현실체험관 등을 방문하는 관람객과 이용자들은 크게 감소했다. 코로나의 확산과 재확산이 거듭되면서 대면 중심의, 다수가 모이는 오프라인 공간에서 이루어지는 콘텐츠 산업은 더욱 크게 위축되었다.

한편, 오프라인 중심의 침체는 반대로 언택트(untact) 기반 콘텐츠 산업으로의 전환을 촉진했다. 각종 문화예술 및 콘텐츠 관련 전시회나 축제가 온라인, 비대면 형태로 개최되는 등 집에서 TV나 PC, 모바일 미디어를 활용한 콘텐츠 소비가 늘어나면서 게임, e스포츠, OTT, 웹툰 등 뉴미디어 기반 콘텐츠 산업 및 시장이 크게 확대되었다. 또한 BTS, 트와이스 등 한류 아이돌 그룹들을 중심으로 오프라인 대신 온라인으로 유료 콘서트를 개최하였고, 일부 개봉 예정 영화들은 극장 대신 OTT를 통한 온라인 개봉의 방식을 취하기도 했다.

이처럼 전통적인 오프라인 산업은 크게 위축된 반면, 그 반작용으로 OTT나 디지털 · 모바일 서비스 기반의 콘텐츠 분야를 중심으로 새로운 형태의 비대면 서비스와 구독모델 등 대안적인 수익모델이 크게 확산되기 시작했다.

코로나19는 빠르고 안정적인 네트워크 통신망의 중요성을 다시금 깨닫는 계기가 되었다. 집에 있는 시간이 많아지면서 넷플릭스, 유튜브 등 OTT 사용량이 늘어나고 서버 과부하가 일어나면서 5세대(5G) 네트워크에 기반한 4차 산업혁명의 가속화가 진행되었다. 비대면 콘텐츠가 크게 인기를 얻으면서 VR, AR, MR과 같은 실감 · 체감 기술에 대한 수요 또한 더욱 확대되었다. 문화예술, 콘텐츠와 첨단기술의 결합이 코로나19를 계기로 더욱 가속화되고 앞당겨진 것이다.

원격진료 서비스의 확대 및 스마트 헬스케어, 에듀테크 및 화상회의 관련 산업은 급성장하고 있다. 코로나19는 헬스케어 산업의 패러다임을 단순한 치유, 치료 중심에서 예방과 진단으로 바꿔놓는 계기가 되었다. AR과 VR을 활용한 스마트 헬스케어 시장이 큰 폭으로 증가하고 있다. 에듀테크는 효과적으로 교육 콘텐츠를 습득할 수 있도록 하는 기술로 이러닝 기반의 인공지능, AR, VR, IoT 등을 적극적으로 활용하고 있다. 에듀테크는 전통적인 교육 현장뿐 아니라 온라인 시장으로 확산하고 있으며, 대학, 성인 취미, 재교육 분야로도 빠르게 성장하고 있다.

코로나19 확산으로 인한 사회적 거리두기의 일상화는 기존의 '대면' 중심의 콘텐츠 대신 '온라인 · 비대면 콘텐츠'의 급격한 부상을 가져왔다. 새로운 유통채널의 확대로 그간 문화예술에 접근하기 어려웠던 관객들이 신규 진입하고, 온라인 플랫폼과 SNS를 활용한 콘텐츠 향유 방식이 새로이 자리 잡았으며, 새로운 수익의 창출 가능성을 통한 시장 확대가 이루어질 수 있을 것이라는 긍정적 기대가 부상했다.

반면 온라인·비대면 콘텐츠는 현장성을 대체하기 어려우며, 창작·제작·유통·소비를 위한 기반 여건(시설·장비, 전문 인력, 제작비용 등)의 취약성, 플랫폼의 문제, 저작권의 문제, 공정한 수익배분 구조의 미흡, 문화예술계 내 부익부 빈익빈의 심화, 장르별 편차와 디지털 역량의 격차 등의 문제점을 지적하는 목소리도 병존하고 있다.

구체적으로 콘텐츠 생산, 유통, 소비 가치사슬 차원에서의 변화 모습을 정리하면 다음과 같다.

우선 생산 차원에서 보면, 코로나19 이후 비대면 경제의 성장과 관련 산업이 부상하고 있다. 코로나19는 대면 산업 중심 경제에서 비대면 중심의 새로운 사회적 소통과 경제 질서로 급격한 변화를 이끌었으며, 이에 따라 원격의료, 스트리밍 서비스 등 디지털 서비스, 온라인 교육 서비스, 온라인 결제, 음식배달 서비스 등이 확대되고 있다. 메타버스(Metaverse) 시대를 촉발하고 있다. 메타버스는 현실 세계를 넘어선 가상세계를 의미한다. 기존에는 주로 게임 등 일상생활과는 직접적인 관련이 없는 활동을 중심으로 이루어진 데 비해, 정치, 경제, 사회, 문화 등 제반 측면에서 현실과 비현실, 가상과 현실이 서로 공존하고 연계된 새로운 세계관(universe)으로 확장하고 있다. 비대면 산업이 기존의 대면 중심의 산업을 대체하게 되면서 인간의 문화적 활동과 관련된 사고의 폭과 깊이에 있어 패러다임의 전환을 결과하고 있음이다. 새롭게 부상한 비대면 경제의 세계, 즉 메타버스에서 경험의 질, 공정한 산업, 안전한 교류와 같은 사회적 의제들에 관심을 기울일 필요성이 제기된다.

다음 유통 차원에서 보면, 콘텐츠 시장이 플랫폼을 중심으로 수렴되고 있다. 콘텐츠 산업을 둘러싼 기존 가치사슬체계의 와해를 촉진하는 현상 가운데 하나가 바로 플랫폼 집중이 가속화되고 있다는 점이다. 오늘날 플랫폼은 단순한 유통의 역할을 넘어 새로운 생태계를 구축하는 중요한 플레이어로 부상하고 있다.

디지털 전환 가속화에 따른 제작, 유통, 서비스 등이 플랫폼으로 수렴되는 양상을 보이고 있다. 기존의 제작, 유통 단계별로 기업 내부에서 소화하거나 외주로 운영되던 영역들이 소수의 플랫폼을 중심으로 재편되고 있다. 즉, 플랫폼이라는 하나의 공간에 창작자, 이용자, 광고주 등이 모두 참여하며, 이들 플랫폼을 콘텐츠의 생산과 소비, 그리고 수익이 동시에 창출되는 구조로 변모하고 있다. 이러한 환경변화에서 중요한 것은 플랫폼을 통해 매개되는 네트워크 환경 안에서 어떻게 선순환 생태계를 만들 것인가 하는 문제로 귀결된다. 예컨대, 넷플릭스가 주도하는 OTT시장, 구글이 점유한 모바일 게임시장 등 플랫폼 관련 독과점 이슈, 과도한 영향력과 종속성 심화에 대한 경계 목소리들(강제되는 인앱 결제, 30% 수수료 등)이 존재한다.

플랫폼이 콘텐츠 제작 및 유통구조를 바꾸고 있다. 넷플릭스는 국내 영상콘텐츠 산업에 적지 않은 영향을 미치고 있다. 제작투자 확대 및 IP 확보, 스튜디오 시스템으로의 재편, 시즌제 드라마 제작, 유연성 있는 제작편수 및 시간, '몰아보기'를 반영한 새로운 편집방식, 폐쇄형 서비스에서 개방형 서비스로의 변화, 글로벌 표준 적용에 따른 제작 환경 개선 등 다양한 변화를 촉발하고 있다. 모바일 애플리케이션에서 구글의 영향도 무시할 수 없다. 콘텐츠 이용자의 데이터에 기초한 시장분석, 비즈니스 전략 수립, 개발자들을 위한 소프트웨어 제공 콘텐츠 거래 시장을 넘어 생산자들까지 포섭하고 있다.

마지막으로 소비 차원에서 보면, 팬덤 문화의 확장과 심화 현상이 부상하고 있다. BTS 팬덤 '아미'는 이를 극명하게 보여주고 있다. LA에서 개최되는 BTS 투어콘서트를 관람하기 위해 전 세계 아미들이 결집하고 굿즈 판매도 늘어나는 등 콘텐츠 산업을 넘어 문화상품으로 진화, 발전하고 있다. 세대를 넘나드는 동시대 팬덤 현상도 엿보이는데, 중년 트로트 팬들의 '총공', '조공', 기부활동 등이 여기에 해당된다.

이용자가 만드는 콘텐츠 문화가 하나의 현상으로 자리하고 있다. 슈퍼챗, 별풍선 등 유튜브/스트리밍 시대의 후원모델, 댓글 등을 통한 콘텐츠 참여가 확산되고 있다. 숏폼 기반의 각종 챌린지, 밈(meme) 컬처로 파생 콘텐츠 생산, 각종 유행어, 레트로 문화코드가 트렌드를 형성하고 있다.

코로나 이후 콘텐츠 산업의 생태계 변화를 속단하기 어려움에도 불구하고, 코로나로 인해 촉발된 언택트 현상은 향후 언택트 사회, 언택트 혁명 등의 연속적인 변화를 유발할 것으로 보이며 콘텐츠 산업에 근본적인 변화를 가져올 것이다.

언택트 현상(코로나) 시기에는 대규모 질병 감염 발생으로 사회 활동의 제한이 발생하고 '사회적 거리두기' 등으로 인해 기존 활동의 단절이 발생하는 대신 이를 보완하기 수단으로 온라인 대체 수단이 시험적으로 활용되었다.

언택트 사회(포스트 코로나) 시기는 대규모 질병 확산은 종료되었으나 기존(코로나 발생 이전 시기) 방식의 비효율성과 대규모 질병의 재발 우려 등으로 인해 단기 미래를 준비하는 과도기적 시기이다. 언택트 사회는 언택트 현상에서의 단점, 문제점을 보완하는 방향으로 발전할 것으로 예상되며 언택트 현상 시기와 언택트 혁명 시기 사이의 간극을 메꾸어 주는 과도기적 역할을 수행한다.

언택트 혁명(포스트 코로나 이후) 시기는 지속적인 언택트 사회로의 진전을 통해 사실상 4차 산업혁명 시기에 도달하리라고 예상했던 수준으로의 혁신적 변화가 달성된 시기이다. 언택트 혁명은 언택트 사회가 단점, 문제점을 근본적으로 보완하는 과정에서 궁극적인 혁신을 이루게 되며 결국 4차 산업혁명에서 논했던 수준까지 발전하게 된다. 언택트 혁명이 기존의 4차 산업혁명과 다른 점은 4차 산업혁명 논의가 자유주의 및 글로벌 경제의 팽창이라는 전제에 입각하여 구상되었으나 코로나19 상황에서는 정반대의 상황도 있으므로 4차 산업혁명이라는 용어보다 언택트 혁명이라는 용어로 정리된다. 언택트 현상으로 인한 영향은 향후 공동체, 기술, 건강/과학, 정부, 선거, 글로벌 경제, 생활양식 등을 지금과 다른 양상으로 변화시킬 것이다.

콘텐츠의 영향력은 전방위적인 영역에서 이루어질 것이다. 언택트 사회(포스트 코로나 시기)에 이르면 온라인 콘텐츠 소비 증가는 지속되지만, 반대급부로 인간의 사회적 욕구를 충족시키기 위해 콘텐츠를 이용하는 사례가 늘어날 것이고, 체험 수준에 그치던 실감기술 기기 및 콘텐츠 개발의 질적 성장 등을 이룰 것이다. 언택트 혁명(포스트 코로나 이후 시기)이 본격화되면 강인공지능(strong AI)의 전면 등장과 함께 콘텐츠 개발 플랫폼의 AI 성능이 부각될 수 있고 프리랜서 창작자가 대거 늘어날 것으로 전망된다.

포스트 코로나 시기에 언택트 사회로 진입하기 위한 정부의 역할은 사실상 언택트 혁명(4차 산업혁명)으로 가는 과정에서 발생하는 격차(사회, 기술, 계층 간 거리 등)를 메꾸어 주는 것이다. 비대면 경제로 인해 사람과 사람 간 '물리적 거리'는 멀어지게 되지만 반대급부로 인간의 사회화 욕구를 충족시키기 위한 수요는 오히려 증가할 것이기에 사회적 거리를 줄이기 위한 온라인 문화·관광·콘텐츠 관련 사업들을 추진해 나가야 할 것이다.

가상융합(XR) 경제 시대 콘텐츠 비전

"Video killed the radio star(비디오가 라디오 스타를 죽였어요).", "Pictures came and broke your heart(영상이 나오고 당신 마음을 아프게 했죠)." 1979년 싱글 발매된 Buggles의 "Video killed the Radio star"라는 노래가사 중 일부이다. 그동안의 주력 미디어였던 라디오가 비디오로 급격히 바뀌어 가는 과정에서 라디오 기반 스타들이 쇠락해 가는 아쉬움을 표현한 노래인데, 뮤직비디오 채널인 MTV가 개국할 때, 맨 처음 전파를 탄 뮤직비디오이기도 하다.

공중파 TV를 중심으로 케이블 TV가 보완재 역할을 하며 콘텐츠 산업의 주류로서 방송 콘텐츠가 대세를 이루던 시대 또한 지나가 버리고, 이제는 인터넷망 기반의 스트리밍 미디어가 대중화되면서, 역으로 TV가 유튜브 등의 OTT 플랫폼에 밀려 점차 구시대의 유물이 되어가고 있으니 시대의 아이러니가 아닐 수 없다.

콘텐츠 산업의 변화 속도가 빛의 속도로 빠르게 변화되고 있다. 초기의 대중적 정보전달의 출발점은 인쇄매체였다. 신문과 잡지, 다양한 텍스트북을 통해 지식과 정보가 공유되고 전달되며 콘텐츠의 가치를 만들어냈다. 이후, 전파와 방송기술의 개발로 한 번에 다수의 수신자에게 정보를 송출하는 라디오와 TV를 통해 오디오 및 비디오 콘텐츠들이 한 방향으로 제공되고 대량으로 소비되는 브로드캐스팅과 매스미디어의 시대가 열렸다.

인터넷과 모바일 기기의 등장은 콘텐츠 소비의 개인화를 가능하게 함은 물론이고, 콘텐츠 소비의 과정을 추적하고 분석하고 예측할 수 있는 역량을 제공함으로써 새로운 형태의 혁신적 비즈니스 모델들을 만들어내고 있다. 최근에는 초연결성, 초지능화, 초융합성을 표방하는 4차 산업혁명 기술이 대거 등장했으며, 코로나19의 영향으로 산업과 경제 전반의 비대면화, 가상화 현상이 콘텐츠 산업의 경계와 한계에 대해 예측할 수 없을 정도로 급격한 변화를 몰아오고 있다(김정수, 2022).

코로나19로 비대면 전환이 가속화되면서 VR, AR을 포괄하는 가상융합기술(XR, eXtended Reality)이 우리 일상의 변화와 산업구조의 혁신을 이끌며 경제성장의 새로운 동력으로 부상 중이다. XR은 가상과 현실이 실감 있게 공존·소통할 수 있는 모든 기술(가상현실·증강현실·혼합현실 등)로, 사용자 몰입 극대화(Immersion), 현실공간 제약 해소(Beyond Space), 가상과 현실의 연결·융합(Connectivity)이 주요 특징이다.

XR의 기술적 특징은 경제사회 전반의 디지털 대전환과 맞물려 컴퓨터, 인터넷, 스마트폰을 이어 인간이 디지털 정보와 상호작용하는 방식을 근본적으로 변화시킬 전망이다. XR은 현실과 가상세계를 연결하는 매개기술(인터페이스)로 디지털 전환을 촉발할 것으로 기대된다. XR은 데이터(D)·네트워크(N)·인공지능(A) 등 디지털기술과 접목을 통해 보다 정밀하고, 실시간 상호작용이 가능하며, 이동성이 극대화된 지능적 XR 서비스가 가능해져 산업전반으로의 활용 확산이 기대되고 있다. 우리 정부는 XR을 활용해 경제활동(일·여가·소통) 공간이 현실에서 가상·융합세계(현실·가상 공존)까지 확장되어 새로운 경험과 경제적 가치를 창출하는 경제를 가상융합경제로 정의한다(관계부처 합동, 2020).

콘텐츠의 개념은 넓은 범위의 서비스 프레임과 융합되면서 다양한 영역으로 발전, 확장되어 가고 있다. 음악, 영상, 게임 등의 엔터테인먼트 콘텐츠나 뉴스, 광고, 커뮤니케이션 등의 정보 콘텐츠, 교육, 훈련, 지식 제공 등의 교육 콘텐츠 등 독립적인 콘텍스트를 가진 원형 콘텐츠를 만들고, 유통하고, 소비하는 것이 전통적인 콘텐츠 산업의 영역으로 이해되고 있었다면, 앞으로의 콘텐츠 영역은 현실과 가상, 온라인과 오프라인, 데이터와 경험, 생산과 소비를 넘나드는 다양한 연결성을 제공하는 융합된 서비스의 개념(CaaS, Contents as a Service)으로 확장되는 것이다.

데이터와 정보를 원료로 하는 다양한 산업적 적용물들이 생산되고 서비스되면서, 콘텐츠 산업의 경계가 확장되고 있다. 특히 코로나19를 계기로 주요 산업분야에서 가속화되기 시작한 디지털 전환(DT, Digital Transformation)의 핵심적 기술요소로 XR이 제시되었고, 이러한 XR기술은 현실과 가상세계를 연계하는 인터페이스로 현실의 물리적 한계를 해소시킴으로써 경제 전반에 새로운 부가가치를 창출하는 가상융합경제가 급부상하게 되었다. 이에 '콘텐츠'는 '디지털화 포맷'을 기반으로 '서비스'의 그릇에 담겨져 다양한 영역의 경계를 관통하며 가상융합경제가 돌아가도록 만드는 혈액과 같은 역할을 하게 될 것이다(김정수, 2022).

가상융합경제의 본격적인 도래로 인해, 경제활동 무대가 현실에서 가상융합공간까지 급속도로 확장될 것으로 예상되므로 XR 중심의 콘텐츠 기술 및 이를 활용한 콘텐츠의 개발은 새로운 경험과 경제적 가치를 만들어 낼 것으로 예상되고 있다.

그러나 콘텐츠 산업은 전통적으로 신규 IP의 발굴 육성을 위한 초기투자 리스크가 큰 반면, 성공적 IP의 가치 레버리지 효과는 높은 산업으로 볼 수 있다. 따라서 이미 성공적 IP(Super IP)를 보유한 메이저 사업자는 IP의 파생버전을 활용한 수익 창출에 집중하는 경향이 크다(Super IP 사례 : 리니지1, 리니지2, 리니지1M, 리니지2M 등).

Super IP 이슈는 콘텐츠 산업의 중요한 특성 중 하나로서, 콘텐츠가 주는 응집력(Stickiness) 및 전환비용(Switching Cost)을 포함한 브랜드 효과로 생각할 수 있다. 그러나 이러한 Super IP 중심의 콘텐츠 산업생태계는 소비자의 다양한 콘텐츠 선택 기회를 제한함으로써 소비자의 경제적 효용을 감소시킨다.

한편, 콘텐츠 산업에서의 고객경험(CX, Customer eXperience)의 중요성 증대는 다양한 상호작용 기법을 활용하여 고객의 콘텐츠 가치사슬 참여가 적극 장려되고, 이를 통한 고객의 만족과 충성도가 높아지는 선순환 효과를 생성한다. 특히 가상융합경제로의 진입은 새로운 플레이그라운드의 등장과 경기규칙의 제시를 통해 다양한 고객경험이 가능하게 되고 이를 통한 창의적 신규 IP의 발굴과 성장 기회를 만들 수 있다. 예를 들면 메타버스 서비스인 제페토 내에 YG엔터테인먼트가 만들어 놓은 '블핑월드'는 블랙핑크 팬들의 성지가 되어 방문 인증 및 공유를 통한 2차 콘텐츠 생성에 기여하고 있으며 제페토 캐릭터를 활용한 댄스 퍼포먼스 뮤직비디오는 한 달 만에 유튜브 7,200만 뷰를 돌파하는 결과를 보였다. 이러한 가상융합경제 내에서의 아바타 콘텐츠, 보정 콘텐츠, 장소 콘텐츠, 퍼포먼스동영상 콘텐츠 등 새로운 포맷의 콘텐츠 발굴 가능성은 전통적 콘텐츠 IP를 대체할 수 있는 다양한 콘텐츠 IP들의 등장을 기대할 수도 있다.

그동안 게임에서 주로 제공되던 가상세계 인터랙션들이 최근 이러한 경험에 익숙한 MZ세대를 중심으로 게임을 넘어서는 새로운 가상사회(메타버스) 공동체의 활성화를 급속히 만들어내고 있다. 현실세계에서 대면으로 친구를 만나거나 업무를 수행하고 콘서트에 참여하는 것보다 가상세계에서 이러한 욕구를 해결하는 것을 훨씬 편하게 여기는 얼리어답터들이 미래사회의 변화를 주도할 것이다. 이들의 적극적인 가상세계 참여 및 활동들을 통해 그동안 현실세계 중심으로 생성되고 사용되던 콘텐츠들이 가상세계의 다양한 상황에 따른 상호작용 콘텐츠의 생산과 소비로 확장될 것이다. 현실세계와는 달리 중앙적 통제가 효과적으로 작동하기 쉽지 않은 가상융합경제에서 새로운 기준과 질서가 어떻게 만들어지고 어떻게 통제될 것인지가 중요한 이슈이다.

가상세계에서의 개인 인권 침해나 성적인 일탈, 경제적 범죄행위 등을 방지하기 위한 규율들이 현실세계의 가치관을 기준으로 제시될 수는 있으나 전혀 다른 세계관과 경제관을 가진 영역 간의 가치충돌은 명약관화하다. 이미 기존의 중앙집권적 의사결정 및 통제방식에 거부감을 느끼는 탈중앙화 의식들이 모여서 블록체인 기술 기반의 금융, 인증, 유통 등 다양한 비즈니스 모델들을 당연한 변화로 받아들이기 시작하였다. '디지털 콘텐츠'로 대표되는 가상세계 자산의 가치입증을 위한 NFT 기술 적용이 사회적 인정을 얻게 되고, 이를 통한 소유권 입증이 유효하게 인정되면서, 일부 영역에서는 현재의 규범과 미래의 가치가 충돌하는 상황들이 발생하기 시작하고 있다. 가상융합경제의 성장 발전을 위해 필요한 적정 수준의 자율과 통제에 대한 사회적인 합의가 이루어져야 할 부분이다(김정수, 2022).

하버드경영대학원의 바라트 아난드 교수는 그의 저서 〈콘텐츠의 미래〉(2017)에서 "콘텐츠 자체에 집중하는 함정에서 벗어날 것. 대신 연결 관계를 키워나갈 것"이라 설파했다. 개별적인 콘텐츠의 힘보다는 연결(Connection)의 힘을 중요하게 생각해야 한다는 것이다. 머릿속에 떠오르는 전통적 콘텐츠(예를 들어 퀸의 보헤미안 랩소디 음반 콘텐츠나, EA의 피파온라인 게임 콘텐츠 등) 개념이 급격히 확장 · 변화되고 있다. 이제는 전통적인 콘텐츠뿐만 아니라 수많은 데이터와 정보, 이를 기반으로 하는 2차 서비스 결과물까지도 콘텐츠의 영역에서 이해하는 것이 타당하다.

이러한 콘텐츠 개념의 확장은 콘텐츠 기술의 발전에 힘입어 빠르게 다가오고 있는 '가상융합경제'를 움직이는 핵심 동력원(XR) 역할로 연결되고 있다. 이를 통해 메타버스가 만들어내는 새로운 가상세계에서 다양한 상호작용에 의해 생성되는 무수한 포맷의 새로운 콘텐츠들을 머지않은 미래에 일상적으로 만나게 될 것이다. 이제 콘텐츠는 삶의 곳곳에 보이지 않게 스며들어 사회와 경제 전반의 활력을 만들어내고 있음이다.

3. 굿 콘텐츠가 필요한 배경 맥락

지치고 피곤한 사회

피로사회

많은 사람들이 현재의 삶에서 행복함을 느끼지 못하고, 다양한 심리적 고통 및 증상을 앓고 있는 등 현대인의 정신건강 상태가 상당히 우려되는 수준이다. 자신의 삶을 불행하다고 느끼는 사람들이 점점 더 많아지고 있다. 실제로 평소 불행하다는 생각을 많이 하고, 행복과는 거리가 먼 삶을 살고 있다.

최근 들어 다양한 유형의 심리적 고통 및 증상을 호소하는 사람들이 많아지면서, 정신건강의 관리와 치료가 매우 중요한 사회

문제로 떠오르고 있다. 무기력증, 수면장애, 불안증세, 우울증에 시달리는 사람들이 많다. 타인이 나를 이유 없이 비난하는 것 같은 느낌을 받거나, 이유 없이 타인을 비난하는 '대인 예민성' 증상을 겪는 사람들도 적지 않다. 공황장애, 적대감, ADHD(Attention Deficit Hyperactivity Disorder, 주의력결핍 과잉행동증후군), 강박증을 겪고 있다.

이렇게 현대 사회에서 많은 사람들이 정신적 질환과 심리적 고통을 겪고 있는 이유는 결국 사회구조적인 문제에 있다. 가장 근본적인 원인으로는 지나친 경쟁이다. 치열한 경쟁으로 생겨나는 불안과 스트레스가 사람들의 마음을 병들게 한다. 또한 가중되는 경제적 어려움과 양극화 현상에 의한 불평등이 현대인의 정신질환에 영향을 준다. 불공정하고, 개인화된 사회적 분위기도 정신질환의 원인으로 지적된다. 심리적 고통이나 문제를 겪는 사람들이 많아지는 것은 사회적인 책임이다.

한국 사회에서는 '마음의 병'을 숨겨야만 한다는 생각이 강하다. 우리 사회는 심리적 고통이나 증상을 겪는 사람들을 차별하는 경향이 있고, 정신질환을 앓고 있다는 사실만으로 불이익을 보기 십상이다. 한국 사회에서 정신질환을 겪고 있다는 것은 일종의 '낙인'과 다름없다. 정신질환을 앓고 있다는 사실만으로 한국 사회에서 생활하기는 매우 어렵다. 나아가 한국 사회에서는 정신질환을 앓고 있다는 사실만으로 예비 범죄자 취급을 받는다. 조현병 환자에 의한 범죄사례가 많이 보도되면서, 모든 조현병 환자를 바라보는 시각에서 쉽게 공포와 불안감을 찾아볼 수가 있다. 더 큰 문제는 마음의 병을 앓고 있다는 사실만으로 차별하고,

불이익을 주는 사회적인 태도가 아직도 강하다 보니 적극적으로 치료와 상담을 받는 것이 어렵다는 데 존재한다. 한국 사회에서는 정신과 방문 등 진료이력에 대한 공포감이 상당하기 때문일 것이다. 소위 'F코드'라고 불리는 정신과 진료이력의 공개 및 공유에 대한 불안감이 존재한다.

성과 중심의 사회에 대한 비판으로, '피로사회'라는 개념이 중요하게 다루어지고 있다. 피로사회는 '현대 사회에서 성과를 위하여 자발적으로 자신을 끊임없이 착취하고 소진하여 결국 사회 구성원 모두가 피로하게 되는 사회'로 정의할 수 있는데, 재독 철학자 한병철 교수의 성찰을 담아낸 동명의 책에서 최초로 다루어졌다.

한병철 교수가 〈피로사회(Mudigkeitsgesellschaft)〉에서 핵심적으로 제시하고 있는 것은 단순히 사람들이 피로를 경험하는 현상이

▶ 대한민국의 오늘을 사는 우리는 늘 피곤하고 지쳐 있다. 그래서 과로사회, 피로사회인 것이다. (픽사베이 제공)

라기보다는 사회의 패러다임 자체가 변하고 있다는 사실이다. 우리 사회의 기반을 이루는 패러다임이 과거 면역학적 패러다임에서 과잉긍정성의 패러다임으로 변화되면서 현 사회를 대변하는 고유한 질병에도 변화가 일어나고 있다는 것이다. 과거 면역학적 패러다임의 시대의 질병은 주로 바이러스 혹은 균의 침투로 발생하는 것이었지만 21세기를 대표하는 질병은 '우울증, ADHD, 경계성 성격장애, 소진증후군'과 같은 신경성 질병이다. 한병철은 21세기 초를 대표하는 질병들은 긍정성의 과잉으로 인한, 좀 더 자극적으로 표현한다면 폭력적인 긍정성으로 인해 유발된 것으로 진단하고 있다.

면역학적 패러다임에서는 주체와 타자의 구분이 분명하다. 아군과 적군, 지배자와 피지배자의 구분이 분명하다는 얘기다. 그래야 밖으로부터 오는 적을 막을 수 있으며, 투쟁을 위한 전선이 분명해진다. 두 차례의 세계대전과 이어진 냉전으로 얼룩진 20세기 세계사는 면역학적 패러다임을 대변한다. 아울러 눈부신 의학기술의 발달을 통한 각종 질병을 정복해온 과정 역시 면역학적 패러다임을 공고히 해 주었다고 볼 수 있다. 하지만 냉전이 종결되고 나서 20세기 후반부터 세계 경제의 질서와 개인들의 삶의 방식에 강력하게 영향을 미치며 새롭게 등장하고 있는 세력이 있으니, 이른바 신자유주의(neo-liberalism)가 그것이다.

신자유주의 물결 속에서 개인은 어떤 집단에 속해 있는가에 따라 정체성과 삶의 기반을 제공받던 것에서, 어떤 성과를 내고 있는가에 따라 평가받고 있으며, 그 업적에서 가장 중요한 것은 경제적 가치이다. 개인은 경제적 성과에 따라 평가를 받는 상황에 놓이게 되었다. '나는 해야만 한다'는 당위가 아니라 '나는 할 수 있다'는 능력이 성과사회를 이끄는 긍정의 도식이 된다. 물론 핵심은 이러한 성과주체가 복종적 주체보다 더 빠르고 더 생산적이라는 점이다. 성과주체는 분명 외적인 지배와 착취로부터 자유롭다. 그는 자신의 주인이면서 주권자이다. 하지만 그는 이 자유를 성과의 극대화를 위해서 '강제하는 자유' 또는 '자유로운 강제'에 내맡긴다. 그리하여 성과 제고를 위한 과다한 노동은 자기 착취로까지 치닫게 된다. 자기 자신이 착취자이면서 동시에 피착취자인 처지가 되는 것이다.

이렇게 과잉긍정성의 패러다임이 지배하는 신자유주의 시장에서는 적군과 아군의 분리가 불분명해진다. 우리를 공격하던 적과 병균은 더 이상 존재하지 않거나 과거처럼 위협적이지 않다. 오히려 그 적은 밖에 존재하는 것이 아니라 내면에 존재한다. 사람들은 밖에서 오는 착취 때문에 고통당하지 않는다. 오히려 내적인 착취자, 즉 더 많은 성과를 내야 한다는 자기 목표로 인해 스스로를 착취하고 있다. 게다가 성공과 실패의 모든 책임은 개인이 진다. 그러기 때문에 경쟁은 더 혹독하며 결과는 상상을 초월할 수 없을 정도로 참혹하다. 〈승자독식사회〉라는 책에서 저자 로버트 프랭크와 필립 쿡(Robert H. Frank & Philip J. Cook)이 지적하고 있는 것처럼, 신자유주의로 대변되는 우리 사회는 치열한 경쟁구도의 최상위 승자가 모든 것을 독식한다. 그 결과 모든 사람들이 단 한 명의 승자가 되기 위해서 스스로를 착취하게 되며, 더 강한 경쟁에 스스로 내몰리게 된다.

이러한 상태에 도달하지 않기 위해서 사람들은 스스로를 착취하며 피로를 경험할 수밖에 없는 상황으로 스스로를 몰아간다. 날로 고도화되는 성과사회에서 사람들은 성과를 극대화하기 위해 자유로운 강제에 몸을 맡기며 결국 자기착취로 치닫게 된다. 이제 착취자는 밖에 존재하는 것이 아니라 피착취자 자신이 착취자가 되는 것이다. 성과주체에게 주어진 과잉긍정성은 결국 자기에 대한 폭력으로 이어지고 마는 것이다.

피로사회는 결국 웰빙의 희망을 제시하며 사람들을 더 많은 경제적 성취로 몰고 갔던 신자유주의 경제체제의 그림자가 본격적으로 드러난 현상이라고 할 수 있을 것이다. 피로사회는 신자유주의의 그림자이다. 모두가 행복한 세상이 올 것이라는 시장의 유혹은 결국 모두를 극한의 경쟁에 내몰리게 하며, 결국은 괴물로 만들어 간다는 것이다.

그래서 한국의 힐링열풍은 겉으로는 긍정적 표현을 담고 있지만 그 내면에는 IMF 이후 신자유주의의 최전선에 서 있던 우리 사회의 그림자, 즉 지독한 경쟁구도에서 사람들이 경험할 수밖에 없는 마음의 상처를 드러내 주는 현상이라고 볼 수 있을 것이다.

실제로 한국은 서구의 산업자본주의 변화를 급격히 겪었을 뿐 아니라 1997년의 IMF 외환위기 이후 신자유주의 경제개혁과 세계화의 흐름도 단기간에 경험했다. 2000년대의 한국 사회는 개인주의적인 스펙사회로 공포와 피로감이 일상화되었다. IMF 외환위기 이후 한국은 신자유주의적 경제시스템으로 세계화를 지향하였으나, 사회양극화, 중산층 감소, 하강이동의 공포, 상승 불가능에 대한 체념 등으로 이 시대의 '일상성'은 공포스럽고 불안한 양상을 보이게 되었다. 그러나 이러한 변화 속에서 2000년대를 살아가는 개인에 대한 국가적 보호는 감소하는 측면을 보인다. 다시 말해 개인이 생존을 위해 자기관리와 개발, 자기보호를 감당하여 국가적 위험까지도 개인이 감수해야 하는 '신자유주의적 자유'의 사회구조가 된 것이다. 따라서 사람들은 최대한 안정적인 삶을 확보하기 위한 투자, 경쟁, 기회 선점을 가장 가치 있는 것으로 인식하기 시작하였다. 자기계발, 재테크 서적의 증가, 조기유학의 열풍, 공무원과 대기업 선호 등은 이러한 시대적 요구이다.

또한, 한국 사회는 치열한 개인주의의 '스펙사회'로 변화하고 있는데, 이는 개인의 차원을 넘어서 사회 전체가 공유하는 정신적 피로감을 일으켜 2000년도 이후의 한국 사회를 형성하고 있다. 또 다른 2000년대의 특징은 정보기술이 급격히 발전함으로 인해 문화적으로 자유롭게 의견을 표출하는 시기가 되었다는 점이다. 사이버 공간 내에서 정보가 전 지구적으로 공유되고 있으며, 각종 블로그와 소셜 네트워크를 통한 자기표출이 증가하는 양상을 보이고 있다. 그러나 이렇게 개성과 자유가 강조되는 만큼, 이로 인한 정신적, 심리적 피로감은 증가한다.

현대 사회에서는 SNS로 인한 정보과부하(Information overload), 프라이버시 문제(Privacy), 기회비용(Opportunity cost), 타인의 시선과 관련한 평판인식(Reputation recognition)이 피로감을 유발하고 있다. 타인과의 연결망을 확대시켜 준다는 소셜 미디어가 오히려 사람들 간의 커뮤니케이션 소외를 야기해 소통을 방해하는 역할을 하게 되는 것이다. 이렇듯 미디어의 발전으로 개인은 소통의 중심에 놓이게 되었지만, 정신적, 심리적 피로감과 진정한 소통의 부재를 야기하고 있는 아이러니한 상황이다.

한병철(2013)은 현대 사회의 심각한 병폐의 원인이 쉼의 결핍과 연관성이 있음을 지적한다. 그는 현대 사회가 사색적/성찰적 삶의 시대가 끝나고 활동적 삶의 시대로 진입한 지 오랜 세월이 지났다고 단정한다. 즉, 현대인들은 일/노동이 우리 삶의 중심이 되어있는 삶을 살고 있다고 한다. 그래서 일을 쉬는 휴식시간에도 다음 일을 준비하는 일을 하는 것이 전형적인 현대인의 삶의 모습이라고 한다. 일 중심의 사회에서 우리 모두는 목표를 달성해야만 하는 성과주의의 늪에 빠져 허우적거리게 된다. 그래서 우리 사회는 모두가 피곤해하는 '피로사회'가 되는 것이다. 그 피로사회에서 사람들은 늘 시간을 쪼개어 바쁘게 살지만 지나고 나면 남는 것이 없다고 탄식한다.

이런 상황에 대한 해결책을 한병철(2013)은 더 많은 시간을 일에 쏟는 대신 시간에 향기를 더하는 것이라고 제안한다. 시간에 향기를 더한다는 것은 빠르게 흘러가는 시간을 머물게 하여 진정한 쉼을 가질 때 가능해진다. 시간을 머물게 하기 위해서는 활동중심의 삶을 성찰과 관조 중심의 삶으로 돌이켜야 한다. 성찰과 관조적 삶이 고대 그리스와 같이 쉼/여가 중심의 사회에서는 보편적 삶의 형태였다고 한다. 그들에게 쉼이란 관조/성찰적 태도로 삶을 살아가는 것이었다. 그러므로 오늘날 우리가 피로사회로부터 벗어나 행복한 사회를 형성하는 길은 진정한 쉼을 누리는 삶, 다시 말해 관조와 성찰 중심의 삶을 살아가는 것이다. 그러기 위해 우리는 충분한 쉼을 필요로 하고, 쉼을 잘 누리기 위해 성찰과 관조의 태도와 능력을 길러야 한다.

우리 삶에서 쉼은 선택이 아니라 필수이다. 쉼은 숨을 편히 쉴 수 있는 상태이다. 우리는 하던 일을 멈추고 숨을 편하게 들이쉴 때 비로소 몸과 마음의 긴장이 해소된다. 만일 숨을 편히 쉴 여유 없이 일만 한다면 몸과 마음에 긴장과 스트레스가 쌓여 병이 들고 말 것이다. 쉼 없는 삶이 오랫동안 지속된다면 숨이 목에까지 차서 목에 숨이 막히게 되고 결국 목숨을 잃게 될 것이다(강영안, 2018).

쉼이 결여된 삶은 위험함을 알지만 참다운 쉼을 생활 가운데 향유하는 일은 쉬운 일이 아니다. 오늘날 쉼은 개인적 차원의 문제가 아니라 현대 사회의 시대적 조류와 관련된 문제가 되었다. 그래서 일/노동 중심의 현대 사회에서 일에 종속되지 않고 쉼을 누리기 위해서는 견고한 현대적 삶의 형식에 도전해야 한다. 현대 사회의 삶의 형식에는 인간의 무한 욕망을 볼모로 형성된 무한 경쟁체제가 자리 잡고 있다. 이런 상황에서 진정한 쉼을 누리려면 보다 멀리, 보다 높이, 보다 빨리 가고자 하는 나의 욕망을 제어할 수 있는 힘이 필요하다. 그리고 한 순간의 중지나 후퇴도 경쟁에서 패배라고 끊임없이 속삭이는 욕망이라는 이름의 트랙으로부터 벗어나는 용기가 필요하다. 이러한 멈춤의 힘과 거부의 용기는 자기욕망에 대한 성찰적 사유와 무한경쟁 사회에 대한 비판적 의식으로부터 나온다(강영택, 2021).

한병철은 '번아웃'으로 대변되는 피로사회의 도래를 부정성의 패러다임(금지, 강제, 규율, 의무, 결핍, 타자에 대한 거부 등) 혹은 면역학적 패러다임에서 긍정성의 패러다임(능력, 성과, 자기 주도, 타자성의 소멸 등)으로 전환한 데서 찾고 있다. 또한 푸코적 의미의 규율사회, 그 속에서 살아가는 복종적 주체의 인간에서 성과사회, 성과주체로 변모한 데서 찾고 있다.

냉전 종식, 다문화주의, 바이러스성 질병의 효과적 퇴치, 규제와 억압의 철폐와 개인적 욕망의 긍정 등 긍정성의 패러다임은 포스트모더니즘적 유토피아를 약속하는 것처럼 보이나, 긍정성의 과잉이 자아를 새로운 궁지로 몰아가고 있다. 그 결과 스스로를 낙오자로 느끼는 우울증 환자가 넘쳐나고, 성과를 위해 약물을 불사하는 도핑주체가 증가하고 있다. 이에 개인은 무한한 자유의 무게에 짓눌려 소진되고 성과주체는 만성질환을 겪고 있다.

그렇다면, 이러한 상황을 탈피한 대안은 없는가. 개개인이 그러한 욕망의 허구성에 대해 각성하는 데서 비로소 시스템의 변화가 시작된다. 성과사회의 압력은 외적 강제가 아니라 유혹의 형태로 다가오고, 오직 인간 자신의 욕망을 매개로 해서만 관철되기 때문이다. 따라서 성과사회의 압력은 끝없는 성공을 향한 유혹에 노출되어 있는 개개인의 반성과 자각을 통해서만 극복 가능하다. 구체적으로 깊은 '심심함'을 통해 극복 가능하다. 깊은 멍때림, 사색, 정신적 이완 등 결국 쉼이 필요하다는 것이다. 다소 희화화되기는 했지만, 최근 국내에서 개최되고 있는 '멍때리기 대회' 등도 실은 이러한 개인의 심심함을 통한 피로사회 극복의 단면 중 하나라고 할 수 있다.

과로사회

OECD 국가 중 공휴일이 둘째로 많은 동시에 노동시간도 둘째로 긴 사회, 주말 부부와 태그팀 커플 등 가족 관계가 파괴된 사회, 휴식할 때도 생산성의 압박에 시달려야 하는 사회, 미래 계획을 세울 수 없는 불안정한 사회.

한국은 여전히 과로 중이다. 노동과 소비의 쳇바퀴 속에서 24시간 회전하는 과로사회이다.

장시간 노동이라는 예속을 벗어나려면 우리는 무엇을 해야 하는가?

죽도록 일하면 정말 죽는다. 일하는 사람들의 시간 주권은 생존권이다.

한국의 연평균 노동시간은 2,090시간으로 OECD 국가 중 둘째로 길며, 산재 사망률은 2위를 큰 차이로 앞서는 1위다. 반면 일하는 남성이 아이들과 보내는 시간은 하루 평균 2.8시간으로 OECD 국가 중 꼴찌다. 한국의 노동자는 과로사나 산재로 죽거나, 공동체가 파괴되고 연대가 불가능한 상황에서 사회적 죽음을 맞을 수밖에 없다. 붕붕드링크, 폭탄주, 도박, 우유 주사처럼 말초적인 자극만을 통해 자신을 위안할 수 있는 과로사회에는 인간다운 인간은 죽고 일하는 기계와 소비하는 돼지만 존재할 뿐이다. 〈과로사회〉(김영선, 2013)는 일할수록 비참해지는 사회에서 벗어나려면 장시간 노동을 성실과 근면으로 포장하는 신화를 넘어서 생존권을 위협하는 사회적 질병으로 규정하고 접근해야 한다고 말하고 있다.

장시간 노동은 우리 시대 세계 전체의 특유한 여러 구조와 얽혀 있다. 장시간 노동은 우리의 삶 전체를 예속하는 복잡한 원인들이 얽히고설킨 통치의 산물이다.

경쟁력 담론의 두드러진 특징 중 하나는 경쟁력 개념이 기업뿐만 아니라 국가, 도시, 지역, 교육 나아가 개인의 자유 시간에도 확장돼 작용한다는 점이다. 최근 휴가의 종류가 많아진 것처럼 보이지만, "휴가도 경쟁력 있게" 사용해야 한다는 규칙이 따라붙으면서 우리는 휴가 기간에도 경쟁의 무기를 갖추기 위해 고군분투해야 한다. '그냥 놀면' 죄악이다. 휴가의 종류가 어느 때보다 많아 보이지만, 실상을 뜯어보면 어느 때보다 초라해진 게 경제 위기 이후의 휴가다. 휴가는 업무의 연장이며 경쟁력을 제고해야 하는 생산의 시간이기 때문이다. 자유 시간의 영역까지 파고든 경쟁력 담론은 경제 위기 이후 우리의 삶과 세계관을 옭아맨 신자유주의의 최대 걸작이라고 말할 수 있다.

미디어에서는 성공한 최고 경영자를 미화할 때마다 "나는 월화수목금금금 일을 했다"는 이야기를 강조한다. 월화수목금금금 일한 끝에 세계적인 성공을 거둔 신화는 미디어를 타고 반복 재생산된다. 어떤 경우 장시간 노동은 능력, 지위, 자긍심, 우월감, 유능함, 안정감, 아버지다움, 남편다움의 상징으로 연결되기도 한다. 이런 현실은 '성공 신화'와 장시간 노동으로 대표되는 '남성주의적 노동 규범'이 매우 강력하게 결합돼 있다는 사실을 반증한다.

▶ 성공에 대한 강박으로 과로사회를 버텨간다. (픽사베이 제공)

그러나 '국민성'으로 여겨지는 장시간 노동은 분명 일종의 '국민병'이라 해도 지나치지 않다. 우리는 장시간 노동을 질병으로 인식해야 한다. 병에 관한 냉철한 인식이 과로사회를 해체하는 첫걸음이다. 그래야 양방이든 한방이든 치료를 시작할 수 있기 때문이다. 또한 장시간 노동은 우리를 모두 피해자로 만드는 고질병이다. 개인 시간, 가족 시간, 지역 활동, 육아 참여, 사랑할 시간, 연대할 시간, 상상할 시간의 희생을 수반하기 때문이다. 장시간 노동은 우리를 모두 만성 피로와 질병에 시달리게 하고, 결국 삶의 질을 총체적으로 하향화한다(김영선, 2013).

'존버'('존나게 버틴다'의 줄임말)는 주식과 코인 열풍이 유행시킨 은어지만, 오늘날 수고로운 노동의 현장 속에서 하루하루 삶을 이어나가야 하는 많은 이들의 언어이기도 하다. 〈존버씨의 죽음〉(김영선, 2021)은 우리 사회가 어떻게 '존버하는 삶'을 강요하는지, 그리고 그중 일부가 어떻게 더 이상 '버티지' 못하고 스러져 가는지를 추적한다.

저자는 '존버'하던 삶의 죽음을 '과로죽음'으로 규정한다. '과로'는 통상 말하는 장시간 노동뿐만 아니라 야간노동, 실적 압박, 직장 내 괴롭힘 등을 포괄한다. 이런 요소들이 얽혀 신체적, 정신적 고통이 극단으로 치달을 때 노동자는 과로사하거나 과로자살을 선택하게 된다.

과거 발전주의 시대 과로죽음이 주로 살인적으로 긴 노동시간에 의한 것이었다면, 현재 신자유주의 시대 과로죽음은 경쟁적인 성과체제가 정착되면서 극심한 정신적인 스트레스가 주요한 원인으로 떠올랐다는 점이 다르다. 과거에는 적어도 회사 문을 나서면 일에서 벗어날 수 있었다면, 현재는 퇴근을 해도 업무에 대한 고민이 끝나지 않는다. 성과평가 시스템 탓에 노동자는 '자발적으로' 노동시간을 연장하고 자신의 노동을 짜낸다. '카톡 감옥'이라는 표현에서 잘 드러나듯 디지털 모바일 기술은 장소와 시간에 관계없이 노동자를 회사에 구속시킨다. "질식할 것 같은 경쟁 시스템이 유발하는 정신적 고통, 공황, 우울증, 불안, 고독, 공격성이 흘러넘치는 시대"라고 할 수 있다.

일터 은어는 '갈아넣고 쥐어짜고 태우는 일터 환경'을 파악할 수 있게 해주는 또 하나의 도구다. 아이티 · 개발 노동자의 '크런치 모드'(마감 전 짧게는 몇 주, 길게는 몇 달에 이르는 야근 · 밤샘 근무 기간), 콜센터 노동자의 '화출 · 화착'(화장실에 다녀올 때마다 메신저로 보고하는 것), 방송 노동자의 '디졸브'(오늘과 내일의 경계가 없을 정도로 장시간 밤샘 촬영하는 것), 우편집배원의 '겸배'(집배 인원에 결원이 생기면 그 구역을 동료가 분담해 배달해야 하는 상황), 서비스 노동자의 '클로프닝'(밤늦게까지 일하다 매장 문을 닫고 퇴근한 뒤 몇 시간 만에 다시 새벽에 출근해 매장 문을 여는 상황), 삼성전자서비스 노동자의 '분급'(분 단위로 계산하는 급여) 등등.

문제는 이런 환경 속에서 노동자가 느끼는 고통, 더 나아가 자살로 이어지는 많은 경우가 개인의 탓으로 환원된다는 것이다. '쟤는 원래 예민해서 그래' '나약해 빠져 가지곤' '완벽주의 성향' '유리 멘탈, 두부 멘탈' '멘존약'(멘탈 존나 약함) '능력이 없어서' 등의 표현이 횡행한다. '그렇게 힘들면 회사 그냥 그만두면 될 거 아냐'라는 힐난 또한 과로자살을 대하는 흔한 태도 중 하나다. 하지만 그만둠을 근성 없음, 부적응자 등의 표지로 간주하는 사회의 인식, “그만둬도 갈 데가 없고, 어딜 가나 똑같다”는 자조의 감정은 자살을 마지막 탈출구로 선택하게 만든다.

과로자살을 개인 탓, 개인의 선택으로 돌리는 논리는 문제가 발생하는 구조를 은폐하고 재생산하는 결과로 이어진다. ‘자기 책임’이라는 프레임 안에서 죽음을 유발하는 일터의 문제는 사라지고 만다. 과로죽음을 막기 위해서는 무엇보다 이런 프레임에서 벗어나야 한다고 지은이는 강조한다. ‘왜 그만두지 않았을까’가 아니라 ‘망인은 무엇으로부터 벗어나고자 했을까?’ ‘무엇에 대한 분노였을까?’ ‘남겨진 우리에게 보내려 한 신호는 무엇일까’라는 질문을 던져야 한다는 것이다. 더 나아가 어느덧 당연시되고 있는 ‘과로+성과체제’를 낯설게 바라보고 거리를 두는 감각과 감수성을 기르는 것, ‘시간의 민주화’를 고민하는 것이 필요하다(김영선, 2021).

불안하고 우울한 위험사회

재난재해로 점철된 위험사회

우리는 다양한 위험(risk)에 노출되는 실로 '위험한 세상'에 살고 있다. 이른바 '위험사회(risk society)'이며, 위험이 없는 '위험제로'의 사회는 이제 불가능하다는 것을 말한다. 위험과 함께하는 사회가 우리의 삶으로 들어온 것이다.

각종 재난 및 대형 사건사고가 끊임없이 발생하는 것은 압축적이고 돌진적인 근대화의 일그러진 결과로 위험사회의 징후를 잘 나타내고 있다. 그래서 그 어느 때보다 안전문제가 중요한 사회적 이슈로 부상하고 있다. 위험요소가 다양해지고, 예상치 못한 사건이 범람하다보니 우리 사회는 작은 재난사건 소식에는 놀라지 않는 '무감각사회'가 되었다.

위험에 지속적으로 노출되면 시민사회는 위험에 무감각해지고, 시민적 통제의 가능성도 점점 낮아진다. 위험이 더 이상 우발적이거나 비정상적인 것이 아니라 위험 자체가 정상적인 것으로 여겨지는 불안 폭증의 시대, 위험 일상화의 시대로 진입하는 것이다.

잊을 만하면 되풀이되는 대형참사 소식은 어느새 이것이 당연한 일인 양 행세하며 우리 곁에 자리 잡는다. 사방에서 들려오는 뉴스는 '너는 위험에 처했다. 너는 안전하지 않다. 너희 아이들의 안전은 국가나 학교가 책임져 주지 않는다'는 메시지를 아주 분명하게 전달하고 있다. 그런 상황에서는 불안해서 도저히 견딜 수가 없다. 우리의 뇌는 점점 더 흥미 위주나 위기를 자세히 묘사한 기사에 노출되어서 둔감해진다.

울리히 벡(Ulrich Beck)은 1986년에 출간한 〈위험사회(Risk Society)〉라는 책에서 현대 서구사회를 문명의 화산 위에서 살아가는 '위험사회(risk society)'로 규정했다.

그에 따르면, 근대산업사회는 그 발전과정에서 과학기술의 과도한 도구적 활용으로 그에 따른 수많은 문명적 파행성을 낳아왔는데, 이제 그 파행성은 인간생존 자체를 위협하는 '위험'의 논리로 변질되어 사회체제 전반에 침투해 있다. 이는 대도시에서 두드러지게 나타나는데, 교통사고, 환경오염, 산업재해, 인간성 파괴 등이 바로 그것이다. 과학 및 기술은 그간 현대의 환경적 위험과 그 밖에 다른 위험들에 대한 해결책으로 간주돼 왔지만 오히려 정반대로 그런 위험들에 대한 원인이 되어 가고 있다는 게 그의 주장이다. 과학기술의 진보와 사회진보가 조화롭게 진행되지는 않는다는 것이다. 바로 이것이 이전의 산업적 사회발전 단계와 위험사회를 구분하는 요인이다. 벡은 선진국은 후기결핍의 사회(post-scarcity society), 즉 물질적 부족함이 해소된 사회에 살고 있다고 간주한다. 그래서 과거와는 전혀 다른 새로운 위험이 대두되고, 부메랑 효과와 위기의 전염이 발생한다는 것이다. 세계화로 인해, 위기의 증식은 세계사회를 단일한 위험 공동체로 만든다. 농약과 독소는 수입된 음식물 속으로 되돌아오며, 유황의 방출은 비를 산성화시키며, 이산화탄소의 방출은 전 지구의 기후를 변화시킨다는 것이다. 여기에서 빈부격차는 큰 힘을 발휘하지 못한다. 벡의 재치 있는 표현을 빌리자면, "빈곤은 위계적이지만 스모그는 민주적이다.” 부자라고 해서 위험사회에서 도피할 수는 없다는 것이다. 비단 과학기술뿐만 아니라 산업과 정부 같은 지배적인 제도와 권력도 마찬가지다. 위험사회의 도래란 기존 근대화 모델에 기초한 경제성장이 발생시키는 편익을 넘어서는 임계점을 의미하는 것으로, 이는 국민국가를 전제로 했던 기존 모델들에도 심각한 의문을 제기한다. 물론 세계화 때문이다. 위험사회에서의 갈등은 재화뿐만 아니라 재앙의 분배를 둘러싸고도 벌어지며, 그래서 비정치적인 것이 정치적으로 변화하며, 복지국가의 이상과 더불어 확실성도 깨진다.

한국 사회는 세계에서 유례가 없을 정도의 초고도의 성장 패턴을 보였다. 옆과 뒤를 돌아보지 않고 앞만 보고 질주한 소위 ‘전진모델’의 영향력에 힘입어 선진국 문턱까지 돌진적 성장을 거듭했다. 이러한 한국 사회의 발전은 ‘압축적 근대화 패러다임’으로 설명된다. 이는 삶의 기회를 짧은 시간에 거의 폭발적으로 확대시킨 한국의 초고속 발전모형을 포착하기 위해 사용되는 개념이다. 압축적 근대화 패러다임에 따르면 짧은 시간 동안의 경제적 성취를 위해 강력한 국가가 지배자를 통해 시민사회를 배제한 채, 대중을 동원한 과거 한국의 전형적 발전모델이라고 할 수 있다. 이러한 압축적 근대화 패러다임은 그 결과 우리 사회 곳곳에 위험한 함정을 파 놓고 있다. 서구의 ‘위험사회론’이 우리에게 매우 시의 적절하게 여겨질 만큼, 우리 사회의 각 분야에 잠복한 위험요소가 산재해 있다는 점을 경험적으로 확인하고 있다. 요컨대, 한국 사회는 사회적인 안전망과 위험에 대한 사회적 공론화가 결여된 채로 급속한 산업화과정을 통해 경제성장을 추진했던바, 각종 기술재해와 안전사고와 같은 전형적인 현대 사회의 위험들이 서구사회보다 더욱 구조화되어 왔다고 하겠다.

근대화의 그늘에서 싹튼 '위험사회'를 경고한 울리히 벡의 눈으로 본다면 오늘의 대한민국은 초위험사회다. 대한민국이라는 공동체를 이끌 정부와 정치권, 사법부는 진작 대중에게 신뢰를 잃었다. 대중 또한 계층과 이념, 세대, 지역으로 갈려 서로에 대한 불신을 키워가고 있다. 권위와 가치는 무너졌고, 소통은 끊겼다. 사회적 자본은 고갈됐고 편법과 반칙, 각자도생의 승리지상주의가 그 자리를 메웠다. 울리히 벡이 말하는 '위험사회'란 사회적 인간이 몰락하고 불안하고 불안정한 개인만 남아 서로 경쟁하고 다투는 사회를 말한다.

1980년대를 거치면서 한국 사회가 쌓아온 안전사회의 신화가 다양한 사건사고를 통해서 무너지면서 정부차원에서도 지속적인 '안전정부' 건설을 위해 노력해왔다. 그럼에도 우리 국민은 여전히 불안과 걱정에 산다. 정부나 전문가들이 나서서 '안전(安全, safety)'하다고 강력하게 주장해도 공중은 '안심(安心, relief)'하지 못하는 상황이다. '위험'이라는 공격적인 상황은 '안전'이라는 수비대책과 상호 대비를 이룬다. 대중은 일상에서 위험을 감지하고, 그 위험에 대한 불안과 공포는 이념의 차이나 경제적 이익을 넘어 또 다른 차원에서 가장 핵심적이고 강력한 사회적 기제가 되고 있다. 위험은 안전을 강화하고 안전은 위험에 대한 불안과 공포를 확산한다. 그렇게 위험과 안전은 대립적인 한 쌍으로 존재확인을 하고 있다.

대한민국의 압축적 근대화 패러다임은 한국의 초고속 발전모델을 구축하는데 기여했지만, 그 결과 우리사회 곳곳에 위험한 함정을 파 놓고 있다. 그동안 한국 사회에서는 '안전'보다는 '속도'를, '내실'보다는 '외형'을, '과정'보다는 '결과'를, 미래에 '부가될 비용'보다는 현재 시점에서의 '비용절약'을 더 중요한 덕목으로 삼아 왔다.

한국 사회에서 다양한 사건사고들이 동시다발적이고 지속적으로 발생하고 있다. 국가적 재난 수준으로 확대되는 경우도 빈번하다. 이러한 위험요소들은 국민의 불안을 가중시키고 국민이 체감하는 안심수준을 낮춤으로써 궁극적으로 삶의 질과 만족도를 낮추는 결과를 낳고 있다. 불안에 떨며 사는 한국인은 일상생활에서 안심하고 살지 못하는 상황에 놓여 있음이다.

우리는 항상 불안하다. 불안의 실체를 파악하기는 어렵지만, '안전하지 않다'는 감각의 문제로 이해된다. 안전하다는 감각은 천재지변까지 포함해서 국가의 가이드라인에 따르기만 한다면 어떤 사건사고든 사전에 예방하거나 적어도 사후적으로 적절히 처리할 수 있을 것이라는 우리의 믿음과 그 총합인 사회적 합의에 기반한다. 안전하지 않다는 감각은 치안과 안전 시스템을 둘러싼 믿음 혹은 사회적 합의가 깨지고 있음을 시사한다.

실제 혹은 잠재적 위험으로 인한 사회적 갈등은 사회가 다양하게 분화될수록 점차 증가할 것이다. 또한, 각종 위험에 대한 막연한 불안감이 해소되지 않는다면 그로 인한 사회적 비용 역시 증가할 것이 분명하다. 따라서 합리적이고 원활한 사회적 논의 및 소통을 통해 개발된 기술이 가져오는 편익과 위험 관련 정보를 객관적으로 전달하고, 위험 규제 절차 및 활동에 대한 국민적 이해를 도모하는 한편 합리적인 위험 논쟁을 활성화하게 되면 과장된 위험지각으로 인한 사회적 갈등을 완화시키고, 불필요한 사회적 비용도 줄일 수 있을 것이다.

국민대통합위원회의 〈한국형 사회갈등 실태진단 보고서(2016)〉는 우리 사회의 갈등양상을 다음과 같은 여덟 가지로 진단하고 있다.

- 불안을 넘어선 강박 ; 생존에 대한 불안이 '네가 죽어야 내가 산다'는 강박으로 변모
- 경쟁을 넘어선 고투 ; 협력을 통한 선의의 경쟁이 사라지고, 승자독식의 투쟁 심화
- 피로를 넘어선 탈진 ; 쉬지 못하고 성과와 경쟁에 쫓겨 탈진
- 좌절을 넘어선 포기 ; 상승이 불가능해 희망을 놓아버리는 자포자기의 정서 확대
- 격차를 넘어선 단절 ; 상하위 계층 간 단절과 분리의 확대
- 불만을 넘어선 원한 ; 하위계층의 상위계층에 대한 박탈감이 사회적 원한으로 진화
- 불신을 넘어선 반감 ; 차이나 다름에 대한 불관용과 공격 고착
- 갈등을 넘어선 단죄 ; 상하위 계층 간의 적대적 비난과 단죄 확산

보고서에 따르면, 우리나라 상위계층은 하위계층에 대해 "애국심도, 도덕성도 없고… '전쟁이나 터져서 깽판으로 살자' 식의 부류가 많다"고 생각하고 있다. 하위계층은 상위계층에 대해 "다 부

정부패하고, 없는 사람을 골탕 먹인다"고 인식하고 있다. 서로에 대한 증오와 원한 그리고 분노와 적대가 임계점에 달했음을 보여주고 있다. 특히 미래에도 나아질 것 같지 않다는 인식의 팽배가 '분노사회'를 넘어선 '원한(怨恨)사회'로 향하게 하고 있다고 진단했다.

보고서는 여덟 가지 심리적 특성을 '오늘날 한국인이 안고 있는 공통정서'로 진단하고 있다. 그 공통정서는 경제적 현실과 짝을 이뤄 전체 현실을 구성하는 또 하나의 현실 곧 심리적 현실에 다름 아니다. 보고서는 그동안 땅콩회항, 갑질 횡포, 헬조선, N포세대, 금수저 · 흙수저 논란들을 통해 한 단면으로만 노정되던 좌절 · 자포자기 · 증오 · 원한의 공통정서(또는 심리적 현실)의 전모를 보여주고 있다.

▶ 위험사회에서 우리는 불안, 우울에 시달린다. (픽사베이 제공)

우리 국민은 그리 행복하다고 생각하지 않는다. 이는 미래의 불확실성에서 기인한다. 사람들은 현재 고통받고 있다고 하더라도 앞으로 가능성이 보인다면, 희망이라는 감정의 지배를 받아 역동적 삶을 설계한다. 그러나 현재가 과거보다 나아졌다고 하더라도 미래가 불확실하면, 그 희망의 불꽃은 시들고 어둠의 그림자가 엄습하며 불안과 공포에 휩싸인다. 그렇기에 우리는 현재 행복할 수 없다.

우리 사회의 현재 및 미래를 설명해 주는 키워드 중 하나가 바로 이 공포라는 감정이다. 감정은 이처럼 사회를 읽어내는 하나의 렌즈인 것만이 아니라 행위의 동인이 돼 사회를 변화시키기도 한다.

코로나블루, 멘탈데믹

코로나19는 감염과 전염 외에도 새로운 고민거리를 던져주었다. 불필요한 외출이나 출근도 자제할 것을 요구받고 있는 가운데 코로나 감염 확대에 따라 직업, 가정, 학업, 취미에 이르는 일상의 모든 영역이 변화하고 있으며, 사람들의 마음에는 우울감, 불안, 염려뿐만 아니라 사회적 단절, 무기력감 등 다양한 강도와 범위의 심리적 문제들이 나타난 것이다. 코로나로 인해 자신의 감정을 제대로 통제하지 못함으로써 불안이나 분노, 우울로 발전하는, 이른바 '코로나블루'다. 코로나블루는 '코로나19'와 '우울감(blue)'의 합성어로, 코로나 바이러스 확산에 따른 바이러스 이외에 바이러스로 인한 영향으로서 불안과 공포에 대한 심리적 반응이라고 할 수 있다.

코로나19로 인해 우울증이 늘어나고 멘탈데믹 현상이 늘어가고 있다. 멘탈데믹(mentaldemic)은 'Mental(정신)'과 'Pandemic(감염병 대유행)'의 합성어로, 개개인의 우울감이 확산되면서 공동체 전체에 정신적 트라우마가 전염병처럼 번지는 상황을 이르는 말이다.

코로나19 대유행은 전 세계적으로 긴급 상황을 만들었다. 이 전염성 바이러스는 일반 공중 보건에 대한 우려를 불러일으켰을 뿐만 아니라 여러 심리적, 정신적 장애를 유발하고 있다.

세계적인 팬데믹 장기화 상황은 확진자와 유가족뿐만 아니라 전체 국민 개개인의 정신건강에도 많은 악영향을 미치고 있다. 우울감이나 무기력증인 코로나블루는 불안과 두려움 등 정신적 충격을 초래하기도 한다. 즉, 외부 활동을 자제하고 실내에 머무르면서 생기는 답답함, 자신도 감염될 수 있다는 불안감, 작은 증상에도 코로나가 아닐까 걱정하는 두려움, 활동 제약이 계속되면서 느끼는 무기력증, 감염병 관련 정보와 뉴스에 대한 과도한 집착, 주변 사람들에 대한 경계심 증가, 과학적으로 증명되지 않은 민간요법에 대한 맹신 등이 이에 해당한다(사혜지 외, 2021).

코로나19의 장기화로 인해 대한민국 국민의 정신건강이 악화되고 있다. 스트레스 취약성 모델에 따르면, 자살은 '유기체로서의 개인이 자신을 둘러싼 환경과 상호 작용하면서 선택하는 하나의 반응'으로 간주한다. 국내뿐만 아니라 확진자가 증가하고 있는 미국, 영국, 이탈리아 등 유럽에서도 코로나19 관련 자살이 증가하고 있다고 보고되고 있다. 코로나19 그리고 정신건강에 관한 선행 연구들에 따르면, 코로나19는 일반 인구의 고통, 불안, 전염에 대한 두려움, 우울증 및 불면증과 연관이 있다. 과거 2003년 사스(SARS)와 2015년 메르스(MERS) 사례에서 밝혀진 바와 같이 신종 감염병으로부터 생존한 사람들은 회복이 된 이후에도 우울, 불안과 같은 다양한 정신적 문제를 겪는 것으로 나타났으며, 이러한 현상은 장, 단기간에 걸쳐 지속되는 것으로 보고되었다. 때문에 코로나19 이후 계획은 특히 정신질환의 증가 가능성에 관심을 갖고 더 집중적으로 고려할 필요가 있다.

격리 상황으로 인하여 개인의 자유로운 이동과 신체의 자유를 일시적으로 제한, 박탈당하는 경험은 개인에게 당혹스러운 일이며, 이는 자기 조절을 어렵게 하는 요인이 된다. 부정적인 예상이나 미래에 대한 불확실성은 우울감을 불러일으킨다.

디지털 중독 · 격차사회

인간과 사회는 끊임없이 테크놀로지를 혁신해왔다. 테크놀로지 진화는 우리네 삶을 윤택하게 하는 데 기여해왔지만, 그 경로가 반드시 우리가 원하는 것과 일치하는 것은 아님을 역사는 증명한다. 기술진보는 문제의 해결보다는 새로운 문제를 촉발할 수도 있고, 기술혁명이 우리의 삶을 풍요롭게 하는 만큼 우리 삶에서 무언가를 양보해야 하는 경우도 발생한다는 의미이다. 문제는 테크놀로지의 혁신에 따른 혜택 대신 감수해야만 하는 것들이 어느 순간부터는 우리의 삶을 위협하는 위험요소로 작용하고 있다는 점이다. 자크 엘륄(Jacques Ellul)의 경고대로 '모든 기술진척은 대가를 요구'하고 있음이다.

미디어 확장에 따른 위험요소, 디지털 리스크

커뮤니케이션, 미디어의 확장에 기여한 테크놀로지의 발전은 한 사회의 경제 · 사회 · 문화적 변화뿐만 아니라 권력변동까지도 결정할 수 있을 정도로 그 중요성이 매우 크지만, 테크놀로지가 잉태하는 위험특성과 맹목적 기술우호주의가 결합되어 그 부정적 현상이 우리 삶 곳곳에 침투, 증폭되고 있다. 특히 디지털미디어, 스마트미디어 등 새로운 미디어 확산이 급속히 이루어지면서 그에 따른 부작용(디지털 리스크)이 사회 전체에 영향을 미치는 결과를 초래하고 있다. 전자금융사기(피싱, 파밍 등), 악성 소프트웨어 등으로 인한 해킹, 사이버테러, 저작권 침해(불법복제), 정보격차(정보 불평등), 도박 · 자살 · 음란 등의 불법 · 유해정보 범람, 잘못된 정보유포 및 확산에 따른 사회적 공포(인포데믹스, Infodemics ; Information과 Epidemics의 합성어로 부정확한 정보 확산으로 발생하는 부작용) 조성, 디지털감시 등은 혁신 테크놀로지로 인해 새롭게 등장한 위험요소들이다. 여기에 개인정보유출, 프라이버시 침해, 커뮤니케이션 단절 및 소외현상(디지털 격차), 사이버불링(cyber bulling ; SNS 등 스마트폰 메신저와 휴대전화 문자메시지 등을 이용해 상대를 지속적으로 괴롭히는 행위) 등의 위험요소들이 더해지고, 휴대폰 중독 등 과몰입 문제, 디지털 치매 등 병리적 현상까지 나타나고 있다.

한국은 세계적인 정보통신기술 및 인프라 강국으로서 고도의 네트워크가 밀집된 국가이자 정보기술 테스트베드이기도 하다. 그만큼 세계적으로 커다란 주목을 받는 IT강국이라고 할 수 있으나, 역설적으로 디지털 리스크가 자주 발생하기도 한다.

디지털 리스크는 자신의 신분을 노출하지 않고 범행하거나 다른 사람의 ID를 도용해 범죄를 저지르는 경우가 많기 때문에 익명적이며, 가상공간에서 발생하기에 피해자와 직접 대면하지 않아 자제력을 감소시켜 범죄(사이버범죄)로 이어지기도 한다.

스마트사회가 우리에게 장밋빛 미래 시나리오만 선사해 줄 것이라고 예단하기는 어렵다. 언제 어디서나 네트워크로 연결되고, 미디어 소비에 있어 공간과 시간의 제약이 없는, 그리고 몰입감과 실재감이 뛰어난 콘텐츠와 서비스를 향유할 수 있는 등의 긍정적 측면의 이면에 가려진 문제점들도 지적되고 있기 때문이다.

우선, 스마트미디어 환경의 도래로 인해 해결되리라 믿었던 미디어 격차의 '해소'가 오히려 격차의 '확성'으로 바뀔 수 있다는 우려가 제기된다. 스마트미디어 환경은 디지털 네트워크에 유무선으로 다중 접근이 가능하며 상시 연결이 구현되는 초연결사회라고 할 수 있다. 이에 독립적 운영체제(OS)에 기반하여 운영되던 PC가 소멸하고 서버 컴퓨터에 리소스를 의존하는 네트워크 기반의 리모트 컴퓨팅 환경이 도래하여 연결을 통해서 정보와 자원이 공유되는 연결 의존적 현상을 낳고 있다. 이제 연결성은 스마트사회의 유지에 있어서 필수적 요소이다. 휴대용 단말기를 통한 이동성이 시간과 공간을 재구성하면서 이를 이용하는 사람들은 삶의 효율을 높일 수 있게 되었다.

하지만 이러한 효율이 모두에게 공평하고 돌아가고 있는가라는 물음이 제기될 수 있다. 실제로 커뮤니케이션 기술에 대한 접근 여부에 따라 보다 많은 이익과 혜택을 누리는 이들이 있는 반면 다른 한편에서는 그로부터 소외되는 사람들이 등장하기 마련이다. 이는 단순하게 접근의 문제가 아니라 '이용'의 차이와 관련한 이차 격차로 이어질 수 있다. 스마트 환경에서 이러한 모습을 더욱 분명하게 확인할 수 있다. 특히, 스마트 환경은 단일 미디어 환경이 아니고 다중 미디어 환경을 특징으로 하고 있다. 이용자가 특정한 기기와 서비스에 종속되는 것이 아니고 다양한 기기와 채널을 넘나들면서 정보, 지식, 콘텐츠를 얻고 생산하기 위해 다중적 접근을 하게 되는데, 이용자들의 접근 능력에 따라서 이용의 양적, 질적 차이가 생겨나게 된다. 또한, 네트워크의 연결을 기반으로 하는 스마트 환경에서는 정보와 지식 그리고 콘텐츠의 활용과 향유에 있어서 타인과 공유하고 확산하는 이용능력 역시 중요해지고 있다.

결국 스마트 환경에서의 디지털 격차의 문제는 단순한 지식 격차의 문제라기보다는 사회에서 기술을 활용해서 이루어야 할 다양한 사회적 참여와 지위의 획득 문제와 연결된다. 이러한 능력들에 대해서 특히, 전통적인 정보 취약계층(고령자, 장애인, 저소득계층 등)들의 사회적 배제(social exclusion)의 문제가 더욱 심각해질 가능성이 제기되고 있다.

스마트미디어 시대의 도래로 선택의 기회는 더욱 많아지는 것 같지만 오히려 콘텐츠 소비의 선택이 더욱 어려워지는, 즉 마치 '콘텐츠 안개' 속에 있는 것처럼 이용자가 원하는 것을 과거보다 찾기가 더 어려워졌다는 콘텐츠 스모그(contents smog) 현상에 대한 지적도 있다. 이미 우리는 스마트폰 등 모바일 기기의 보급,

▶ 콘텐츠를 탐닉하고, 휴대폰에 집착하는 우리, 그래서 콘텐츠 과잉, 디지털 중독사회다. (픽사베이 제공)

SNS 이용의 일반화 등 정보통신기술의 발달이 야기한 콘텐츠의 폭발적 증가로 콘텐츠 스모그 시대에 진입하고 있다. 너무 많은 콘텐츠가 시장에서 경쟁하고 있어 오히려 소비자들의 선택이 과거보다 더욱 어렵고 난해해질 수 있다는 의미이기도 하다. 이를 해결하기 위한 방안으로 콘텐츠 큐레이션(curation)에 대한 가치가 더욱 높아질 수 있다. 마치 박물관의 큐레이터가 전시물을 선별하듯이 소비자에게 맞춤형 콘텐츠를 제공하는 것이다. 이는 곧 상품과 콘텐츠의 과잉 속에서 헤매고 있는 햄릿증후군*에 걸린 소비자들이 많아진다는 이야기이다.

개인정보의 보호문제, 프라이버시 침해 문제도 제기될 수 있다. 스마트미디어 시대는 다양한 정보들을 큰 제약 없이 언제 어디서나 활용하는 시대이다. 스마트미디어를 통해서 다른 사람이 제공하는 정보를 편리하게 이용하는 시대이고, 스마트미디어를 통해서 내 정보를 다른 사람들에게도 스스럼없이 제공하는 시대이다. 이는 곧 내 정보가 누구에게 흘러 들어가는지 알기 어렵다는 역설적인 상황을 초래하기도 한다. 나 혼자 알고 싶은 정보, 다른 사람에게 감추고 싶은 정보, 심지어는 스스로 인지하지 못한 내 정보가 다른 사람 사이에서 흘러 다니는 경우를 배제할 수 없다. 이는 스마트미디어가 갖는 본질적인 속성이기 때문이다. 최근 스마트TV에 대한 해킹 이슈는 이러한 스마트미디어의 개인

* 흔히 결정장애 사회현상을 '햄릿증후군(Hamlet Syndrome)'이라 일컫고 있다. 1989년에 처음 명명된 이 증후군은 선택의 갈림길에서 무엇을 선택할지 잘 몰라서 고통스러워하는 심리상태를 앓고 있는 사람들이 크게 늘어난 데에서 기인한 말이다. 윌리엄 셰익스피어의 희곡 〈햄릿〉의 주인공처럼 결정을 빨리 내리지 못하고 오랫동안 고민하는 사람들이 사회현상이라 불릴 만큼 만연해 있다.

정보유출의 취약성에 대한 경종을 울리는 사례였다. 실제로 CIA는 2014년 영국 국내정보국(MI5)과 함께 개발한 일명 '우는 천사(영국 드라마 '닥터 후'에 등장하는 외계 종족)'라는 악성코드로 스마트TV를 해킹한 뒤 TV가 꺼진 것처럼 위장하고 일상 대화를 녹음했다. 사용자가 TV 전원을 끄더라도 빨간 불빛과 화면만 꺼지고 녹음은 계속된다. 아예 전력 연결을 끊지 않는 한 녹음을 막을 수 없는 것으로 알려졌다. 스마트TV뿐만 아니라, 스마트폰, 스마트패드 등도 모두 공격 대상이 될 수 있다. 앞으로 스마트미디어 시대에서는 편리성을 제고하는 것 못지않게 위험성을 줄이는 것 역시 중요한 과제가 될 것이다.

집단지성이 낳은 디지털 피로감

디지털미디어의 참여 · 공유 · 개방 특성으로 인해 누구나 지식을 생산하고 공유할 수 있는 상황이 되었다. 이로써 '집단지성'이 창출된다. 하지만 온라인 네트워크를 통해 창출되는 집단지성이 항상 긍정적인 것만은 아니다. 부정확한 정보와 루머가 온라인 네트워크를 통해 확산되면서 우리 사회는 소통의 단절과 분열 양상이 확대될 뿐만 아니라 사회적 신뢰의 위기에 직면하고 있다.

온라인 루머는 누구에게나 열려 있어 무차별적 확산이 가능하다. 따라서 루머의 확산 범위는 개인의 한계 및 면대면 관계의 범위를 벗어나 광범위하게 확장된다. 중요한 것은 루머의 사실 여부가 아니라, 루머에 대한 대중의 믿음이 어떻게 형성되는가이다. 루머에 대한 대중의 믿음은 집단별로 전혀 다르게 나타나기도 하는데, 이것은 루머와 관련된 상황이나 대상, 정보의 출처에 대한 신뢰의 차이에서 비롯된 것으로 볼 수 있다.

이처럼 디지털 리스크는 그 유형도 매우 다양하고 복잡하며, 그로 인한 피해가 발생하고 있음에도 불구하고 정작 피해당사자는 피해 여부를 제대로 인지하지 못한다는 점에서 개인이나 사회를 파멸적 형국으로 몰아갈 수 있는 매우 심각한 범죄라고 할 수 있다.

디지털미디어가 촉발하는 위험은 테크놀로지의 활용을 통해 사회적 이윤이나 편익을 추구하는 과정에서 발생하는 피해를 의미하는 '필수적 위험'이며, 이러한 과정은 사용자의 자의적 선택에 의해서 이루어지는 '자발적 위험'이다. 또한 디지털 리스크는 대체로 그 발현이 짧은 시간 안에 구체화되는 즉시적 위험의 성격이 강하며, 개인이나 조직 차원에서 항시 발생 가능한 지속적 위험이다. 즉 디지털 리스크는 통제 가능한, 우연한, 그리고 예외적인 사건으로서가 아니라 사회체제와 제도들이 만들어내는 통제하기 어려운 필연적이고 일상적인 산물이다. 위험의 파장은 인간의 감각을 무력화시키고, 산업적 진보에 대한 확신과 합의를 붕괴시키며, 전체 사회구성원을 공포의 공동체 내에 평준화시키는 등 인간의 일상적 삶을 근본적으로 변화시킨다는 데에 문제의 심각성이 있다.

디지털 리스크는 인간관계와 심리, 생각의 질에 부정적인 영향을 미쳐 '디지털 피로감'의 심각한 원인이 되고 있다. 또한 디지털 사회의 도래는 감시의 일상화, 만인에 대한 만인의 감시사회 도래, 데이터 수집을 통한 개인정보 가공 등의 '신감시사회' 문제를 낳고 있으며, 정보의 급속한 확산속도와 익명성은 불신의 사회와 인포데믹스의 가능성을 증가시키고 사회의 집단극화 현상을 유발하고 있다.

테크놀로지는 개인의 자유를 확대하기보다는 기술과 정보를 소유한 주체가 기존의 물리력 이상으로 개인과 조직을 통제하도록 이용될 수 있다. 인간의 존엄 가치를 훼손하는 방향으로 나아갈 위험을 내포하고 있는 것이다. 특히 소셜 미디어 이용에 따른 매체 이용의 증가가 '관계의 과부하' 현상과 '지속적인 주의분산(continuous partial attention)'의 일상화를 가져왔다는 주장도 존재한다. 사이버 공간에 존재하는 방대한 정보와 지식은 정보 가치를 판단하는 인간의 능력을 저하시키며, 모바일 환경은 인간을 온라인 공간에 항상 연결되는 존재로 만들어 인간관계 과잉 및 정보

▶ 디지털 문명사회에 사는 우리는 디지털 피로감에 젖어 있다. (픽사베이 제공)

과다에 따른 피로감을 가중시킨다. 태어날 때부터 인터넷 시대를 살아온 모바일 세대는 온라인에 접속해 있지 않으면 소외감과 불안감을 느끼는 일종의 '고립공포감(FOMO, Fear Of Missing Out)' 증상도 보인다.

디지털 피로감과 중독, 감시, 정보 왜곡 등의 디지털 사회 문제는 디지털 리스크를 더욱 심화시키는 요인이다. 사이버 공간에서의 관계 불균형은 관계 과잉으로 인한 디지털 피로감과 상대적 박탈감에 따른 디지털 소외 문제를 발생시키고, 온라인 정보의 맹목적 신뢰는 왜곡된 정보의 확산 가능성을 높인다. 사이버 공간에서 개인정보 유출의 심화는 프라이버시 침해와 디지털 감시 문제를 초래한다.

혁신적으로 진화하는 디지털기술의 특징으로 기술의 생산성과 효과성에만 주목하면서 디지털미디어 시대의 기술발전에 대한 비판적 성찰을 놓쳤고, 동시에 디지털미디어가 배태할 수 있는 위험요소를 관리할 수 있는 보편적이고 비판적 이성이 크게 성장하지 못한 것이 우리의 현실이다. 그 결과 위험을 체계적으로 관리하려는 사회적 노력은 선진국에 비해 크게 부족한 실정이다. 특히 아직도 위험은 기술적으로 극복되어야 하고, 그 관리는 과학기술자들이 전담해야 한다는 생각에서 크게 벗어나지 못하고 있다. 하지만 기술주의적 환상은 깨진 지 오래다. 위험은 기술적 성격과 더불어 사회적 성격을 동시에 갖고 있다.

사이버 공간의 확대와 컴퓨터 및 정보통신기술의 고도화와 지능화에 의해 갈수록 그 의존도와 사회적 영향력이 높아질 것으로 예상되는 상황에서 디지털 리스크 또한 갈수록 다양화, 고도화,

첨단화되어가고 있고, 디지털 리스크에 의한 광범위한 피해성과 기하급수적 발생률, 그리고 발생형태의 다양성으로 인해 현실적 대안마련도 쉽지 않다. 따라서 대응이나 관리도 중요하지만, 그에 앞서 예방적 차원의 노력이 우선적 과제가 된다. 디지털 리스크를 예방하기 위해서는 정부와 관련 기관 및 기업, 그리고 국민 모두가 디지털 리스크에 대한 경각심을 갖고 높은 보안 및 안전 의식을 가져야 한다. 기술적 대응도 중요하지만 국민 개개인의 예방을 위한 자성과 사회규범의 확산정책이 선행되어야 하는 것이다. 위험은 기술적 장치나 시스템의 실패만이 아니라 그런 기술의 사용을 규제하는 정치, 사회, 경제시스템의 실패에서도 기인하기 때문이다.

코로나19에 따른 위험 이슈

코로나19로 인한 '사회적 거리두기'가 장기화됨에 따라 상시적 위험사회가 도래했다. 기후 위기로 태풍 등 자연재난이 빈번하고 강해지고 있으며 미세먼지, 감염병 등 새로운 유형의 사회재난이 일상화 · 장기화되는 양상이다. 사회구조가 복잡해지면서 자연재난과 사회재난이 결합된 복합재난의 발생이 늘면서 재난의 복합다양화, 재난 규모의 대형화 추세를 보이고 있다. 지진, 집중호우, 대규모 화재 등 돌발재난과 코로나19와 같은 원인을 알 수 없는 신종 감염병은 피해의 양상과 범위를 예측하여 관리하는 데 한계가 있다. 새로운 유형의 재난상황에서 잘못된 정보가 확산될 경우 사회혼란과 분열을 야기할 뿐만 아니라 국민의 생명을 위협할 우려가 적지 않다.

코로나19 확산 방지를 위해 화상회의와 재택근무, 유연근무제를 권고하는 회사가 크게 늘어나면서 기존 오피스 공간 및 직장 문화가 크게 변화하고 있다. 코로나19 감염 확산 우려로 온라인 강의가 전격적으로 시행되면서 원격교육이 본격적으로 시작되었고, 에듀테크(Edutech)가 주목받는 산업으로 부상하고 있다. 코로나19가 촉발한 온라인, 비대면 콘텐츠의 급격한 부상은 실내에서 누리는 문화와 콘텐츠 소비를 가속화하였으며, 이는 다시 기존 콘텐츠 산업을 지탱하던 '창작 – 제작 – 유통 – 소비'와 향유, 교육 등과 같은 가치사슬 전반에 큰 변화와 균열을 가져오고 있다. 코로나19 예방을 위한 '사회적 거리두기'와 삶의 질을 중요시하는 사회 분위기가 맞물리면서 공연과 콘서트, 프로스포츠 경기 등이 무관중 온라인 중계로 이루어지고, 나만의 안전한 공간에서 영화 감상, 공연 관람, 운동, 요리 등 취미를 즐기는 이들이 증가하고 있으며, 이 같은 문화의 확산은 음식, 숙박업을 비롯한 서비스 산업 전반의 변화를 촉발했다. 다만 비대면 경제의 부상이라는 빛 너머에 저소득계층과 고령층 등 소외계층의 디지털격차(digital divide) 심화라는 그림자가 함께 드리워지고 있음에 대한 경계도 함께 제기된다.

한편 코로나19는 '코로나블루(Corona blue)'라는 새로운 사회적 현상을 잉태했다. 코로나블루란 '코로나19'와 '우울감(Blue)'이 합쳐진 신조어로 코로나19 장기화로 일상에 큰 변화가 닥치면서 생긴 우울감이나 무기력증을 뜻한다. 이러한 코로나블루 현상은 사회적 관점에서 보다 다양한 접근방식이 필요하다는 점에서, 향후 콘텐츠를 통한 코로나블루의 치유나 갈등과 혐오의 완화 수요는 더욱 커질 것으로 예측되고 있다. 결국 콘텐츠가 결정적인 역할을 하게 될 것으로 전망된다.

코로나19로 경제적 피해를 넘어 우울증이나 공황장애 증상을 보여 병원을 찾는 환자가 증가하고 있다. 장기간 이어진 사회적 거리두기로 외로움이나 불안감을 호소하는 환자도 증대되고 있음이다. 재난에 대한 경험은 물리적·신체적 피해뿐만 아니라 집합적 형태의 극심한 스트레스 상황을 야기하며, 재난 초기에는 현장에서 희생하는 영웅과 국민의 단합 등 재난에 대응하는 허니문 시기가 존재하지만 일정시간이 지나면 현실적인 문제(실업, 파산 등)가 더 부각되는 양상을 보이는 것으로 알려져 있다. 신종 감염병으로부터 생존한 사람들은 감염 당시뿐만 아니라 완전히 회복된 후에도 장기간 또는 단기간 지속적인 불안, 우울 등 다양한 정신적 문제를 겪는 것으로 알려져 있다.

코로나19 격리자는 감염에 대한 두려움뿐 아니라 고립감 및 소외감, 가족이나 접촉자에 대한 죄책감, 감염으로 인한 낙인 불안, 직장 문제 등을 경험하게 된다. 또한 격리 대상자뿐만 아니라 일반 국민 또한 고립, 외출 자제 등 일상에 큰 변화를 맞이하게 되면서 우울감, 무기력증, 사회적 고립감의 증대가 나타난다.

사회적 고립으로 인한 심리적 압박을 치유하고, 타인과 만나는 수단으로 실감 미디어를 활용하거나 '혼자가 편하지만 외롭지 않고 싶은 욕구'를 충족시킬 수 있는 감성소통기술을 개발하는 등 정책적, 기술적 해법이 필요하다. 사람과의 대면 접촉이 매우 제한적인 상황에서는 사람 간의 원격 연결에서 실감 미디어를 활용하여 인간관계의 품질을 향상하거나, 감성소통 기술로 사람을 대신하는 등 코로나블루 극복에 디지털 기술을 적극 활용할 수 있는 것이다. 사람과의 직접 대면이 어려운 환경에서는 사람을 대체하는 감성소통 로봇 등이 '론리코노미(Loneless+Economy)'의 대안이 될 수 있다.

코로나19를 무차별적 개발과 환경·자원 착취를 통해 성장해 온 인류에게 자연이 주는 경고로 해석하는 시각도 있다. 인간의 생활이 더욱 편리해지는 동안 동식물은 계속 멸종하여 생물다양성에 위기가 왔고, 탄소배출로 지구의 온도는 산업혁명 이전보다 0.75℃ 상승했다. 전 세계가 코로나19의 확산에 대한 대응으로 '멈춤의 시간'을 보내면서 대표적인 탄소 배출국인 중국·인도의 대기가 깨끗해지고, 오염된 호수와 바다를 떠났던 동물들이 다시 돌아오는 등 환경생태계가 되살아나는 '코로나의 역설'이 연출되면서 생태계와의 공감대 확보, 자연과 동식물과의 교감, 생물권의 인정 등과 같은 공감문명(empathic civilization)에 대한 필요성이 더욱 강해지고 있다. 마이크로소프트, GM 등의 기업들도 탄소 제로, 폐기물 제로와 같이 제로로 가는 혁신에 제품과 기술의 초점을 맞추고 개발을 진행하고 있으며, 지속 가능한 발전을 위한 국제기구 및 국가들의 노력들도 진행 중이다.

디지털 중독, 호모 아딕투스의 시대

김병규 교수는 〈호모 아딕투스〉에서 오늘날 우리를 중독의 시대에 사는 '호모 아딕투스(Homo Addictus)'라고 규정한다. 자극·쾌감을 주는 장치가 가득한 스마트폰이 언제 어디서나 쉽게 누를 수 있는 보상회로 스위치 같은 역할을 하고 있고 사람들은 스마트폰에 중독되고 있으며 기업은 중독을 이용해 수익을 얻는 호모 아딕투스의 시대가 도래했다는 것이다.

2020년 기준 전 세계의 스마트폰 사용자는 36억 명이며, 한국의 경우 성인 95%가 스마트폰을 가지고 있다. 2020년 한국 과학기술정보통신부에서 실시한 조사에 따르면, 청소년(만 10~19세) 35.8%, 유아동(만 3~9세) 27.3%가 스마트폰 과의존 위험군으로 나타났다.

흔히 '중독'이라는 용어는 전통적으로 약물중독을 의미하는 말로 쓰여 왔으며, 생리적인 의존성과 내성, 중단할 경우 나타나는 불안과 초조 등의 금단증상에 따른 사회적, 직업적 손상이 동반된 병리현상을 함축하는 용어로 사용되어 왔다. 하지만 최근에는 중독에 대한 범위가 더욱 넓어지고 있으며, 인터넷이나 스마트폰, SNS 중독 등과 같은 개념을 포함한 소위 '디지털 중독(digital addiction)'이 중요하게 논의되고 있다. 보통 디지털 중독이라고 하면, 일상생활을 수행하는 데 곤란할 정도로 컴퓨터, 인터넷, 스마트폰 등을 과도하게 사용하는 장애를 가리키는 것으로 좀 더 분명하게는 '디지털 중독 장애(digital addiction disorder)'라고 일컫는다. 다양한 플랫폼을 통해 언제, 어디서나 쉽게 콘텐츠를 향유할 수 있는 스마트미디어 환경이 도래함에 따라 이러한 중독의 문제는 더욱 심각해질 가능성이 있다. 특히, 스마트미디어에서 구현되는 게임, 영화, 방송과 같은 영상콘텐츠들의 실재감, 몰입감, 상호작용성의 수준이 더욱 높아지면서 어린이, 청소년 등의 중독

취약계층에 대한 우려도 제기되는 것이 현실이다.

중독(addiction)이라는 단어는 라틴어 동사 'addicere'에서 기인하였다. 본래 'addicere'는 '탐닉하다, 팔려가다, 헌신하다'라는 의미로 사용되던 말이다. 따라서 중독의 어원적 뜻은 '특정한 대상에 탐닉하거나 노예로서 헌신하게 되는 상태'라고 유추할 수 있다. 오늘날, 중독에 대해 합의된 정의는 없으나 의학적인 측면에선 물질사용장애와 충동조절장애의 두 범주를 동시에 포함하는 개념이라고 보고 있다(강진숙, 2011). 일반적으로는 어떠한 한 가지 일을 반복적으로 하거나, 반복적 행동을 유발하도록 하는 충동에 내맡겨진 상태라고 이야기된다(박성복 · 황하성, 2014). 이때 반복적 행동과 관련된 대상은 마약 · 알코올 · 담배와 같은 물질부터, 쇼핑 · 게임과 같은 행위까지 다양하다. 물론 미디어 역시 자주 거론되는 중독의 대상 중 하나이다. 이는 미디어 기술이 발달하고, 미디어가 일상생활에 침투하는 범위가 넓어지면서 나타난 자연스러운 현상이다. TV 앞을 떠나지 못하고, 컴퓨터 전원을 끄지 못하고, 핸드폰을 손에서 놓지 못하는 행위는 모두 미디어 중독 증상의 일환이라고 볼 수 있다.

오늘날 기업은 소셜 미디어, 콘텐츠, 쇼핑, 뉴스, 게임 등 5가지 영역에서 중독을 만들어내는 요소를 개발함으로써 수익을 창출한다. 20세기 초반의 '제품경제의 시대'의 기업은 사람들이 갖고 싶은 제품의 생산을 통해 이윤을 추구했다. 20세기 중반의 '관심경제의 시대'의 기업은 특히 텔레비전 광고를 통해 소비 욕구를 불러일으키기 위한 경쟁을 벌였다. 저자에 의하면 스마트폰의 등장과 함께 '중독경제의 시대'가 도래했다. 빅테크 기업은 중독을 이익으로 전환시키는 새로운 경제구조를 구축했다. 앱의 중독성이 강해질수록 광고수입이 증가한다. TV시대와 비교해서 광고공간이 확대됐고, 광고비는 낮아졌으며, 광고의 효과성은 높아졌다. 디지털 광고의 최강자인 구글의 2021년 광고매출은 2천95억 달러(250조)였다. 같은 기간 미국의 대표 방송사인 CBS의 광고 매출은 54억 달러였다.

엄청난 양의 데이터와 고도화된 알고리즘으로 유리한 고지를 차지한 소수의 빅테크 기업이 대부분의 매출을 가져가는 디지털 광고시장에서 중소사업자들이 사용할 수 있는 비즈니스 전략은 다음 여섯 가지이다(강병규, 2022).

- 작은 규모로 자신만의 중독모델을 만들어내는 뉴매커닉 전략
- 빅테크 기업의 중독경제에 들어가지 않은 사람들이 세대를 타깃으로 자신만의 중독경제를 만드는 뉴에그(new-egg) 전략
- 상품의 종류가 적더라도 자신만을 위한 서비스처럼 느껴지게 하는 큐레이테인먼트(curatainment) 전략
- 사람들에게 인간적인 관계 형성의 기회를 제공하는 휴머니스틱 브랜드 전략
- 결심만 하고 실행하지는 못하는 사람들의 자기조절에 도움을 주는 디지털 셀프컨트롤 전략
- 디지털 기기를 과도하게 사용하면서 디지털 환경 자체에서 해방되고 싶어 하는 사람들을 위한 디지털 디톡싱 전략

이러한 상황을 헤쳐 나가기 위해 강병규 교수는 중독경제의 시

대에 휩쓸리지 말고 파도를 타자고 제안한다. 자신이 어디에 어떻게 왜 그렇게 서 있으며 어디로 가고 있는지 관찰하고 성찰하지 않으면 테크 기업에 의해 디자인된 생각, 느낌, 행동에 깊이 감염될 수 있다. 정보를 독점하고 공격적 인수합병을 펼치는 빅테크 기업에 종속되거나 파괴되지 않으려면, 그리고 중독에 빠져 자신의 부와 일자리를 잃지 않으려면 오늘날 인간과 시장, 경제를 움직이는 원천인 '중독'의 메커니즘을 잘 알고 활용해야 한다는 것이다.

미디어콘텐츠와 디지털 격차

콘텐츠 시장에서 대대적인 '디지털 전환'이 일어나고 있다. 물론 디지털 전환은 이전부터 일정 부분 진행되어 왔기 때문에, 코로나19 이전에도 대중은 디지털로 전환된 콘텐츠를 꾸준히 접할 수 있었다. 우리는 손쉽게 웹툰과 웹소설을 포함한 웹 콘텐츠를 스마트폰으로 이용해왔고, 영화관에 가지 않더라도 OTT를 통해 집에서 그 주 개봉된 영화를 시청할 수 있었다. 그뿐만 아니라 스트리밍 서비스를 통해 실시간으로 송출되는 다양한 공연을 소비한 경험이 있다. 이러한 경험들은 우리가 4차 산업혁명을 겪으면서 초연결 네트워크를 통해 사람과 사람 간의 대면 접촉을 줄여나가는 형태로 많은 분야의 콘텐츠 소비가 진행돼 왔다는 것을 보여준다.

콘텐츠의 제작과 유통에 코로나19로 인한 급격한 디지털 전환이 이루어지고 있으며 이 분야에서 일하고 있는 많은 창작자의 삶에 디지털 전환은 필수적인 것이 되었다. 콘텐츠 산업 분야에서의 디지털 전환과 디지털 격차는 이제 콘텐츠 향유 소외나 서비스의 접근성 그 이상을 의미하고 있다.

디지털 격차란 다분히 넓은 개념을 갖는다. 이론적으로 디지털 격차, 혹은 디지털 정보 격차란 네트워크에 기반을 둔 정보통신 기술의 활용 능력이 사회적 불평등의 다양한 요건으로 인하여 각 개인에게 차이를 일으키고, 이것이 다시 사회적 배제의 원인이 되면서 구조적 불평등을 악화시키는 현상을 일컫는다(Van Dijk, 2005). 도시와 지역에 따른 디지털 격차뿐만 아니라, 경제적 소득이나 교육의 측면에서도 디지털 격차는 생성될 수 있다. 이러한 격차를 줄이기 위해서 정부는 디지털 전환에 있어 정보를 접할 수 있는 다양한 통로를 제공하고, 디지털 소외계층의 이용 활성화를 위해 채널을 확보해야 한다.

기술혁신 초기에는 이를 보유할 수 있는 조건을 갖춘 소수의 집단만이 기술을 활용하여 정보 접근과 이용이 가능하지만, 성숙 단계가 되면 많은 사람이 기술을 수용하게 되면서 자연스럽게 다수에 보급될 수 있다는 게 디지털 격차의 소극적 해결 방안 중 하나다. 그러나 시간이 지날수록 교육 수준이나 경제적 요건, 지역과 성별 등의 다양한 사회 · 문화 · 경제적 요소에 따라 발생하는 디지털 격차가 커질 가능성 또한 배제할 수 없다.

우리는 자연스럽게 스마트폰이 대중에게 보급되는 양상을 지켜봐 왔다. 하지만 다수가 스마트폰을 보유하고 있다 하더라도, 이들의 미디어 이용 수준이 균등하다고 보기는 어렵다. 스마트폰을 통해 전송되는 정보량의 차이가 각기 다를 수 있을 뿐만 아니라, 이를 활용하여 사회적으로 연계하는 능력도 각각 다를 수 있다. 실제로 이들 사이에 발생하는 디지털 정보 격차는 우리가 생각하는 것보다 심각할 수 있다. 다시 말해 스마트폰을 소유한 이용자들의 디지털 정보 획득 능력, 활용 능력, 사회적 연계 능력은 이용 주체에 따라 극명하게 달라질 수 있다.

콘텐츠 산업분야의 디지털 격차도 이와 같은 연장선상에서 이해되어야 한다. 뉴미디어 환경변화로 인하여 일찍이 콘텐츠를 디지털로 생산해온 집단과 그렇지 않은 집단 그리고 이를 소비할 수 있는 집단과 그렇지 못한 집단 등, 생산과 소비의 전반적 과정에 있어 디지털 격차가 발생할 수 있다.

디지털 전환을 통해 물리적 거리, 이동 등 대면적 콘텐츠 소비 장벽을 넘어 다양한 콘텐츠 이용 확장이 이루어지고 있다. 이러한 소비환경의 변화는 이것이 가능한 주체와 그렇지 못한 주체를 분리하고 격차를 심화시킨다. 특히 콘텐츠 분야에서의 디지털 전환은 콘텐츠 소비의 보편적 수준을 향상시키기 때문에, 이를 이용하지 못하는 주체로 하여금 사회적 박탈감을 느끼게 할 수도 있다. 콘텐츠 이용은 삶의 유지에 필수적이지 않다고 생각하기 쉬우나 이로 인해 발생하는 정보가 사회적 참여나 관계를 확장하고, 사회적 자본 획득에도 중요한 역할을 한다는 점으로 미루어 생각해보면 현대 사회에서 콘텐츠 이용과 이로 인한 디지털 격차는 필수적인 삶의 요소일 수 있다. 콘텐츠 이용에 있어 디지털 전환은 이를 이용하는 주체, 성별, 세대, 소득수준 등을 고려하여 격차가 발생할 수 있는 요소들을 줄여나가는 방식으로 진행되어야만 한다.

콘텐츠 산업에서의 디지털 격차 해소의 핵심은 이 문제가 사회적으로 가시화되지 못했다는 지점을 인지하는 것부터 시작되어야 한다. 콘텐츠 산업의 디지털 전환은 디지털 격차와 소외를 줄이는 요소들을 파악하고 이를 디지털 전환 과정에 적극적으로 반영할 수 있어야 한다. 특히 사회적 가치를 생산하는 방식으로서의 디지털 전환은 콘텐츠 산업분야에서 할 수 있는 중요한 사회적 환원 기능일 수 있다. 콘텐츠 생산의 측면에서는 감각을 확장하는 방식으로의 디지털 전환과 새로운 문화 기술의 개발, 1인 창작자들과 중소기업, 대기업이 공존할 수 있는 생태계 조성이 필요하다. 동시에 콘텐츠 이용 측면에 있어 디지털 격차로 인해 소외된 계층을 찾아내고 이들에게 콘텐츠 향유의 기회를 제공하는 것은 정부 및 공공기관이 그 역할을 할 수 있을 것이다. 예를 들어 물리적으로 자유로운 이동이 어려운 콘텐츠 이용 주체들에게 디지털로 전환된 콘텐츠를 제공하거나, 이전까지 경험할 수 없었던 다양한 문화 향유 기회를 제공한다면 디지털 격차뿐만 아니라 사회적 격차를 줄일 수 있는 기회가 될 수도 있다. 그것이 콘텐츠의 힘이며, 그 자체가 가진 가능성이다

디지털 시대의 풍요롭고 화려한 세계로 이 시대를 살아가는 모든 사람들이 함께 초대는 받았지만 그렇다고 해서 그 혜택을 모두 고루 누리지는 못하는 상황이다. 아날로그 시대가 훨씬 살기 좋고 평안한 세상이었다는 생각을 하는 사람들도 적지 않다. 최첨단 디지털 시대에 초대받은 사람들은 그만큼의 정치, 경제, 사회, 문화, 교육 등 비싼 비용을 지불해야 하기 때문이다. 각종 디지털 미디어에 접근성을 지닌 사람들과 그렇지 못한 사람들의 격

차가 점점 더 벌어지게 된다. 그런데 디지털 시대에는 이런 새로운 디지털콘텐츠에의 접근성과 활용성이 세상을 살아가는 기본이 되는 생존 조건으로 작용한다는 점에서 문제의 심각성이 있다. 즉, 단순히 개인의 취향과 흥미에 따라 디지털 정보 매체에의 접근과 활용 여부를 결정할 수 있는 선택 상황이 아니고 이 시대를 살아가는 데 필수적인 생존 조건으로 작용하고 있기 때문이다.

디지털 격차는 정보 접근과 관련하여 정보기술과 서비스 접근의 격차, 사용 능력과 관련하여 정보, 인터넷 및 다른 관련 기술을 이용할 수 있는 능력의 격차, 마지막으로 정보 서비스의 활용과 관련한 격차까지를 모두 포함하는 개념이라고 정리할 수 있겠다. 디지털 디바이드는 뉴미디어를 통해 제공되는 정보에 대한 접근의 차이가 시간이 흐르면서 사회적인 차이로 고착될 수 있다는 위험성을 지적한다. 그러나 미디어와 미디어를 통해 제공되는 정보의 양이 늘어나면서 접근의 문제를 넘어 확장되고 있다. 디지털 디바이드의 초기 논의에서는 미디어를 통해 제공되는 정보에 대한 접근 가능/ 불가능 유무가 매우 중요했다. 이것이 시간의 흐름과 함께 향후의 미디어 및 정보 이용에서의 격차를 유발하고 고착시키는 주요인으로 지목되었기 때문이다. 이러한 격차는 주로 성, 연령, 계층, 지역(국가) 등 인구사회학적 변인들에 따라 유의하게 나타나곤 한다. 그러나 수많은 미디어들이 사회에 진입하고 성공적으로 정착하는 상황에서, 미디어에 대한 접근 여부는 주요인으로서의 의의를 잃어 가고 있다. 예컨대 인터넷 이용자의 인구분포는 실제 인구분포에 근접해 있으며, 이는 더 이상 접근의 문제가 과거만큼 중요하지 않음을 보여준다.

융합미디어의 기술적 특성과 정보콘텐츠 속성을 고려할 때, 오늘날 디지털 격차가 좀처럼 사라지지 않는 이유는 물리적 접근 격차와 정보활용의 생산적 격차가 동시에 진행되기 때문이라 할 수 있다. 즉 지금까지 가시적으로 확인될 수 있었던 매체 소유여부, 이용량, 네트워크 연결 형태 등 보이는 격차와 교육수준, 이용능력, 창조적 활용과 같은 측정과 확인이 어려운 격차가 맞물려 발생하고 있다.

향후 수용자 복지 정책의 목표는 소외계층의 물리적 접근(액세스)보장뿐 아니라, 대다수 온라인 수용자의 혜택을 창출하는 방향으로 확대될 필요가 있다. 이에 '액세스(access)'의 개념은 궁극적으로 수용자의 매체 능력(media competence)을 중심으로 확대된다. 오늘의 수용자는 네트워크 환경의 구조를 이해하고, 복잡하고 연결된 정보환경을 통제할 수 있는 능력을 넓혀 가고 있다. 이러한 관점에서 향후 네트워크 융합 서비스 환경에서 복지 정책의 기준은 수용자의 자율성과 인간커뮤니케이션 능력을 증진시켜 줄 수 있느냐가 중요한 요인이 된다. 따라서 네트워크 환경에서 액세스 범위는 수용자의 커뮤니케이션 능력을 중심으로 재구조화되어야 할 것이다.

4. 대안이론, 미디어 생태학

미디어 생태학적 고려의 필요성

현 사회에서의 미디어는 사용자들과의 상호작용을 통해 사회문화 현상을 만들어가고 있으며 그 안에서 인간은 미디어를 자연스럽게 확장된 감각기관의 하나로 사용하고 있다. 대부분의 미디어 혹은 미디어 커뮤니케이션 학자들이 미디어를 메시지를 전달하는 커뮤니케이션의 도구로 간주하는 일종의 기능주의적인 시각을 가지고 접근했다면, 미디어 생태학자들은 “우리의 의식과 감정뿐 아니라 행동양식의 조건까지 결정짓는 것이 바로 미디어이며 따라서 우리는 이를 미디어 환경, 다시 말해 생태라고 부른다”라는 전체론적인 시각을 가지고 접근했다.

언어는 인간의 사고의 확장이며 언어를 통한 상대방과의 커뮤니케이션의 완성은 언어라는 외형적인 미디어로만 이루어지지는 않는다. 오히려 생리적인 감각으로 언어를 이해하고 궁극적인 커뮤니케이션이 완성된다는 표현이 보다 직접적인 이해를 돕는다. 문자 위주의 활판인쇄 문화에서는 시각이라는 감각을 활용한 커뮤니케이션이 이루어졌으며, TV라는 미디어의 등장은 시각 이외에 청각을 결합시켜 2개 이상의 감각을 활용했다. 감각의 활용은 여기서 그치지 않았다. 현재 우리가 사용하는 미디어는 이미 인간의 모든 감각을 활용하고 있을 뿐 아니라 AR 기술을 위시한 디지털 기술에 의해 현실 아닌 현실의 세계를 감지하도록 한다. 인간은 단지 미디어를 활용하고 사용하는 것이 아니라, 인간의 모든 감각을 활용하여 미디어와 상호작용을 하는 것이다. 더 나아가 이러한 미디어와의 상호작용을 통해 새로운 사회문화적 양상을 변화시키고 창출한다. 그야말로 미디어와 인간의 관계는 생물학적인 생태계 환경이 아닐 수 없다. 디지털미디어 환경에서 인간은 기술의 지배를 받는 수동적 인간이 아니라 환경을 변화시킬 수 있는 능동적인 주체인 것이다.

미디어 생태학자들은 인간이 미디어 그 자체에 주목하고 이를 통해 스스로를 얽매어 기술에 전복되는 환경에 주목한다. 미디어를 단순한 매체 경로로 보지 않고 인간의 감정과 행동양식을 조건 짓는 환경으로 보는 것이다. 미디어라는 환경의 힘에 초점을 맞추고 인간과 미디어, 문화와 미디어 등 우리 사회 전체를 규명하는 미디어와의 상호작용에서 쟁점을 찾는다. 일방적이거나 단순한 상호작용이 아닌, 복합적인 상호작용을 주시함으로써 미디어가 곧 인간의 지배적인 사고방식을 형성하고 더 나아가 인간과의 관계 그리고 환경의 진화를 결정지으며 전체적인 환경을 구조화하는 생태계로 보는 것이다. 따라서 미디어 생태학 사상의 본질은 곧 인간이다(정혜욱, 2011).

미디어 생태학자들은 환경으로서의 미디어에 주목하고 진화와 발전의 방향성을 논한다. 이 점이 바로 미디어 생태학자들의 독창성이라고 할 수 있으며 오늘날 우리가 우리를 둘러싼 새로운 환경을 도구주의적이나 기능주의 혹은 기술 결정론적인 시각이 아닌 미디어 생태학 사상의 시각에서 규명해야 하는 당위성이라고 할 수 있다.

한편, 생태학(ecology)은 생물들 간의 관계 및 생물의 생활 상태, 환경과의 관계를 과학적으로 연구하는 생물학의 한 분야이다. 1869년 에른스트 헤겔(Ernst Haeckel)이 처음 창시한 이후 환경과 생태 문제 전반에 대한 학문적 탐구와 실천운동을 통해 발전되어 온 분야로, 살아 있는 것들의 환경 또는 살아 있는 것들과 그것들을 둘러싼 환경 사이의 관계 유형 또는 유기체들의 상호의존성에 관계하는 과학이다(박이문, 1997). 생태학은 집을 의미하는 oikos (house, place to live)가 학문을 의미하는 logos(study of)와 결합되어 만들어진 단어로 '사는 곳에 대한 학문', 집 · 거처 · 서식지 · 보금자리와 같은 말들을 연상되게 하며, 이는 존재하는 모든 개별적 존재는 그가 존재하는 구체적인 세계 속에 뿌리를 두고 타자와 분리시킬 수 없는 상호 연관된 체계를 구성한다는 것을 주요한 개념으로 하여 구조 · 환경 · 조직 간의 계층구조(hierarchy), 창발성(emergence) 등의 요소들을 중요한 개념으로 포함하고 있다

(유영만, 2006).

생태학의 기본개념은 유기체, 집단, 환경, 그리고 개체 간, 집단-환경 간의 관계로 요약된다. 유기체, 집단, 환경, 개체 간, 집단과 환경 간의 관계를 파악하는 것이며, 특히 '환경'은 개체나 집단에 직접적으로 영향을 미칠 수 있는 모든 외적인 요소들을 총칭하는 개념이다. 자연생태계는 지구에 있는 물, 흙, 돌, 공기, 그리고 햇빛같이 생명이 없는 것(무기물)을 이용해 식물이나 동물 등의 생물들이 서로 도움을 주며 살아가는 하나의 계(system)로서, 생물들이 물이나 흙, 온도, 햇빛 등의 무기물과 작용 반작용을 하고 생물 간 상호작용을 통해 살아가는 세계를 의미한다.

미디어의 현실구성과 감각의 손실

미디어가 재구성한 현실은 수용자들을 실제 현실로부터 분리시키는 결과를 낳았으며, 오히려 새롭게 창조된 미디어적 생활환경에서 삶을 영위하도록 요구하고 있다. 기술의 발달에 따른 다양한 미디어 수용의 일상화, 그리고 이로 인해 빚어진 경험 및 공간 대체는 객관적 현실을 대상화시켰지만, 결국에는 분리된 새로운 현실을 창조해 냄으로써 인간과 환경 그리고 인간과 인간을 분리시키는 결과를 야기한다.

최근 급속한 미디어 테크놀로지의 발달이 고도의 미디어화 및 정보화를 추동하고 인간의 '생기 있는' 커뮤니케이션 능력이 형성되는 조건들을 침해하고 있으며 그 결과는 '일차적 경험'의 축소와 '커뮤니케이션 능력의 상실'로 이어진다. 미디어 기술은 초기의 의도와는 달리, 예측하지 못한 사회적 · 생태학적 대가를 유발하고 있다. 이러한 대가들은 '커뮤니케이션의 균형파괴'로서, 인간에게 커다란 위협이 되고 있다. 결국 미디어화와 정보화는 인간소외를 야기했으며 다양한 관계들 간의 왜곡 및 손실을 결과하고 있다. 메틀-메이봄(Mettler-Meibom, 1987)은 이러한 경험의 매개화의 결과로 나타나는 현상을 '사회적 손실'로 표현하고 있다. 즉 미디어화와 정보화에 따라 인간의 경험에 개입되는 미디어의 영향력은 점점 커지며, 이는 인간이 인간들 사이의 상호작용에서 이루어지는 실제 경험을 쌓을 수 있는 권리 및 기회를 침해함으로써 커뮤니케이션 능력 상실의 결과를 수반하게 된다.

미디어화/정보화의 '사회적 대가'

생동적인 경험 요소	미디어/정보화의 경험환경	예측되는 위험요인
시간과 공간의 객관성	미디어에 의한 인공적 이웃	고독, 고립화의 심화
감성	감성의 상실	스트레스, 질병
언어 이외의 미디어로서 인간(제스처, 표정, 신체)	기술적 미디어 (인간-기계)	프로그램화된 사고 기계적 경험영역으로의 축소
시간	시간 손실	지루함, 창조성 상실
실수에 대한 기회	통제와 실수의 기회 상실	커뮤니케이션 능력의 장애
의미 유관 행동	경험의 탈 유형화, 탈 의미화	이질화의 증가, 현실과 행동의 분리

미디어가 지배하는 문화환경에서 대중은 여가시간의 대부분을 특히 텔레비전과 함께하기 때문에 풍요만을 좇는 인간의 무의식화만이 더욱 조장되고, 또한 오늘날 극소전자기술의 발달로 멀티미디어가 등장함에 따라 공간장애를 극복한 재택근무, 화상회의, 원격교육, 홈쇼핑, 홈뱅킹 등이 가능하게 됨으로써 정보사회의 인간은 여가시간의 언어활동까지 소위 컴퓨니케이션(Compunication)에 전적으로 의존하게 되었다. 따라서 간주관적(間主觀的) 담론을 통한 인간 고유의 존재 조건을 인지하고 이해할 수 있는 기회를 상실하고, 인식능력을 고양하고 독서의 생활화가 퇴보되는 문화의 공복현상(空腹現狀)을 우리는 염려하게 되는 것이다.

정보화와 미디어화가 촉진되면 될수록 중요한 사회적 이성의 요체인 '경험'과 '커뮤니케이션 능력'은 생활세계와 직업세계에서 위협받게 되며, 이 같은 정보화와 미디어화는 컴퓨터와 매스미디어를 통한 메시지들의 운반을 용이하게 해주는 정보통신 기반구조(인프라)가 조성되면 현격하게 촉진된다. 이 같은 인간 존립에 전제되는 두 요소들(경험과 커뮤니케이션 능력)은 최근의 기술적인 발전과 더불어 인간의 상호관계에서 중심적인 논의의 대상이 되고 있다.

미디어가 일상생활 양식으로 존재하면서 우리가 해결하기 어려운 난제들이 등장했는데, 우리는 우리 주변에서 자연스럽게 일어나는 과정들을 의식적으로 통제할 수 있어야 한다. 예컨대, 미디어와 인간의 관계를 합리적으로 설정하고, 인간이 그 통제권을 가져야 한다는 것이다. 더욱 심화되어 가는 인간커뮤니케이션의 미디어에 의존성은 인간의 현실경험을 축소하고 왜곡하며, 인간의 커뮤니케이션 능력을 상실케 하는 등 많은 문제를 야기하고 있다. 그리고 이러한 커뮤니케이션의 왜곡과 능력 상실은 정보미디어사회의 사회적 손실로서 인간을 둘러싸고 있는 관계 망의 왜곡과 단절이라는 문제를 제기한다. 따라서 인간커뮤니케이션에서 제기되는 생태학적 문제의 궁극적 해결책은 역시 '인간커뮤니케이션 관계망의 회복'이라 할 수 있다.

커뮤니케이션 능력 상실에 대한 우려

인간은 미디어를 통해 자신을 둘러싸고 있는 환경에 대한 정보를 접하게 되고, 나아가 환경 자체를 경험하게 된다. 따라서 미디어 환경의 변화는 인간환경의 변화이자 새로운 인간커뮤니케이션 형태 및 경험양식의 변화를 의미한다. 미디어는 그 기술적 속성에 따라 시간과 공간을 구성하고, 재구성하면서 인간의 의식과 경험 그리고 사회구조의 변동에 영향을 미친다. 따라서 미디어 환경의 변화는 단순히 하나의 기기의 변화가 아니라 인간의 경험공간을 재구조화함으로써 의식과 행동에 영향을 미치는 인간환경의 총체적인 변화를 의미한다.

미디어가 인간의 의식과 행동에 미치는 영향에 대한 문명비판적 관점의 연구들은 우리에게 다양한 개념적 접근을 가능하게 해준다. 이 같은 관점의 대표적인 연구자 중 하나인 닐 포스트만(Neil Postman)은 그의 저서 〈어린이다움의 상실(the disappearance of the childhood)〉에서 어린이라는 개념과 미디어를 연관 지어 설명하고 있다. 포스트만은 어린이와 어른을 생물학적으로 구분하기보다는 두 집단 사이의 세상에 대한 정보의 차이로 구분한다. 그리고 어린이는 부정, 부패, 성, 폭력 등과 같은 세상에 대한 정보가 부족한 집단으로 개념화하여 어른과 차별화한다. 이 같은 어른과 어린이의 구분 방법에서 보다 주목할 것은 역사적으로 인쇄미디어가 등장하기 이전에는 어른과 어린이의 세상에 대한 정보의 차이가 크지 않았다는 포스트만의 설명이다. 즉, 인쇄미디어가 인류의 보편적 미디어로 이용되기 이전까지 어린이와 어른은 함께 노동현장에서 노동을 했고, 이 과정에서 어린이와 어른의 정보격차는 크게 벌어질 수 없었다는 것이다. 하지만 인쇄미디어 사용과 교육과정의 보편화로 인해 세상에 대한 정보와 지식은 학교에서 책을 통해 배우게 되었으며, 이 과정을 거치지 않고서는 노동현장에 곧바로 나설 수 없는 사회구조가 형성되게 되었다고 설명하고 바로 이 같은 사회구조가 어른과 어린이의 세상에 대한 지식과 정보의 격차를 창출하였다고 포스트만은 주장한다. 하지만 읽을 줄 몰라도 세상에 대한 지식과 정보를 획득할 수 있는 TV 등 영상미디어의 사회적 확산으로 다시 어른과 어린이의 구분은 희미해지게 되었으며, 바로 이 같은 상황을 포스트만은 '어린이다움의 상실'이라는 개념으로 설명하였다. 따라서 포스트만은 인쇄미디어의 사회적 이용 확산이 어린이와 어른을 구분 짓게 하였고, TV 등 동영상 미디어 이용의 보편화가 이 같은 구분을 사라지게 만들었다고 본 것이다.

'기능적 문맹(functional illiteracy)' 개념 또한 인간의 능력에 대한 미디어의 영향력을 잘 보여주고 있다. 기능적 문맹이란 문자를 읽고 쓰지 못하는 상황을 의미하는 것이 아니다. 문자를 읽고 쓸 수 있는 능력은 있지만 글 읽기를 꺼려하고, 글을 읽더라도 그 내용에 대한 정확한 분석이 어려운 상황으로 정의된다. 가전제품이나 의약품의 사용설명서를 읽기 꺼려지거나 읽어도 그 내용을 파악할 수 없는 상황이 기능적 문맹의 대표적인 사례이다. 전문가들은 기능적 문맹의 원인이 영상미디어 이용의 확산에 있다고 분석하고 있다. 영상미디어의 이용 확산으로 글을 읽고 해석하는 과정을 통해 정보를 획득하던 패러다임에서 TV 등 영상미디어를 보고 듣는 과정을 통해 정보를 얻는 패러다임으로 이동하게 되었고, 이 때문에 사람들은 동영상미디어를 통해 상대적으로 쉽게 정보를 획득하는 방법에 익숙해지게 된 반면, 글을 읽는 것은 꺼려지게 되었다는 것이다.

영상미디어 사용의 확대에 따라 '우뇌를 사용하는 국민'이라는 개념도 대두되었다. 인간의 뇌는 우뇌와 좌뇌로 구분될 수 있다. 그리고 우뇌와 좌뇌는 각각 다른 기능을 수행하는 것으로 설명된다. 우뇌는 감성적 기능을, 그리고 좌뇌는 주로 이성적 기능을 담당한다. 그런데 인간이 접하는 미디어가 인쇄미디어인지 아니면 영상미디어인지에 따라 뇌의 다른 부분이 자극받게 된다. 인쇄미디어는 주로 인간의 좌뇌를 자극하고 영상미디어는 우뇌를 자극한다. 만약 일상생활에서 인간이 인쇄미디어보다 영상미디어를 훨씬 많이 이용할 경우 우뇌가 상대적으로 많은 자극을 받게 되는 것이다. '우뇌를 사용하는 국민'이라는 개념은 현대 사회에서 영상미디어의 이용이 증가함에 따라 사회 전체적으로 우뇌의 사용이 증가하는 상황을 설명하는 개념이다.

이처럼 미디어는 인간 인식 능력의 발전에 결정적인 영향을 미친다. 한 사회의 특정 미디어 형태가 그 사회의 사회적, 정신적 상황을 광범위하게 규정한다는 데 이론의 여지가 없다. 예컨대, 문자 이전 시기의 문화에서는 기억이 지배적이고 의식적이며 정신적인 활동이었다. 구텐베르크가 금속인쇄술을 발명하고, 서양 사회에서 인쇄문화가 확산되기 시작한 15세기 이전까지만 해도 인간의 일상생활은 주로 기억에 의존할 수밖에 없었다. 문자를 읽고 쓰는 기술을 활용하는 사람은 극소수에 불과하였기 때문이다. 심지어는 중세시대까지만 해도 읽고 쓰기를 하지 못하는 왕과 귀족이 존재하기도 하였다. 읽기는 가능하지만 이보다는 좀 더 어려운 글쓰기에는 익숙하지 못한 왕들이 있었다는 기록도 남아 있다. 왕이나 귀족에게 온 편지를 대신 읽어주고 이들이 구술한 답장을 받아쓰는 하인이 존재한 것도 바로 이 같은 이유 때문이다. 또한 법원에서 증인이 중요하게 취급받는 것도 문자 활용이 일반화되지 못했던 시기의 관습에서 유래되었다. 중세시대까지만 해도 문자를 사용하는 사람이 소수였기 때문에 문서보다는 증인의 증언이 법정에서 더 중요하게 취급되었다. 본격적인 인쇄미디어 시대 이전에는 기억술에 대한 교육도 이루어졌다. 기억술은 그리스·로마 시대에 만들어져 중세시대까지 지속적으로 교육되었다. 특히 중세시대의 기억술은 기독교의 가르침 전파를 위해 발전되었다.

한편 서구에서 금속인쇄술을 활용한 인쇄미디어의 이용이 일반화된 이후에는 사회의 '보편적인 합리성'이 이루어졌다. 인쇄술로 말미암아 인쇄물이 가능하게 되었고, 보다 광범위한 계층의 사람들이 지식에 접근할 수 있게 되었기 때문이다. 또한 문자들로 이루어진 문장을 이해하기 위해서는 논리적 합리성이 필요하다. 인쇄물의 독자들은 문장을 구성하는 문자들을 하나하나 순서대로 읽고, 앞 문장과 뒤 문장을 연결 지어 차례대로 읽어야만 전체적인 맥락을 이해할 수 있다. 이 같은 인쇄물의 논리적 선형성(linearity)은 사회 전체에 논리적 합리성을 확산시킨다. 인쇄미디어가 대중화되면, 각 개인도 새로운 커뮤니케이션 시스템에 접속하여 자신의 체험을 해당 프로그램 언어의 구조에 맞춰 습득하고, 가공하며, 저장해야 할 필요성이 커지면서 사회는 구술문화에서 탈피하여 문자문화를 형성한다. 이러한 과정을 '삶의 합리화'라고 하는데, 15세기 이후, 이 같은 과정은 학문뿐만 아니라 교육 시스템과 일상생활의 다양한 분야에 두루 적용되었다.

영상미디어 시대가 고도화되고 있는 요즘, 가장 각광받는 미디어 중 하나는 이동전화이다. 이동전화는 산업적으로도 매우 중요하지만, 인간의 인지 능력과 문화적 형태에도 적지 않은 영향을 미치고 있다. 현재 대한민국의 이동전화 경험환경은 '미디어의 인간화'로까지 요약할 수 있다. 이동전화는 전화의 기능을 넘어 MP3, 게임기, 카메라, 캠코더, TV, 컴퓨터 등 거의 모든 미디어 역할을 수행한다. 최근에는 스마트폰의 확산으로 이동전화의 기능이 더욱 확장되고 있다.

스마트폰은 단순히 편리한 의사소통의 도구를 넘어 우리의 삶과 분리하기 힘든 현대 문명의 이기가 되었다. 이제 스마트폰은 단순한 통화수단이 아니라 모든 커뮤니케이션의 중심이 됐다. 한때 '사치품'이었고, 시간이 지나 '생활필수품'이 됐으며 지금에 와서는 새로운 소통의 방식과 비즈니스 업무까지 지원하는 '컨버전스 유닛'으로 발전한 것이다. 우리는 휴대폰 없이는 살 수 없는 시대를 살고 있다.

전문가들은 이동전화의 사용으로 인한 커뮤니케이션 능력(communication competence)의 상실을 지적한다. 커뮤니케이션 능력은 대인관계에 있어서 의사소통 행위의 목표달성과 질을 결정하는 중요한 요소로 설명되고 있다. 구체적으로 커뮤니케이션 능력은 인간이 주변 환경과의 유기적인 관계를 형성하고 환경에 적응하며 환경을 통제할 수 있는 환경과의 상호작용적 능력으로 정의할 수 있다. 그런데 현대 사회의 미디어 이용 과정에서는 이 같은 커뮤니케이션 능력의 약화가 도처에서 확인되고 있다. '난데'로 대변되듯 발신자를 확인해야 하는 예의가 필요 없어 언어예절이 무시되기 일쑤이고, 언어규칙이 무시된 문자가 남발된다.

이동전화는 인간의 생활양식도 변화시켰다. 편지를 대신하는 이메일과 문자로 인해, 만남에 설레며 약속시간을 고대하는 '기다림의 미학'이 사라졌다. 그리고 기억용량은 단축번호로 대체된다. 또한 이동전화는 하나의 이미지 파워를 갖게 되었다. 이동전화는 이제 단순한 이동통신 단말만을 의미하지 않게 되었다. 최신 이동전화 소유자는 최신 유행에 동참하는 이미지를 지니게 되었다.

한국에서 이동전화는 하나의 커뮤니케이션 도구가 아니라 신체의 일부분이 되어서 체화되고 있다. 이동전화 없이는 일상생활에 어려움을 느끼며, 심리적 불안감까지 갖게 되었다. 커뮤니케이션 능력과 생활양식, 그리고 감정 및 정서까지도 이동전화의 영향을 받게 되었다. 이동전화는 지금의 미디어 생태계와 한국사회의 변화를 추동하는 가장 강력한 도구인 것이다.

미디어 빅뱅, 콘텐츠 과잉 시대, 생태학적 접근의 유용성

미디어 생태학은 미디어를 환경으로 바라보고자 한다. 미디어 생태학이 사용하는 미디어 환경은 미디어 기술 자체도 아니고 자연과학적 의미의 생태계도 아니다. 미디어 환경에 대한 관계주의적, 통시적, 그리고 성찰적 접근을 통해 미디어 환경에 대한 보다 폭넓은 함의를 살펴야 한다.

우리 사회에 통용되고 있는 좁은 의미의 미디어 생태계 논의와 다른 결과 층위를 갖는다. 우선 미디어 환경을 미디어의 기능이나 기술 자체로 대상화시키지 않고, 미디어와 인간, 미디어와 미디어, 미디어와 다른 사회문화적 조건 간의 상호작용 혹은 상호연관성을 통해 살펴본다. 광범위한 미디어 환경의 영향력을 이러한 관계성 속에서 이해하고, 따라서 미디어 결정론이나 사회구성론이라는 선형적 인과론과는 다른 입장을 갖는다. 또한 다양한 미디어 형식 간의 관계와 상호작용의 역사적 맥락을 염두에 두고 특정 미디어 환경을 이해하고자 하기 때문에, 새로운 미디어를 혁명적이거나 낯선(exotic) 대상으로 바라보지 않는다. 역사적, 지역적 맥락에 따라 다른 미디어 환경의 복합적 성격을 탐구하면서, 미디어 환경에 관한 통시적 일반론과 특정 시대 · 사회의 특정 미디어 환경을 주목하는 각론 사이를 유연하게 오간다. 뿐만 아니라 미디어 환경에 관한 연구는 우리의 삶 전반에 퍼져 있는 미디어 환경의 영향력을 인식하고 성찰해 보고자 하는 인문학적 문제의식을 갖는다. 미디어 환경의 복합적인 작동 체제에 대해 성찰해봄으로써, 인간이 뉴미디어의 효과가 의도 혹은 예측한 대로 전개되기보다는 보다 복잡한 양가성을 갖는다는 점을 생각해볼 수 있다. 효율성과 편리함을 가져다주는 도구적 활용과 함께 전개되는 대인 접촉의 가상적 재구성과 프라이버시의 상실, 네트워크 연결성을 통한 수평적 관계 맺기와 부족적 쏠림, 정보의 풍요와 과부하, 전통적 제도 및 가치의 와해와 재구성, 인간 감각 및 인식의 확장과 마비 등 동시적으로 전개되는 상호 모순적인 과정을 복합적으로 인식해볼 수 있다. 이러한 인식이 이루어졌을 때, 비로소 인간다운 삶을 살아가기 위해 어떻게 미디어 환경에 대한 통제력을 확보하고 어떠한 시민적 저항이나 창의적 실천을 전개시켜나갈 수 있을까를 생각해볼 수 있다(이동후, 2015).

포스트만(Postman, 1999)은 우리가 미디어를 이해하고자 할 때 '미디어가 무엇을 수월하게 만들고 향상시키는가'라는 도구적 차원의 문제의식을 넘어, '왜 미디어를 받아들이고 이용해야 하는가'라는 목적에 대한 질문, 혹은 '미디어 환경 변화에 따라 종교, 정치, 교육 등 기존 전통이 가졌던 의미가 어떻게 위협을 받고 있는지'와 같은 의미론적 질문을 던질 필요가 있다고 주장한다. 그가 생각하기엔 주류 '사회과학'이 전문화된 '유사과학적' 분석방법에 힘을 쏟으며 과학적 객관성을 추구하다보니, 실제 삶의 문제나 맥락에서 벗어난 정보만 제공하고 있다고 본다. 미디어 생태학적 시각은 미디어를 환경으로 이해하면서 우리 사회와 삶의 문제를 바라볼 수 있게 만들고, 더 나아가 미디어 환경이 갖는 의미에 대해 질문을 던지게 만든다. 빠르게 변화하는 미디어 환경이 우리 사회문화의 다양한 경험 혹은 '본질'들을 어떻게 재구성하는

지를 살펴보는 것은 눈에 보이는 미디어의 도구적 효과를 측정하는 것보다 더 중요할 수 있다. 왜냐하면 우리 사회의 미디어 환경은 우리에게 미디어 환경과의 타협이나 통제의 여지를 남겨놓지 않은 채 삶의 본질을 변화시키고 이러한 변화에 익숙하게 만들기 때문이다. 미디어 생태학적 시각은 스마트미디어가 불가피한 현재와 미래의 선택이고, 삶을 유지하기 위한 도구이자, 우리의 먹거리 기반이라는 우리 사회의 가정에 질문을 던지고 있고, 인식론적 실천적 대안을 성찰해 보라고 제안한다(이동후, 2015).

기술의 역사는 도구의 발전사가 아니며 그것의 내면적 본질은 기술과 우리의 정신세계, 사회문화와의 상호작용에 대한 변화를 감지하게 한다. 기술의 발전에 의해 완전히 새로운 커뮤니케이션 환경이 주어지는 작금의 시대에 미디어 생태학 사상가들은 인간과 미디어 간의 관계에 초점을 맞추고 있다. 기술의 발전과 새로운 미디어의 탄생은 사고하지 않는 인간의 두뇌 형성을 조작하고

▶ 스마트 시대 미디어라이프 전경 (게리 호블랜드 일러스트레이션)

있으나 이러한 근본적인 생태계의 변화를 감지하지 못한 채 미디어에 의해 변화되는 콘텐츠 생산에만 주력하며 미디어 테크놀로지 그 자체를 신봉하고 맹신하는 현 사회 행로에 대한 경고라고 할 수 있다. 특히 포스트만은 기술의 역사와 종교에 대한 심도 있는 교육을 통해 인간의 창조성과 본질적인 존재의 의미를 가르쳐야 한다고 주장한다. 기술을 통제하지 못한 채 끌려가는 문화적 상태가 바로 기술의 노예로 전락해버린 인간의 상태임을 지적하며 인간의 생태계 환경의 변화가 다름 아닌 미디어 기술의 발전으로 인해 기인됨을 깨닫게 한다. 미디어 생태학 사상의 중심 요체는 미디어 환경과 인간의 복합적인 상호작용을 창조적인 시각으로 바라보는 데 있다. 능동적이고 창조적인 시각으로 기억을 아웃소싱하거나 생각 없는 무의미한 클릭에 문화를 맡기는 상태를 건전하게 비판할 수 있어야 함을 의미한다.

지나치게 콘텐츠의 양이 많아져 소비자는 풍요 속 고독과 불안감을 겪고 있다. 콘텐츠의 범람이 우리에게 콘텐츠 소비 부담을 가져온 것이다. 또 생산자는 지나치게 자극적이고 상향평준화된 콘텐츠 시장에 매번 창작의 고통과 부담과 불안함을 느끼고 있다.

범람의 시대를 슬기롭게 헤쳐가기 위해서는 소비자이자 시민으로서의 기본적인 역량을 갖추는 것이 무엇보다 중요하다. 콘텐츠에 대한 피로를 호소하는 이용자들이 늘어나고 있다 하더라도 우리는 좋은 콘텐츠를 기다린다. 콘텐츠가 범람하고 있는 상황에서 꼭 필요한 것이 내가 좋아하는 콘텐츠를 선별할 수 있는 리터러시다. 나를 위한 미디어 환경은 결국 스스로 만들어나갈 수밖에 없기 때문이다.

후반부

굿 콘텐츠 전경 톺아보기

1. 휴먼 콘텐츠

감성소통, 이모티콘

이모티콘은 'emotion'과 'icon'이 합쳐진 말로, 통신 언어에서 사용되는 감정을 표현하는 그림 이미지를 일컫는다. 이모티콘은 특히 스마트폰을 통한 모바일 커뮤니케이션에서 빈번히 사용된다. 최근 국내의 모바일 인스턴트 메신저 애플리케이션은 카카오의 '프렌즈'와 네이버의 '라인프렌즈'를 필두로 차별화되는 독특한 캐릭터가 개발되어 메신저상에서 높은 이모티콘 이용률을 유도하는 계기가 되었다.

언제나 어디서나 모든 것이 연결되는 스마트폰의 대중화로 인하여 온라인을 통한 비대면 방식의 커뮤니케이션이 일상의 대부분이 되고 있다. 이에 따라서 텍스트 위주의 메시지 전달 과정에서 나타나는 커뮤니케이션의 한계를 보완하기 위해 이모티콘의 사용이 늘어나고 있으며, 발신자의 감정과 상황 전달이 보완된 이모티콘으로 깊은 공감대 형성이 가능해졌고 대화가 좀 더 재미있어지고 감정표현을 다양하게 전달할 수 있다. 또한 이모티콘을 사용함으로써 메시지의 신속한 전달과 친숙한 캐릭터를 활용해 감정이 재미있고 부드럽게 표현될 수 있는 장점이 있다. 이모티콘은 이러한 관계기능을 통해 인간관계를 강화하기도 한다(송기봉, 2022).

이모티콘은 통신 환경의 변화 등에 따라 그 형태 및 외연이 몇 단계로 변화해 왔다고 할 수 있는데, 각 단계별 특징은 다음과 같다(김선화 · 엄기준, 2020).

- 1세대 이모티콘 ; 자판의 글자들과 문장부호를 이용하여 표정을 조합한 방식
- 2세대 이모티콘 ; 그래픽을 활용하여 표정 등의 구체적 형태를 구현한 방식으로 색상이 다양하고 유니코드를 사용할 수 있는 플랫폼에서 사용이 가능
- 3세대 이모티콘 ; gif 형식으로 이루어져 있으며 반신, 전체, 사진 등 다양한 형태와 움직임이 특징이며 실사, 일러스트, 스티콘 등 형식적으로도 다양

이모티콘을 1~3세대로 나누는 것은 이모티콘이 사용된 매체의 기술적 특성과 연관을 맺고 있다. 초기의 이모티콘이 자판의

글자를 조합하여 감정을 표현하는 이미지를 구현하는 방식이었다면, 그 이후의 이모티콘은 그래픽이 사용될 수 있는지, 그래픽의 크기를 키우거나 동작을 넣을 수 있는지 등에 따라 변천되어 왔다. 카카오톡과 같은 스마트폰 기반 채팅 애플리케이션에서 흔히 말하는 이모티콘은 3세대 이모티콘에 해당되며, 이들은 그림 파일의 형식으로 제작되기 때문에 이미지 및 구성 요소가 이전 세대의 이모티콘에 비하여 다양하다는 특징을 보여준다.

이모티콘의 주된 기능은 문자 위주의 의사소통에서는 나타내기 힘든 비언어적 표현을 대신하여 감정을 전달하는 것이다. 이모티콘을 통해 자신이 원하는 감정을 신속하게 전달하면서도 메시지 전달의 효과를 높이고, 소통의 재미도 있다.

디지털 환경에서 다양한 채널로의 커뮤니케이션이 가능해지면서 기존 방식의 커뮤니케이션 틀에 변화를 가져왔다. 발신자와 수신자 사이에서 즉각적이고 직접적인 피드백이 지속적으로 이루어지는 양방향성을 특성으로 하는 미디어들이 환경을 제공해 주었고 비언어적 요소에 의한 커뮤니케이션으로 빠르게 의사전달하기가 가능하게 됐는데, 디지털 환경에서 실시간으로 주고받는 메시지를 신속하게 하는 데 제격인 것이 이모티콘인 것이다. 감정이나 표정의 상태 메시지는 경직되고 답답한 분위기가 될 수 있지만, 이때 텍스트가 아니라 이모티콘을 사용한 비언어적 요소의 메시지 전달은 분위기를 좋게 만들 수도 있을 것 같다. 또한 이모티콘은 대화 순간의 상태를 자연스럽게 만들면서 시각적으로도 보는 즐거움을 주기도 한다(송채원 · 나성숙, 2012). 디지털 공간 특성상 소통이 대부분 비대면 방식으로 이루어지기 때문에 이용자들은 자신만의 다양한 감정을 생생하고 다양하게 전달하기 위해 텍스트와 함께 이모티콘을 사용하고 있다. 더욱더 디지털 기술이 발달되면 이모티콘을 사용한 감성 커뮤니케이션으로 확장되고 표현방법도 다양해질 것이다. 이모티콘은 텍스트로부터 변형된 전달자의 주관이 포함된 이미지 텍스트로서 이미지, 시그널, 사인 등과 같은 다양한 비언어 메시지를 전달하여 이해시키려는 행동인 것이다.

이모티콘은 커뮤니케이션 과정에서 감정표현에 적합하고 대화상대의 감정을 보다 명확히 인식하게 한다(구희령, 2000). 이모티콘은 커뮤니케이션에서 감정을 자유롭게 표현하고 사용자가 느끼는 감정과 상황을 즉각적으로 표현하는 데 있어 효과적인 커뮤니케이션 수단이 된다(유연수, 2007).

▶ 재미와 공감으로 다양한 감정을 표현해주는 이모티콘 (픽사베이 제공)

이모티콘은 비언어적 커뮤니케이션 수단으로서 사용을 통해 발신자는 신속하게 감정을 전달할 수 있을 뿐만 아니라, 수신자가 발신자의 감정을 이해하는 데 도움을 주고, 이모티콘을 통해 커뮤니케이션 자체에 즐거움을 느낄 수 있으며, 이를 통해 수신자와 발신자의 친근감이 상승할 수 있다(정혜욱, 2018). 이모티콘을 통해 친절하고 친숙한 긍정적인 감정을 줄 수 있다. 발신자의 긍정적인 이미지는 수신자와 발신자의 친근감 형성뿐만 아니라, 수신자가 발신자의 의견을 긍정적으로 수용하는 데에 도움이 될 수 있다. 즉 이모티콘 사용이 긍정적인 감정을 유발하는 데 큰 역할을 한다고 말할 수 있다.

이모티콘은 문화적 관습에 의해 학습된 기호이자 전달자의 비언어적 의도나 의미를 메시지를 통해 전달받을 수 있는 감성기호이다. 디지털 환경에서 메시지는 의미나 감정을 표현하기 위한 기호로서 새로운 역할을 하게 되었다. 기호란 인간의 감정을 이미지의 형태로 나타내고 인간의 기본적인 감정을 기쁨, 노여움, 슬픔, 즐거움 희로애락을 바탕으로 비언어적 이미지를 기호의 모습으로 나타내는 것을 의미한다. 또한 기호는 표정, 형체, 동작 이미지를 시각적인 모습으로 나타내고, 이모티콘은 자체만의 단순한 시각언어의 기능보다 텍스트가 가지고 있는 캐릭터 및 개성, 성격 요소를 전달하는 기능을 가지는 기호로서 특징을 가지고 있다. 말과 글이 문자언어인 데 비해 조형언어로서 기호는 비문자적 언어라고 할 수 있다. 여기서 디자인 결과물은 주로 시각으로 인한 지각과정에 의해 디자인 결과물에 내재하는 여러 가지 정보가 해석 처리되어 적절한 반응을 유도하게 되는 시각 언어적 능력이다(이영미, 2012). 이러한 점에서 이모티콘도 문자적 성격을 가지고 있고 텍스트가 전달하지 못하는 감정이 담긴 주관을 담아 커뮤니케이션을 시도할 수 있을 것이다.

이모티콘을 통해 말하고 싶은 내용을 재미있게 표현할 수 있고, 표현을 훨씬 다양하게 할 수 있다. 그만큼 모바일 이모티콘을 사용하면 텍스트만 주고받을 때보다 대화에 윤활유가 흐른다. 또한 할 말이 없을 때 편리하게 사용되고, 감정을 잘 표현할 수 있으며, 대화 내용이 보다 재미있어지고, 어색한 상황을 위트 있게 넘어가게 해주기도 한다. 이모티콘이 없는 대화는 왠지 딱딱하게 느껴지고, 대화중에 이모티콘을 사용하지 않으면 어색한 기분이 들기도 한다. 물론 이모티콘의 지나친 사용을 우려하는 시선도 존재한다. 텍스트 대신 이모티콘으로 내용을 대신하는 것은 때론 성의 없어 보일 수 있고, 이모티콘으로 내용을 대신하면 의미를 오해하게 되는 경우가 발생할 수도 있다.

취향도 콘텐츠, 좋은 콘텐츠 비즈니스

'개인의 취향'을 존중하는 분위기가 강해지고 있다. 개인의 취향을 중시하는 것이 하나의 '트렌드'가 되고 있으며, 지극히 개인적인 취향을 겨냥한 '서비스 및 상품'이 많아지고 있다. 소비시장에서도 직접 피부로 체감할 수 있을 만큼 다양한 취향이 존중받는 시대가 된 것이다.

나만의 취향이 중요시되고는 있지만, 그래도 '같이' 뭔가를 하는 것이 더 좋은 것 같다는 생각을 가진 사람들이 많다. 비슷한 취향을 가진 사람을 만나게 될 때면, 상당한 '연대감'도 느끼게 된다. 자신과 잘 맞는 사람과 '함께 모이고', '함께 시간을 보내는 것'이 그 자체만으로 충분히 중요한 일로 여겨지고 있다. 취향이 비슷한 사람들이 모여 있는 곳에서 소속감을 느끼게 된다.

1인 가구가 늘어나고 집단 속에서도 개인 생활이 늘어나면서 자기보호, 자기애 성향은 늘어났고 디지털미디어 사용이 일상화되면서 개인의 자기표현 역시 증가했다. 이에 개인은 전통적 공동체에서 벗어나 개인의 표현과 선택이 자유롭고 수평적인 공동체 참여를 점점 원하게 되었다. 특정 집단에 속하기보다 개인의 관심사와 취향에 따라 자유롭게 연결된 공동체를 원하게 된 것이다. 온라인 공동체를 통해 2000년대 이후 취미공동체로서 활발히 나타났고, 2010년 이후 소셜 미디어를 통해 일차원적인 취미에서 벗어나 다양한 모습으로 더욱 확장, 가속화하고 있다. 소셜 미디어의 영향력이 커지면서 취미공동체 구성원은 개인과 개인, 개인과 집단의 공감을 통해 적극적이고 강화된 사회적 연결을 원하게 되었다. 개인의 선택과 행동이 자유로워 선별적인 자기표현이 가능하면서도 소속감을 갖고 믿을 만한 관계를 원하게 됨에 따라 온라인 중심이 아닌 물리적 장소에서 만남이 이뤄지는 오프라인 취향공동체가 늘어나기 시작한 것이다. 온라인과 오프라인을 통한 팬덤공동체, 스포츠공동체, 여가공동체, 브랜드공동체 등의 취향공동체가 급성장하고 있다. 이는 디지털미디어가 집단 유대를 생성하고 지속하게 하며 공감과 연대를 통해 공동체를 구성하고 상호존중하고 협력하는 수평적 관계의 실현을 중시하는 현대 사회의 특성과 부합한다.

최근에는 단순한 취미, 정보를 공유하는 온라인 카페나 모임에서 벗어나 보다 적극적인 참여 양식으로 온라인 플랫폼과 오프라인에서 연계되어 나타나고 있다. 온라인에서는 개인이 사회 속 조직과 일상세계에서 갖는 관계성을 반영한다. 개인의 상호 관계에 따라 규칙, 규범, 문화 등에 호감도나 신뢰도가 차별적으로 나타나게 되는 것이다. 특정 공간 중심의 오프라인에서는 공간을 경험하는 최근 소비 경향과도 맞물리며 실제 만남을 통해 사회적 실재감과 사회적 연결감의 강화를 느낀다. 이는 온라인 커뮤니티 혹은 IT 기반 서비스가 오프라인 커뮤니티를 여는 최근 추세와 궤를 같이한다. 2015년 서비스를 시작한 독서 커뮤니티 스타트업 '트레바리' 성공 이후 운동 커뮤니티 '버핏서울', 다이어트 커뮤니티 '다노', 문화 커뮤니티 '문토', 영화 모임 '담화관' 등이 온라인과 오프라인을 넘나들며 확산되고 있다. 온라인 중심, 오프라인 공동체 모두의 공통점은 전통적인 공동체 성격인 수직적, 친밀한 연대를 지양하고 보다 느슨하고 강제성이 없는 공동체를 지향하며, 언제나 공동체에서 개인이 선택할 수 있는 자유성이 보장된다는 점이다.

취향공동체는 기존 공동체와 같이 생활공동체로서의 현실이 아니며, 정치적 또는 경제적으로 혹은 이데올로기 체계로 표현된 공동체와는 다른 양상으로 나타난다. 개인은 공동체 안에서 특정한 신분이나 정체성을 지니지 않아도 되며, 무엇이 되지 않아도, 무엇을 하지 않아도 된다. 또한 디지털미디어와 소셜 네트워크서비스를 적극적으로 활용하여 시간적, 공간적 한계가 없다. 경제적 이득을 취하거나 목적을 이루려는 근대적 사회관계가 아닌 개인의 다양한 모습으로 사회적 관계를 맺으며, 사회적 관계는 단기간적인 경우가 많고 지속되지 않으며 선택할 수 있고 서열화되지 않는다. 취미에서 벗어나 적극적으로 개인의 가치관이 결합한 취향을 바탕으로 개인의 자발적인 선택으로 맺어진 일시적인 공동체인 것이다(구선아 · 장원호, 2020).

최근 같은 관심사를 공유하고 즐기는 크고 작은 모임들에 사람들이 몰리고 있다. 개인의 취향을 개발, 지속하고, 나누고, 더 나은 삶을 모색하기 위해 시간과 비용을 투자한다. 친목 도모의 성격이 강했던 과거 모임들과는 다르다. 취미공동체가 개인이 좋아하는 것을 함께 하기 위해 모인 친목공동체라면 취향공동체는 보다 전문적이고 깊이 있는 개인의 취향을 찾고 지속하기 위한 공동체다.

소셜 네트워크서비스를 활용한 소비가 폭발적으로 늘면서 관심사나 취향도 세밀하게 구분되고 있다. 〈클래스101〉은 온라인 취미 공유 플랫폼으로 개인이 새로운 취미를 찾고 그 능력을 성장시키기 위해 운영한다. 강사가 동영상으로 수업을 진행하고 참가자가 유료 등록하여 함께 하며 원데이클래스부터 5개월 이상의 클래스까지 기한도 여러 가지다. 특히 장기화된 코로나19로 고용 불안이 커지면서 현재 직장에서 안정적으로 커리어를 쌓거나 더 나은 제2의 직업을 찾기 위해 자기계발에 나서는 직장인들이 늘고 있다.

디자인, 어학, 직무교육, 글쓰기 등 직무 향상을 위한 강의들로 구성된 클래스101 커리어 수강생이 급격히 증가하고 있다. 취미, 재테크, 키즈 클래스 등 다양한 분야 온라인 클래스를 제공하는 클래스101은 직장인 혹은 예비 취업자들을 대상으로 업무에 도움을 주는 다양한 교육 콘텐츠로 구성된 '클래스101 커리어'를 운영하고 있다.

커리어 클래스에서 높은 수강률을 기록하는 분야는 어학, 외국어 및 디자인 분야다. '220문장으로 토익부터 회화까지', '시선을 사로잡는 브랜드 디자인', '베테랑 실무자가 알려주는 모션그래픽의 모든 것' 등의 클래스가 인기다. 또 최근 개발 직군의 수요가 높아지면서 클래스101의 데이터 및 개발 클래스도 인기를 얻고 있다. 성우 이용신, 영화번역가 황석희, 프로파일러 표창원 등 각 분야를 대표하는 저명한 크리에이터의 노하우를 들을 수 있는 이색 콘텐츠도 제공하고 있어 관련 업계로의 진출을 원하는 예비 취업자들에게 큰 호응을 이끌어내고 있다.

최근 20~40대 중심으로 성장한 취향공동체는 대부분 유료로 진행하는 모임으로 확실한 콘셉트가 있고, 기한이 정해져 있다.

적게는 3~4만원에서 많게는 45만원까지 금액을 내고 짧게는 한 달에서 길게는 일 년으로 운영되며 온라인과 오프라인을 연계하여 지속한다.

유료 멤버십 형태의 독서모임 기반의 '트레바리'는 성공모델로 회자된다. 트레바리의 가입자는 약 20만원부터 40만원이라는 이용료를 지불한다. 트레바리에 가입하면 4개월 간 독서클럽에 참여하는데, 한 달에 한 번 한 권의 책을 읽는다. 그리고 20명으로 구성된 북클럽에서 사람들과 책을 주제로 토론을 나눈다. 토론 모임 이틀 전에는 400자 이상의 독후감을 제출해야 모임에 참여할 수 있다. 그럼에도 트레바리의 가입자 수는 꾸준히 늘어났다.

트레바리는 독서를 매개체로 지적 대화를 원하는 사람들에 주목했다. 다양한 배경의 사람들과 책이라는 주제로 대화하고 교류하며 영감을 얻고 새로운 관점을 얻을 수 있는 기회는 흔하지 않기 때문이다. 이러한 인연을 만들고 또 우정을 쌓을 수 있는 연

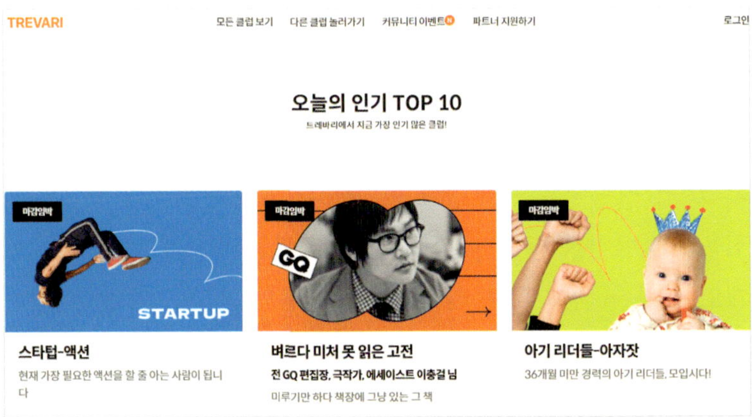

▶ 트레바리의 인기 클럽 (홈페이지)

결을 파는 곳이 트레바리다. 마치 헬스장을 등록해 본인 스스로에게 강제성을 부여하는 것처럼 독서도 마찬가지로 강제로라도 읽어야 한다는 의무감에 트레바리에 가입하는 사람들도 있다. 트레바리는 각 북클럽마다 클럽장이 있다. 약 100여 명의 클럽장은 각 분야별 전문가로 이뤄져 있다.

400자 이상의 독후감을 써야 모임에 참여할 수 있고 독서모임 후에도 원하는 멤버에 한하여 뒤풀이를 하거나 소규모 모임을 진행하기도 한다. 아지트라는 오프라인 공간에서 모임을 가진다. 아지트에는 독서 모임을 위한 공간뿐 아니라 재즈바, F&B 공간도 있다.

영화, 독서, 연극, 음악, 글쓰기, 요리 등을 주제로 3개월을 한 시즌으로 운영하는 '문토'는 나이, 직업, 성별 등을 떠나 있는 그대로의 내 모습, 내 안의 또 다른 가능성을 찾기 위한 모임이다. 온라인에서만 운영하는 모임과 오프라인 모임으로 나뉘며 취미와 취향의 중간 경계의 주제가 많다. 오프라인 모임은 문토의 전용 공간에서 대부분 진행되나 주제에 따라 외부의 특정 공간에서 진행하기도 한다.

급속히 증가하고 있는 독립서점 역시 취향공동체의 거점이 되고 있다. 지역과 취향에 따라 더 세분화, 전문화되고 있는 독립서점은 서울은 물론 각 지역에서 활발히 활동하고 있으며, 책을 매개로 서점 특색에 맞는 글쓰기, 영화, 음악, 독서모임 등 다양한 주제로 정기적, 비정기적으로 모임을 갖는다. 또한 아날로그 공간으로 인식되던 서점은 소셜 미디어를 적극 활용하며 사용자 중심의 경험공간으로 거듭나고 있다. 이에 서점은 이전의 독서공동체, 지역공동체를 넘어 취향공동체의 공간으로 확장되고 있다.

취향공동체는 개인을 중심으로 온오프라인에서 점점 확장하고 있다. 취향공동체의 특징은 크게 네 가지로 설명할 수 있다(구선아 · 장원호, 2020).

첫째, 소유가 아닌 경험과 가치 공유를 위한 소비가 증가하고 있다. 기존에는 가격 대비 기능이나 품질이 좋은 가성비 위주의 소비였다면 현재는 가격 대비 만족인 가심비, 가격 대비 행복인 가행비, 가격 대비 재미인 가잼비와 같은 신조어의 생성과 같은 맥락이다. 개인의 미래의 이익이나 행복보다는 현재의, 현실적인 행복을 위해 소비하는 것이다. 따라서 한 달에 몇 만원에서 몇 십만 원 이상의 유료 커뮤니티가 더 이상 과한 소비가 아니고 그에 따른 부수적인 경제적, 시간적, 육체적 소비가 이뤄지더라도 개인이 만족한다면 선택한다.

둘째, 취향공동체 참가자는 감정적 반응, 정서적 유대 외에 취향을 통해 개인적 공감과 사회적 공감 모두를 원한다. 피상적인 연결과 일시적인 정서 공유가 아닌 공감을 기반으로 한 사회적 연결을 원하는 개인이 많아지고 있다. 이는 역설적이게도 개인은 익명으로서 자유를 보장받은 채 타인이나 사회와 연결을 원하는 것으로, 여기서 사회적 연결은 개인의 사회에서의 인정 욕구, 소속감에 관한 욕구로 보이며, 친밀공동체가 사회적 공공성과 연결되는 것과는 다른 양상으로 나타난다.

셋째, 물리적 공간에서의 관계 맺기가 중요해지고 있다. 디지털과 피상적인 관계에 피로도가 쌓인 것은 물론 능동적인 상호작용과 물리적 장소가 주는 커뮤니티의 브랜드 정체성, 공간이 개인에게 주는 경험이 중요해진 것이다. 이는 정보에 접근을 제한하여 특별한 개인, 특별한 집단을 만들어 준다. 기존 공동체가 지리적 위치나 집단의 성향에 의해 강제적인 물리적 고립이었다면 현재는 개인의 선택적인 물리적 고립이 나타난 것이다. 선택적인 물리적 고립을 통해 개인은 타인 혹은 타 집단과 구별 짓고, 특별한 관계 맺기와 경험을 갖길 원하고 있다.

넷째, 개인은 취향공동체 참여를 통해 개인의 라이프스타일에 내러티브를 생성한다. 이전에는 사회적 지위와 역할에 의해 개인의 정체성이 만들어지고 설명되어졌다면 현재는 개인의 소비, 취향 등에 의해 개인 자신의 정체성을 만든다. 특정 커뮤니티에 참여하면서 글 쓰는 사람, 그림 그리는 사람, 운동하는 사람, 책 읽는 사람 등으로 자신을 규정하여 자기 내러티브를 만들고 적극적으로 표현하면서 개인의 라이프스타일의 질과 행복감 향상, 자존감 상승 등이 나타난다. 개인 일상의 일부라고 말하지만 개인의 생활세계에 큰 영향을 미치고 있는 것이다.

정보 · 지식 공유 플랫폼으로 기능하는 유튜브

TV에서 유튜브로, 신문에서 유튜브로, 책에서 유튜브로, 대중문화를 즐기고 지식과 정보를 얻으려는 대중의 주요 소비 채널이 정통 매체에서 유튜브로 옮겨가고 있다. 특히 최근 지식과 정보를 얻는 플랫폼으로 유튜브를 선택하는 현상이 두드러지는 분위기다. 이제 사람들은 유튜브에서 정보와 지식을 수집한다.

지식 · 교양 채널을 운영하는 유튜버들도 '지식 소매상'으로 불리며 급부상 중이다. '진짜 전문가'가 운영하는 채널이 주목받는 것은 출처도 모르는 자극적인 이야기보다는 정확하고 정제된 정보를 얻고 싶다는 욕구, 무거운 주제를 편리하고 재미있게 습득하고자 하는 대중의 심리가 반영됐다. 관심사가 비슷한 사람들과 소통할 수 있고, 방송사의 일방적인 편성에 따라야 하는 수동적 환경이 아니라, '언제 어디서나' 내가 원할 때 접속하는 능동적 소비가 가능하다는 점에서 유튜브는 매력적인 매체로 다가온다.

정통 매체에서 활약 중인 언론인(기자, 아나운서, 캐스터 등)이 유튜버로 등장하고 있는데, 언론인 유튜버는 언론사의 공식 채널에서 활동하기도 하지만, 유명한 언론인의 경우 개인 채널을 만들어 영향력을 확장하는 경우가 적지 않다.

스포츠 관련 채널이 대표적으로, 다년간 업계에서 취재하며 보고 들은 흥미로운 이야기와 냉철한 분석력을 무기로 빠르게 시청자를 확보하는 모습이다. SPOTV 해설위원이자 MLB 전문 기자 겸 칼럼니스트인 김형준 기자가 운영하는 '김형준의 야구야구'는 일반인이 알기 어려운 선수들의 백그라운드나 비하인드 스토리를 재미있게 풀어내 인기를 얻고 있다. 한국 선수들이 메이저리그에 진출하는 사례가 늘어나며 구독자도 함께 늘었다. SBS 스포츠 해설위원이었던 박문성 위원도 '달수네 라이브'라는 이름으로 축구 관련 콘텐츠를 방송한다. SBS가 18~19시즌 EPL 중계를 포기하며 스포츠 중계 위원들이 설 자리가 좁아졌는데, 이때 박문성 위원은 방송국에서 나와 인터넷 방송인으로 전향해 업을 이어갔다. 그의 유튜브 채널에는 기자들이 주요 패널로 등장해 수준 높은 축구 관련 이슈들과 정보들을 제공한다.

전문직 종사자들이 유튜버로 변신하고 있다. 대표적인 채널이 한문철 변호사의 '한문철TV'다. 시청자들이 보내준 블랙박스 영상을 보고 과실이 '몇 대 몇'인지 답변해주는 것이 주요 콘텐츠다.

▶ 정확하고 정제된 정보를 쉽게 전달하는 전문가 채널 (유튜브 한문철TV 채널 갈무리)

기업에서 안전교육용으로 한문철TV의 영상을 활용할 정도로 대중적이고 전문적이다.

판사 경력 34년, 대법관을 끝으로 법복을 벗은 박일환 전 대법관. 그는 자서전 대신 유튜브를 택했다. 채널 이름에 들어가는 '차산(此山)'은 박 전 대법관의 할아버지가 그에게 지어준 호이다. 법무법인 바른의 고문 변호사인 박 전 대법관은 그의 명함에 유튜브 로고와 함께 '차산선생법률상식'이라는 채널 이름을 적어놓았다. 누구나 궁금할 수 있지만, 막상 알기는 쉽지 않은 법률문제를 쉽고 간결하게 설명해준다. 법관의 일상, 법복의 변천사 등도 소개하는데, 동네 할아버지가 친근하게 설명해주는 느낌이다.

연예인은 엔터테이너인 동시에 방송 산업의 환경을 누구보다 잘 아는 자타 공인 방송 전문가다. 대표적으로 2022년 유튜버로서 최고의 인기를 누리고 있는 가수 겸 방송인 김종국을 들 수 있다. 김종국은 '짐종국(GYM JONG KOOK)'을 개설해 다년간 축적한 운동 노하우, 여러 셀럽과의 컬래버 영상으로 정보와 재미를 동시에 선사하고 있다.

연대와 협력, 공실존의 미디어

코로나19가 개인의 일상문화에 끼친 결정적 영향은 타인과의 분리화, 신체의 고립화, 공간의 축소화로 요약된다. 코로나19로 인해 가장 먼저 일어난 것은 타인과의 물리적 분리였다. '사회적 거리두기'는 우리의 신체가 활동적인 영역의 바깥에 고립화되는 문제도 낳았다. 운동, 여행 등 활동성의 영역에서 다양한 외부적 경험을 할 수 있는 삶의 질이 떨어지게 된 것이다. 그리고 코로나19는 궁극적으로 우리 삶의 공간을 축소해버렸다. 코로나19 이후 안전한 공간은 '내 집 안'으로 한정되고 말았다. 이러한 변화는 비대면 문화의 확산을 결과했다.

그런데 코로나19 상황에서도 사람들은 여전히 타인과 분리되지 않았고, 자신들의 공간성을 확대해나갔다. 기존의 물리적 공간이 디지털 공간으로 급속하게 전환되고 있다. 유튜브와 같은 온라인 서비스를 이용해 무관중 공연을 실황하고, 집에서 디지털 매체를 통해 관람한다. 공간성의 '디지털적 전환'이다. VR영상을 통해 세계를 여행하며 온라인 콘서트를 방에서 직관한다. 내 방은 순식간에 영화관, 콘서트장이 된다. 공간의 확장이다. 코로나19가 삶의 공간을 축소시킨 반면, 콘텐츠는 새로운 문화공간을 창출하고 있는 것이다.

집에서 혼자 즐기는 콘서트이지만 동시에 다른 관중들도 함께 한다. 집에서도 다른 사람들과 함께 즐기는 것이 가능하다. 코로나19로 인해 타인과의 연결 의지가 오히려 이전보다 더 강하게 나타나고 있다. 또한 단순히 미디어를 통해 콘텐츠를 일방적으로 수용하는 단계를 넘어 참여하는 단계로까지 나아가고 있다. 실시간으로 이루어지는 미디어 플랫폼을 통해 피드백을 주고받으며 향유한다. 이러한 변화들은 모두 타인과의 분리화, 신체의 고립화, 공간의 축소화라는 코로나19의 위기를 창의적으로 극복하는 생존전략이다. 우리는 디지털화된 공간에서 무궁무진한 세계를 만남으로써 공간의 확대를 이루고, 그 확대된 공간 속에서 다른 사람들과 소통하고 함께 콘텐츠를 이끌어나가며 연결된다. 그리고 이런 새로운 경험은 어느 정도 신체적 고립감을 해소시켜준다. 온택트(ontact)인 셈이다. 사회적 거리두기로 집에 머무는 시간이 늘면서 '온택트 마케팅'과 '실감형 서비스', 온라인 전시와 공연, 재택근무와 화상회의, 비대면 학습과 화상 면접 등이 새로운 트렌드로 자리 잡기 시작했다.

▶ 온라인 소통은 상호협력을 가능하게 하고 사회적 힘을 발휘한다. (픽사베이 제공)

코로나19가 우리 삶에 일으킨 가장 큰 변화 중 하나는 타인과 자신을 분리함으로써 다시금 타인을 들여다보게 만들었다는 사실이다. 이전에는 너무나도 당연하게 생각했던 일상적 부분들이 코로나19로 인해 비일상화되자, 우리는 디지털 공간에서 소통 콘텐츠로 일상을 재구축하고 있다. 기존의 '언택트' 문화가 단지 타인과의 접촉을 최소한으로 하고 개인적인 편의성을 중시하는 것이었다면, 코로나19 이후에 보이는 변화는 다분히 '콘택트', 즉 접촉적이다. 기존의 '언택트'는 다른 사람과의 접촉을 '불편'해하는 것을 이유로 나타난 현상이다. 그러나 코로나19 이후의 '언택트'는 조금 다르다. 물리적인 접촉은 최소화하는 대신, 인터넷을 비롯해 디지털화된 가상의 공간에서는 활발한 '접촉', 즉 커뮤니케이션이 일어나고 있다. 코로나19 이후 온라인 커뮤니티의 참여 및 이용률이 증가하였다는 점은 주목할 만하다. '사회적 거리두기' 등 사람 간의 연결이 차단되자 오히려 연결욕구가 증가한 것이다. 코로나19 이후 사회적인 '공실존(共實存)'이 실현되고 있음을 시사한다. 우리의 삶이 집단적 소통으로 이루어지고 있음이다. 숏폼콘텐츠 플랫폼 '틱톡(TikTok)'에는 사회적 의견을 표출하는 챌린지 영상이 넘쳐난다. 미디어 공간이 가볍고 개인적인 취미와 유희의 공간을 넘어 실천적인 물리 공간을 상당 부분 대체하고 있다. 이렇듯 코로나19 이후의 미디어 시장과 콘텐츠 이용은 사용자 개인들이 더 체계적으로 연결되고자 하는 욕구를 충족시키면서도 그 연결된 집단으로 사회적인 합의까지도 이끌어내는 공실존으로 이해된다. 이러한 공실존은 코로나19로 제한되었던 공간성을 디지털화함으로써 국경과 나이, 성(性), 인종, 문화 등의 경계를 뛰어넘어 전 세계적인 네트워크로 성장할 가능성을 내포하고 있다. 단편적이고 개인적인 즐거움을 넘어 사회적이고 집단적인 메시지를 담을 수 있는 환경으로 바뀌고 있음이다. 미디어와 콘텐츠를 통해 상호 협력과 소통이 증진되며, 다양한 사람들과 색다른 경험을 교감하는 방향으로 나아간다.

애도 콘텐츠

사람이 숨지고 있는데 곡소리는 들리지 않았다. 코로나19 위기가 2년을 넘겼지만, 한국 사회는 오늘 확진된 사람들에게 관심을 쏟느라 어제 숨진 사람을 슬퍼할 겨를이 없었다. 코로나19로 세상을 떠난 이들은 매일 발표되는 사망자 숫자로만 남았다. 끝없는 위기 속에서 산 사람은 살아야 했기에 '애도의 자리'는 제대로 마련되지 않았다. 기억하고 이별을 아파하고 울음을 토해내는 '애도의 시간'은 제대로 허용되지 않았다. 전대미문의 감염병 위기에서 서로는 서로에게 두려운 존재였고, 각자도생은 말하지 못하는 비밀이 되었다. 차마 떠나보내지 못한 슬픔은 집단적인 상처가 되었다.

이러한 상황에서 〈부산일보〉는 2021년 3월 코로나19 사망자 애도 프로젝트('늦은 배웅')를 마련했다. 전국 언론 최초로 코로나19 사망자 유가족을 대상으로 심층 인터뷰를 진행해 유가족의 아픔을 보듬었다. 설치미술가 박혜수 작가, 부산시립미술관과 협업해 유가족 사연을 지면에 부고로 게재하고, 코로나 시대의 치유와 위로를 다룬 기획전 '이토록 아름다운'에 전시했다. 이에 더해 유가족에 대한 위로와 추모의 메시지를 전할 수 있는 '늦은 배웅' 인터랙티브 페이지(http://bye.busan.com)를 선보이기도 했다.

뒤이어 〈한겨레〉 역시 2022년 창간 34돌을 맞아 코로나19 희생자 애도 기획을 통해 숨죽여 있던 슬픔들을 찾아내 알리는 기획을 마련했다. 코로나에 대한 낙인 때문에, 화장장이나 장례식

▶ 〈부산일보〉의 '늦은 배웅', http://bye.busan.com/#lastPage

장이 부족해, 손도 잡아 보지도 못하고 사랑하는 이를 떠나보낸 가족과 친구의 슬픔을 함께 나누는 기획이다. 〈한겨레〉는 온라인 추모소 '애도'(www.hani.co.kr/interactive/mourning)를 열어 '사회적 장례'를 치렀다.

확진자가 되는 순간, '우리'였던 이들은 한순간에 격리 대상인 '그들'이 됐다. 확진자가 사망자가 되자 주변인 모두에게 낙인이 찍혔다. 유가족은 숨죽여야 했고, 고인은 딱딱한 숫자 'ㅇㅇ번 사망자'로 기록됐다. 치르지 못한 장례, 싸늘하게 식은 주검 앞에서 터져 나오는 울음을 삼켜야 했던 사람들이 있다. 코로나 시대, 주위를 돌아보면 어렵지 않게 만날 수 있는 우리네 이웃의 이야기다.

〈부산일보〉와 〈한겨레〉의 애도 프로젝트는 '울고 있는 사람들

▶ <한겨레>의 '애도', https://www.hani.co.kr/interactive/mourning/

을 내버려 두고 나오는 재건과 회복 얘기'가 불편한 사람들에 공감, 연대의 의미를 상기시켰다. 무관심은 공감으로, 편견은 위로로, 혐오는 응원으로 바뀌었다.

죽음의 사회학, 부고 콘텐츠

미국 내 코로나 사망자가 10만 명에 육박한 가운데, 〈뉴욕타임스〉는 2020년 5월 24일 신문 1면에 코로나로 사망한 시민 1,000명의 이름과 나이 그리고 사망자에 대한 한 줄 소개를 게재했다. 이는 코로나로 인해 사망한 약 10만 명의 미국인 중 1%에 해당하는 것이다. 이날 1면은 '미국 사망자 10만 명, 헤아릴 수 없는 손실'이라는 헤드라인과 사망자 부고로만 채워졌고, 기사나 사진, 그래픽은 일절 게재되지 않았다. 이는 NYT 역사상 매우 이례적

"All the News That's Fit to Print"

The New York Times

Late Edition

Today, morning clouds giving way to sunshine by the afternoon, high 65. Tonight, cloudy, low 54. Tomorrow, clouds giving way to sunshine, high 70. Weather map is on Page 23.

VOL. CLXIX ... No. 58,703 © 2020 The New York Times Company NEW YORK, SUNDAY, MAY 24, 2020 $6.00

U.S. DEATHS NEAR 100,000, AN INCALCULABLE LOSS

They Were Not Simply Names on a List. They Were Us.

Numbers alone cannot possibly measure the impact of the coronavirus on America, whether it is the number of patients treated, jobs interrupted or lives cut short. As the country nears a grim milestone of 100,000 deaths attributed to the virus, The New York Times scoured obituaries and death notices of the victims. The 1,000 people here reflect just 1 percent of the toll. None were mere numbers.

▶ 2020년 5월 24일 일요일자 1면과 안쪽 3개 면 등 총 4개 면을 코로나19로 사망한 천 명의 부고 기사로 채운 〈뉴욕타임스〉

인 일이다.

단순히 죽은 사람 이름을 나열한 것이 아니라 사망한 사람들이 어떤 사람이었는지 1줄로 요약해 덧붙였다. 이 명단은 광고 없이 1면을 가득 채웠다.

희생자 이름만 나열한 것이 아니라 삶이 있는 사망기사를 작성했다. 해당 사망기사 취재기를 보면, 〈뉴욕타임스〉 소속의 리서처와 3명의 인턴 대학생들이 전국의 지역신문에 실린 부고 기사를 뒤져서 코로나19 사망자들의 큰 그림을 볼 수 있는 훌륭한 기사를 만들었다. 각 지역지 부고 기사들을 모두 모아 한 문장으로 정리해 탄생한 기사이다.

부고 지면을 제작하기 위해 NYT 기자, 편집자, SW엔지니어, 학생기자 등이 전국의 지역신문 부고 기사와 디지털 미디어의 사망 소식, 뉴스 등을 조사했다. 또 사망자의 이름과 사는 곳, 그들에 대한 소개를 한 줄로 요약했다. 희생자 스토리를 모아 공개함으로써 이들이 '코로나 바이러스 사망자' 대시보드에 나오는 한 숫자가 아니라 귀중한 사람이었다는 것을 상기시키는 효과를 가져왔다.

죽음은 언제나 예고 없이 찾아온다. 그리고 그 죽음에 대한 사회적 공표(social notice)도 정해진 일정이 따로 없다. 2020년 벽두에 불어 닥친 코로나19로 사망한 사람들의 죽음을 다룬 부고 기사가 그 사례가 될 것이다. 코로나19 희생자의 죽음 고지(告知)는 누군가가 죽었다는 단순 부고 기사가 아니다. 개별적 죽음의 가치와 미덕을 다루고, 이를 공유하는 사회적 죽음에 관한 의례(ritual)이고 절차(process)이다.

한편, 한국 신문에서 부고 기사는 저명인 중심의 스토리를 전할 때만 간헐적으로 실린다. 나머지도 유명인 중심의 단신 부고 기사로 처리된다. 간혹 보통사람에 대한 부고 단신기사도 있지만, 그것은 스토리가 아니다. 하나의 토막 정보에 불과하다.

"○○○씨 별세, ○○○씨 부친상=○일, △△장례식장, 발인 ○일 ○시. ☎ ○○-○○○-○○○○"

한국 언론에서 흔히 접하는 부고 알림이다. 전직 대통령, 정치인, 연예인 등 유명하고 잘 알려진 사람의 죽음은 긴 글이나 영상으로 남지만 보통사람은 이 한 줄로 남기도 어렵다. 언론으로선 의미 있는 자취를 남긴 이들을 조명하는 것이 마땅하겠으나 현재 기사로 다뤄지는 죽음의 대상이 너무 협소하고, 방식 역시 구태의연하다.

삶이 소중한 이유는 언젠가 끝나기 때문이다. 하여 "메멘토 모리(Memento Mori)."

중세의 수도승들은 만날 때마다 서로 '죽음을 기억하라'는 뜻의 라틴어인 '메멘토 모리'라는 인사를 나눴다고 한다. 수도원 밖 사람들이 들을 때는 자못 께름칙한 인사말이지만 죽음의 공포를 전하려는 의도는 없었다. 죽음은 누구나 겪는 일이니 두려움을 갖지 말고, 언젠가는 죽는다는 사실을 인정하고, 늘 최선을 다해 살라는 지혜의 인사말이었다. 죽음은 오랜 세월 삶의 대척점이자 터부시되는 대상이었다. 그래서 사람들에게 죽음은 피하고 싶은 주제였다. 생명을 연장시키는 의학기술이 발달해 백세 시대가 열렸다고들 하지만, 죽는 순간에 대한 공포는 여전하다. 죽음을 맞이하는 태도 역시 크게 달라지지 않았다. 사람들의 관심은 이제 '오래 사는 것'으로부터 '잘 죽는 것(well-dying)'으로 생각이 바뀌고 있다. 생물학적 죽음은 누구에게나 공평하다. 하지만 사회학적 차원에서 바라보는 죽음은 그 의미가 다르다.

죽음에 대한 기록은 우리에게 무엇이 중요하고, 어떻게 살아야 하는지에 대한 삶의 가치와 규범을 가르쳐준다. 오늘날 자주 이야기하는 잘 죽는 방법이기도 하다.

부고 기사는 개인의 역사에 대한 기념과 연대기를 보여주는 동시에 사회가치와 시대정신을 반영한다. 부고는 과거와 현재, 사적인 것과 공적인 것을 하나로 묶는 집단기억 행위이다. 부고는 기억할 만한 사회적 가치가 있는 내용을 보여주는 '작은 창문(small window)'이자, 특별한 역사적 순간을 개인의 삶과 연결해 해석하는 '죽음의 사회학'(이완수, 2017)이다.

좋은 콘텐츠의 집합, 잡지

잡지(雜誌, Magazine)는 다양한 이슈와 주제를 담아내는 지식창고로 역사와 문화 가치를 전달, 기록, 보존하는 중요한 수단 중의 하나이다.

잡지는 사상과 의견, 그리고 정보를 공개적으로 교환하고 토론할 수 있는 공개시장의 역할을 한다. 특히 잡지는 그 다양성 때문에 다른 매체에 비해 적은 비용으로 토론장과 교환시장을 제공한다. 잡지는 대중계몽의 역할을 한다. 잡지는 사회의 쟁점과 문제점을 선구적으로 파고든다. 흑백 인종차별 문제, 풍요 속 절대 빈곤의 문제, 월남전, 정치인의 부패 등을 활발하게 다루고 문제를 제기해 왔던 매체가 잡지이다. 잡지는 오랫동안 대중문화의 선구자요 전달자의 역할을 담당해 왔다. 패션 잡지는 한 시대의 유행을 리드하고, 라이프스타일 잡지는 사람들의 삶의 방식을 변화시키고 있다. 또한, 대중 연예 잡지는 연예산업의 확산에 지대한 공헌을 하였다. 잡지는 광범위한 오락거리를 제공해 준다. 잡지에는 심층적인 정보와 읽을거리가 풍부하지만, 이에 못지않은 가십, 연예계 뒷이야기, 사진 · 화보 등을 통해 여가를 즐길 수 있는 흥밋거리를 다양하게 제공한다. 잡지는 하루하루의 일상생활을 도와주는 지도자가 된다. 잡지는 보다 좋은 요리를 준비하는 것을 도와주는가 하면, 복잡한 도시생활에 대처하는 방법을 알려주기도 한다. 식당에서 와인을 주문하는 방법을 알려주는가 하면 안락한 휴가를 위해서 찾아갈 만한 곳을 소개해주기도 한다.

잡지는 생활밀착형 미디어로 볼거리 다양화에 기여한다. 잡지는 일상생활의 다방면을 다루는 생활밀착형 미디어로 현대인에게 다양한 볼거리를 제공하며 풍요로운 여가생활에 기여한다. 신문의 '신속성', 오락 및 영상매체의 '흥미성', 책의 '심층성' 등을 고루 갖춘 양질의 여가선용 미디어로 가치가 높다고 하겠다.

잡지는 원천 문화콘텐츠의 핵심 공급원이다. 잡지는 '뉴스'와 '서적'의 중간 형태로 문화예술 전문콘텐츠를 특화하여 공급하며 전문화된 사회의 지식, 문화콘텐츠 수요를 충족한다. 잡지는 방송, 유·무선 인터넷, 신문에 비해 훨씬 더 많은 양의 전문정보를 전달해 학습, 성찰, 창의적 사고의 기회를 제공한다. 잡지의 다양한 전문 정보는 전문사회의 지적 욕구와 발전 욕구를 충족시키는 데 기여한다. 잡지는 심도 있는 정보와 논평, 전문성, 감각적인 디자인과 감성 등 인터넷은 물론 신문이나 방송이 따라올 수 없는 고유의 문화적 기능과 장점을 지닌 매체이다.

잡지는 해당 분야의 전문가 및 동호인들이 정보를 공유하는 거점으로서 새로운 지식의 유통과 검증, 축적이 이뤄지는 매체이다. 잡지는 사회의 다양한 분야의 정보를 깊이 있게 담는 국가 지성의 척도로 국가 브랜드를 고양하는 중요한 수단이다. 과학지 〈네이처〉, 〈사이언스〉, 시사지 〈타임〉, 경제지 〈이코노미스트〉, 사진잡지 〈내셔널지오그래픽〉, 여성지 〈엘르〉 등은 인류의 지성과 문화를 대표하며 발행국의 이미지를 제고한다.

최근 독립잡지들이 젊은 세대의 주목을 받고 있다. 좁고 깊게 취향을 다루는 라이프스타일 독립잡지 〈컨셉진〉, 〈부엌〉, 〈브리크〉, 〈툴즈〉, 〈어반라이크〉, 〈볼드저널〉 등이 인기를 끌고 있고,

〈보스토크〉, 〈매거진 B〉, 〈모노클〉, 〈프리즘오브〉, 〈킨포크〉 등 고품질 독립잡지들도 매니아 독자층을 형성하고 있다. 독립잡지는 단행본 출판물의 제작과 같이 소수 전문가들이 협업적 창조성을 집중해 만들고 있다.

독립잡지는 개인 혹은 소수의 마니아 그룹이 중심이 되어 발간되기 시작하여, 2010년 이후 창간이 증가하는 추세(2010~2019년 273종 창간)이다. 동일한 관심사와 가치 등에 따라 정보를 공유하고, 지역 기반의 로컬 잡지와 온·오프라인 커뮤니티 형성 발달로 독자층을 확대하고 있다. 또한, 1인 크리에이터의 등용문 역할을 하기도 한다. 제주의 대표적인 독립잡지인 〈매거진 iiin〉은 '제주'를 이야기하는 창작자의 플랫폼 〈제주상회〉가 발행하는 잡지로, 잡지 이외에도 제주 라이프스타일 디자인 브랜드 '수윔제주'와 제주 로컬푸드 및 굿즈 편집숍 '인스토어'를 함께 운영하며 온-오프라인 커뮤니티를 연결하고 있다.

독립잡지는 잡지 판매 외 외주 업무(잡지 제작, 콘텐츠 기획 등), 교육/강연, 식음료나 굿즈 판매 등을 병행한다. 잡지 판매만으로는 운영이 어려워 부업형태로 이렇게 다양한 부대사업을 수행하는 잡지도 있지만, 본인들의 독립잡지를 더욱 어필하고 독자들에게 확실하게 다가가기 위해 다양한 관련 사업을 병행하는 잡지사들이 많다. 해외에서는 〈모노클〉, 〈킨포크〉, 〈시리얼〉, 〈뉴 필로소퍼〉 등이, 국내에서는 〈매거진 B〉, 〈볼드저널〉, 〈보스토크〉, 〈딴짓〉, 〈매거진 iiin〉, 〈포포포 매거진〉 등이 대표적 사례이다.

물론 국내에서는 독립잡지가 제대로 성장하기엔 아직은 한계가 있다. 정기간행물진흥법상 잡지 정의에 부합하지 않는 경우(발행주기, 동일제호 등) 정부 지원에서 소외된다. 지속 가능한 발행이 평균 2년 정도로 주기가 짧고, 판매량이 적은 독립잡지는 대형서점 유통 부담, 판매량 대비 배송비 부담을 떠안게 된다.

그럼에도 불구하고 독립잡지들은 각자 독특한 콘텐츠로 무장하고, 새로운 비즈니스 모델을 개발하며 점차 잡지분야에서 주목받는 대상으로 부각하고 있다. 일례로 2015년 창간한 계간지 〈아침(Achim)〉은 신문 사이즈와 비슷한 커다란 종이 한 장을 여러 섹션으로 나눠 콘텐츠를 실었다. 종이잡지 자체가 하나의 브랜드가

▶ 동서양의 대표적인 독립잡지들 ; 〈모노클〉, 〈킨포크〉, 〈매거진 B〉, 〈볼드저널〉

되어 제품을 만들고 판매한다. 자사에서 직접 운영하는 온드미디어(have-achim.com)를 통해 잡지는 물론이고 수제 비건 그래놀라, 패브릭 포스터, 신진 작가의 도예작품, 캘린더, 시리얼북 등을 만나볼 수 있다.

부동산중개플랫폼 직방과 독립잡지 〈볼드저널〉이 함께 만드는 〈디렉토리〉는 2019년 1월 창간되었다. 원룸, 투룸, 오피스텔, 빌라, 소형아파트 등에 거주하는 1~2인 가구의 라이프스타일을 다루는 이 잡지는 주거 지역, 집 구조, 면적, 가격을 소개하고 거주자 인터뷰로 타인의 삶과 주거 형태를 보여준다. 집을 '부동산'이 아니라 '주거'의 관점에서 보기 때문에 타인의 교류나 새로운 경험에 대한 이야기가 주를 이룬다.

글로벌한 영향력을 갖고 자기 정체성을 구축한 브랜드를 한 호에 하나씩 통째로 소개하는 잡지 〈매거진 B〉는 '브랜드'와 '밸런스'의 앞글자를 땄다. 광고 하나 없이 균형 잡힌 레이아웃, 뚜렷한 메시지를 보여주는 이 잡지는 네이버 최연소 임원 출신으로 최근 카카오 공동대표직을 내려놓은 크리에이티브 디렉터 조수용 발행인이 만든 것으로 유명하다. 2011년 11월 창간호에서는 프라이탁을 다뤘고 그 뒤 뉴발란스, 라미, 러쉬, 스타우브, 레이밴, 화요, 펭귄북스, 이솝, 구글, 하겐다즈, 넷플릭스, 인스타그램, 샤넬, 몽블랑 등 세계 유수의 브랜드를 집중적으로 다뤄 소장하고 소유하고 싶은 잡지의 대명사가 되었다.

〈매거진 B〉의 신화는 여기서 멈추지 않고, 배달 플랫폼 '배달의 민족'과 함께 만든 푸드 다큐멘터리 잡지인 〈매거진 F〉의 창간으로 이어진다. 이 잡지는 인류의 식문화에 유의미한 영향을 미치고 있는 식재료와 음식 이야기를 중점으로 소개한다. 2021년 12월호 '위스키' 편에는 배민 창업자 김봉진 의장과 조수용 발행인의 대담기사를 집중적으로 다루기도 했다.

유니클로가 펴내는 〈라이프웨어 매거진〉은 1년에 두 번 발간된다. 이 잡지는 세련되고 트렌디한 감각을 가진 도시 남성의 '꾸안꾸'(꾸민 듯 안 꾸민 듯한) 패션, '시티 보이' 스타일을 유행시킨 일본 패션잡지 〈뽀빠이〉의 전 편집장인 기노시타 다카히로가 글로벌 크리에이티브 디렉터로 합류한 것으로 유명하다.

이렇듯 독립잡지나 브랜드 매거진을 중심으로 MZ세대들을 독자층으로 확보한 사례들은 잡지산업의 미래 지속성에 중요한 시사점을 제공한다. 디지털 네이티브로 알려진 MZ세대들이 여전히 아날로그 매체인 잡지의 독자로 정착할 가능성이 있기 때문이다. 대표적인 사례가 〈매거진 B〉로, 이 잡지는 MZ세대들이 마니아층을 형성하고 있는데, '인싸'는 〈매거진 B〉를 3권 이상 보유하는 특성을 보인다. 온라인 공동체 등을 통해 독자와 쉽게 연결되는 상황에서는 유통의 힘보다 콘텐츠 가치가 더 중요함을 알 수 있다. 내 취향에 맞춤한 질 높은 잡지가 있다는 사실을 알기만 하면 독자들은 온라인서점이나 독립서점 등을 통해 어떻게든 잡지를 찾아내고, 주변에 알리는 마케터 역할까지 기꺼이 수행하는 것이다.

2. 재미 · 행복 콘텐츠

재미와 즐거움을 주는 콘텐츠

근대는 이성적 패러다임과 호모사피엔스의 인간관이 그 중심에 있었다면 탈근대에는 감성적 패러다임과 호모루덴스의 인간관이 자리잡게 되었다. 이러한 변화는 기술 변화, 미디어의 변화와 맞물려 콘텐츠를 이 시대의 가장 핵심적인 놀이이자 대중문화의 중심에 서게 하였다.

기술이 급격하게 변화하고 이에 따라 다양한 미디어가 출현하면서, 그 미디어에 담겨 우리가 향유할 수 있는 다양한 콘텐츠들이 등장하게 되었다. 문화 또는 예술이 일상의 삶과 괴리되었던 근대와는 달리 이 시대에 이르러 미디어에 담겨 유통되는 콘텐츠는 일반 대중들이 향유하는 가장 핵심적인 문화가 되었다. 나아가 이러한 문화적 기능을 가진 콘텐츠들이 대중들의 일상의 삶 속에 폭넓게 확산되면서 이 시대 대중문화의 요체가 되었다. 우리는 텔레비전뿐 아니라 각종의 모바일 기기를 통해 이러한 콘텐츠를 일상적으로 향유하고, 소비하고 있다. 이런 면에서 볼 때 지금의 콘텐츠는 예전 공동체의 참여적 놀이의 형태는 아니지만 이미 이 시대의 놀이로 확고하게 자리잡게 되었음을 보여준다.

이 시대의 놀이이자 대중문화의 요체인 콘텐츠는 기본적으로 대중을 향해 열려 있어야 한다. 콘텐츠가 대중을 향해 열려 있어야 한다는 것은 대중이 선호하는 콘텐츠여야 한다는 점을 뜻한다. 대중이 선호하는 콘텐츠란 결국 그 콘텐츠가 지닌 재미와 즐거움에서부터 시작된다고 할 수 있기 때문이다. 이에 재미와 즐거움은 이 시대 콘텐츠의 우수성을 보장하는 핵심적 요소다. 근대적 예술의 우수성이 표현 형식의 우수성이었다고 한다면, 이 시대의 콘텐츠의 우수성은 재미와 즐거움으로 대체되고 있는 것이다(박상천, 2012).

콘텐츠의 향유가 우리에게 즐거움을 주는 가장 핵심적인 이유는 바로 놀이적 특성에 있다고 할 수 있다. 가령 영화, 드라마, 애니메이션, 게임과 같은 콘텐츠는 사실 우리를 현실에서 벗어나 또 다른 특별한 세계로 이끌어 들인다. 우리는 이러한 콘텐츠를 향유하는 동안 현실과는 다른 세계를 경험하는 놀이에 참여하고 있는 셈이다. 물론 콘텐츠가 미디어라는 한정된 틀 속에 갇혀 있어, 공동체 참여라는 놀이가 지닌 특성을 많이 상실한 것은 사실이지만 콘텐츠는 현대인의 핵심적인 놀이 유형이자 범주임에는 틀림없다. 그러므로 콘텐츠 향유가 가져오는 즐거움의 핵심 이유는 그것이 가진 놀이적 특성이라고 보는 것이 타당하다.

스낵컬처 시대, 콘텐츠 스낵

2007년 미국 트렌드 매거진 〈Wired〉는 빠르고 간편한 것을 선호하는 현대인들의 욕구에 맞추어 변화하는 문화예술소비 경향에 주목하였다. 그리고 분명히 존재하지만 아직 명명되지 않은 이 경향성에 '스낵컬처(snack culture)'라는 이름을 처음 부여하였다. 이후 스낵컬처는 SPA브랜드(Specialty store retailer of Private label Apparel Brand), 패스트푸드, 전자 도서 등을 포괄하는 개념으로 이해되며 세계적 현상으로 퍼져나갔다.

스낵컬처는 '스낵처럼 짧은 시간에 간편하게 즐기는 문화'라는 의미로 IT, 패션, 음식, 방송 등 사회 각 분야에 걸쳐 나타나고 있다. 문화예술소비면에서는 대중화된 스마트기기를 활용하여 콘텐츠를 소비하는 모습을, 여가문화면에서는 자투리 시간을 활용하여 쉽고 편하게 여가를 즐기는 모습을 일컫는다.

스낵컬처가 급속도로 적용된 분야는 단연 미디어이다. 모바일 기기의 대중화와 바쁘고 빨라진 현대인들의 라이프스타일이 중요한 동력으로 작용했다. 모바일 기기는 사람들이 시간과 장소에 구애 없이 인터넷에 접속하는 것을 가능하게 해주었다. 바빠서 미처 보지 못한 뉴스, 드라마, 예능 프로그램 등을 출퇴근 시간이나 점심시간에 볼 수 있게 되었다는 말이다. 웹 · 모바일 영상콘텐츠 제공자들은 이러한 변화에 맞추어 10~15분 안팎의 핵심영상만 제공하기 시작했고, 사람들은 점차 짧은 콘텐츠, 즉 스낵컬처에 익숙해지기 시작했다. 스낵컬처에 대한 사람들의 선호가 높아질수록, 관련 시장은 확대되었고, 시장이 확대될수록 더욱 많은 소비자들이 양산되었다. 이렇듯 스낵컬처의 부상은 기술의 발전과 현대인들의 욕구가 선순환 구조를 이루며 발생한 현상이다.

스마트폰의 대중화 외에 스낵컬처 성장의 또 다른 자양분은 '짧은 콘텐츠에 대한 현대인의 욕구'가 자리한다. 바쁜 현대인에게 자투리 시간에 볼 수 있는 짧은 콘텐츠는 매력적으로 다가왔고, 그 장르가 예능, 교육, 시사 등으로 확장됨에 따라 콘텐츠 소비 욕구 또한 증가하게 되었다. 스마트폰 주 이용 목적을 보면, SNS, 동영상 시청, 음악 청취 등 비교적 짧은 콘텐츠에 대한 이용 목적은 증가하는 반면, 통화, 문자 등 전통적 기능은 약화되고 있다. 스낵컬처의 성장은 기술 발전 못지않게 짧은 콘텐츠에 대한 현대인의 욕구 또한 중요하게 작용한 것이다.

스낵컬처의 유형은 뉴스 큐레이션, 하이라이트만 잘라 놓은 온라인 동영상, 앨범이 아닌 개별 음악 단위의 대중음악 등 다양하다.

방송에서 스낵컬처 바람은 주로 아이템과 진행 형식의 변화에 영향을 주었다. 리얼 예능의 등장과 성장, 일상적인 가벼운 주제 등으로의 전환이 바로 그것이다. 주제와 메시지가 가벼워지고, 미리 설계된 구성이 있다고는 해도 먹고, 놀고, 여행하고, 요리하는 등의 자연스러운 진행과 진솔하게 이야기하는 방식으로 구성하는 것이 주요한 흐름이 되었다. 대표적인 스낵컬처와 방송의 컬래버레이션이라고 하면, 단연코 웹툰일 것이다. 〈미생〉, 〈마음의 소리〉, 〈이태원 클라쓰〉, 〈여신강림〉, 〈고백부부〉, 〈모범택시〉, 〈나빌레라〉 등은 지상파와 종합편성채널, tvN 등에서 TV로 미디어 믹스되었다.

〈지식채널e〉는 매우 성공적인 방송콘텐츠이자 스낵컬처 특성을 가진 콘텐츠이다. 기존의 웹 콘텐츠 장르와 다르면서도 독특한 형태를 가진 〈지식채널e〉는 2005년 9월부터 지금까지 EBS에서 방송하는 장수 프로그램으로 EBS 홈페이지와 유튜브 채널에서 무료로 볼 수 있다. 5분 남짓한 〈지식채널e〉의 형식은 독보적이고 획기적이었다. 〈지식채널e〉는 분량과 형식은 짧고 단순하지만 가볍지는 않다. 그 시작부터 〈매일10분영어〉, 〈한입토익〉, 〈세상의 모든 법칙〉, 〈자이언트 펭TV〉, 〈뇌가 젊어지는 체조〉, 〈가만히10분 멍TV〉 등 EBS의 독창적인 쇼트폼 방송콘텐츠는 지속적으로 시도되고 있다. 특히 〈자이언트 펭 TV〉는 스낵컬처 트렌드를 적확하게 반영해 기획되고 제작된 콘텐츠이다. 방송과 유튜브 채널에 같이 공개하는데, 유튜브 채널에서 더 큰 사랑을 받고 있다. 특히, MZ세대를 포함하여 많은 사람들에게 위안과 감동을 주는 '남극에서 온 스타 크리에이터, 펭수'가 온라인 콘텐츠를 통하여 탄생한 것이다.

바쁘고 복잡한 사회에서 모바일 활용은 더욱 증가되고, 스낵컬처 트렌드는 계속될 것이다.

숏폼 동영상의 미학

스마트미디어는 동시다발적으로 콘텐츠를 생산 · 유통함으로써 미디어 수용자의 이용패턴을 새롭게 구축하고 있다. 미디어 수용자들도 경제적 부담 없이 콘텐츠를 이용할 뿐만 아니라 다양하면서도 유용한 콘텐츠를 얻기 때문에 만족감이 높다. 이런 스마트미디어 콘텐츠 가운데 짧은 동영상이 수용자의 많은 주목을 받고 있다.

긴 동영상을 소비하기 부담스러운 바쁜 현대인들의 콘텐츠 소비 라이프스타일과 맞물려서 짧게는 15초부터 길게는 10분 내외 숏폼(short-form) 형태의 동영상 소비가 증가하고 있다. 이런 미디어 변화에 따라 최근 '짧은 동영상'인 숏폼 동영상을 쉽게 제작 · 공유 · 유통할 수 있는 SNS 플랫폼들이 주목받게 되었다.

짧은 동영상 플랫폼은 인터넷 기술과 모바일 기기 단말기에 의존해 동영상을 스트리밍하는 애플리케이션으로 접근하면서, 초단위로 빠르게 촬영하고 편집할 수 있는 동영상 플랫폼 기능으로 인해서 소통의 대표적 플랫폼 서비스이다.

대표적인 SNS 숏폼 동영상 플랫폼이 바로 틱톡(Tiktok)이다. 틱톡의 글로벌 유저수는 코로나19 팬데믹 와중에도 20억 명을 넘어설 정도로 인기를 끌었고, 국내에서도 한국인이 많이 사용하는 동영상 플랫폼인 유튜브 다음 동영상 플랫폼으로 자리잡았다.

틱톡은 15초라는 제한된 시간 안에 사용자들의 흥미를 끌 만한 영상을 다양한 배경음악과 편집 기능으로 꾸며 올리면 사용자끼리 '좋아요'와 '댓글'을 달아 소통하는 방식으로 유튜브에 비해 가입이 쉽고 인터페이스도 간편하다. 10대부터 시작된 틱톡의 인기는 자기표현에 능숙하고 최근 마케팅의 핵심 타깃인 MZ세대까지 사용층이 확대되었다.

틱톡이 국내에서 빠르게 성장한 계기는 성공적 챌린지 캠페인의 등장에 있다. 틱톡 챌린지 캠페인이란 '브랜드나 인플루언서가 뮤직과 함께 춤과 제스처를 시범으로 보여주고 해시태그와 함께 사용자들에게 참여를 유도하는 행위'를 의미한다. 지코의 '아무노래' 챌린지는 틱톡 챌린지 캠페인의 가장 대표적인 사례이다. 지코의 '아무노래'에 맞춰 춤을 추고 영상을 올리는 챌린지로, 가수 청하와 이효리, 다수의 유튜버들이 참여하고, 일반인과 가족들까지 자발적으로 참여하는 대국민 챌린지가 되었다. 그 결과 누적 조회수는 8억 회에 이르렀다.

틱톡 챌린지가 인기를 끌자 공공기관과 기업들도 틱톡을 적극 활용했다. 코로나 극복을 위한 대한민국 동행세일 챌린지인

▶ 가수 지코의 '아무노래' 챌린지에 참여한 모습 (홈페이지 갈무리)

#동행나비챌린지는 박지성, 박찬호 등 많은 유명인들이 참여했고 참여수는 4천여 개에 달하며 누적조회수는 920만을 기록했다. 현대자동차는 방탄소년단과 함께 글로벌 수소 관심 제고를 위해 틱톡에 '수소메시지' 영상과 '#PositiveEnergy(선한 에너지) 챌린지'를 진행하여 많은 언론의 주목을 받았다. 이렇게 틱톡은 참여 기반의 SNS 숏폼 동영상플랫폼으로 최근 가장 주목받고 있다.

짧은 동영상은 이용자 간의 능동적인 상호작용 커뮤니케이션 형식과 다양한 콘텐츠를 생산 · 전달하는 SNS의 매체특성상 필연적으로 다수의 수용자들을 확보할 수박에 없다. 실제로 짧은 동영상을 통해서 대다수 수용자들은 특정한 정보나 지식을 얻을 뿐만 아니라 타인에게 자신을 표현하고 댓글반응 등을 통해 소통이나 사교활동을 수행한다. 이런 속성으로 인해 짧은 동영상은 공유, 소통 등 양방향 커뮤니케이션을 실현하는 대표적 매체로 자리 잡아가고 있다.

짧은 동영상 소비는 스마트기기를 통해 수용자가 직접 영상을 찾아보고 공유하는 등 능동적 행위로 이루어진다. 특히 새로운 기술력에 입각한 짧은 동영상 이용은 수용자들의 공유 · 확산 · 추천 등과 같이 콘텐츠와 다양한 형태로 연결되는데, 이는 매우 자발적이고 능동적인 목적을 가지고 이루어진다.

틱톡은 도시인들이 바쁜 일상생활에 적응하기 위해 요구하는 정보들을 세밀하게 분석하고 이를 반영한 동영상이나 문자, 음악 등을 조합한 콘텐츠를 개발하여 활용한다. 대표적인 사례가 게임, 도전 등과 관련한 서바이벌 콘텐츠 영역으로 틱톡을 이용하는 직장인들은 복잡한 도시에서 바쁘게 생활하면서 틱톡의 서바이벌 콘텐츠를 이용함으로써 자기만의 시간을 갖거나 스트레스 등 감성적 욕구를 해소한다.

틱톡은 이용자들의 자기표현과 대인관계 확장을 도모하는 콘텐츠 개발에도 관심을 기울인다. 틱톡은 짧은 동영상의 참여성, 전달의 신속성, 상호작용성, 개방성 등과 같은 특성을 적극 활용하여 콘텐츠를 제공한다. 예컨대, 영상만을 제공하는 기존 짧은 동영상 앱과 달리 AI 기술을 통해 이용자 개개인의 데이터를 분석한 후 이를 통해 욕구를 세분화하여 개개인들에게 필요한 영상을 추천해주는 개인화 맞춤형 추천서비스를 제공한다. 틱톡 이용자들은 스스로 제작한 짧은 동영상을 다양한 SNS에 올릴 수 있으며 이를 통해 다른 이용자들과 소통하고 공유하기도 한다. 많은 스타나 유명인들의 동영상 게시를 통해 이용자들은 스타와의 동질감 및 공감대 형성 등 심리적 만족감을 얻기도 한다.

음악 축제(페스티벌)와 일탈

현대인은 고도로 산업화된 사회 속에서 물질적인 풍요로움을 누리지만 동시에 소외와 무력감에 빠져 일상을 살아가는 경우가 많다. 매일 반복되는 지루한 일상생활로부터 해방을 꿈꾸며 순간의 일탈 후 다시 일상으로의 복귀를 원하기도 한다. 그렇기에 반복적인 일상을 살아가는 사람들은 잠시나마 일탈을 느끼기 위해 취미생활을 즐기고, 휴가 기간에는 여행을 떠나는 등 다양한 활동을 한다. 그중 축제는 일탈성을 가장 강하게 체험할 수 있는 곳이라 할 수 있다.

축제에서는 일상에서 경험하지 못했던 것들을 경험할 수 있을 뿐 아니라, 평소 사회적 규칙이나 타인의 시선 때문에 하지 못했던 행위들도 가능하기 때문이다. 축제가 현대인들에게 중요한 의미를 가지는 이유는 축제는 단순히 사람들의 체험 욕구를 만족시키기 위한 세속적 활동에서 그치는 것이 아니라, 사람들이 일상생활에서 느낄 수밖에 없는 스트레스를 극복하고, 진정한 자신의 모습을 회복할 수 있는 하나의 수단이며, 전복과 일탈을 통해 새로운 삶을 경험하거나 개인의 자유를 만끽하면서도 집단의 광기를 아우를 수 있는 기회를 제공하기 때문이다(김규원, 2005). 특히, 여가생활이 제대로 자리잡지 못한 한국인들의 삶에서 축제에 참여하는 것은 저렴한 비용으로 사람들과 다양한 경험을 공유하고 체험하면서 사회적 가치를 실현하는 기회가 될 수 있다(류정아, 2012). 그 때문에 축제는 일상을 살아가는 사람들에게 잠시나마 일탈의 기회를 제공하여 삶의 활력을 충족시켜 줄 수 있다.

본질적으로 축제는 인간적 한계를 딛고 일어서려는 의지이자 신성한 힘에 대한 염원의 표현으로, 일상적 상태에서 허용되지 않는 것들을 하게 하거나 엄청난 힘을 발휘하는 것이 축제이다(류정아, 2012). 또한 축제는 일상의 모습을 초월하여 지금까지 지탱되어 오던 통념이나 일반적인 가치관을 뒤엎는 것을 전제로 한다. 이처럼 축제에서는 인간의 창의성, 자율성, 또는 억눌려 있던 폭력성과 욕망이 과감하게 표출되면서, 사회적 억압에 대항하는 난장트기와 놀이의 형식으로 일탈성이 강하게 표출된다.

많은 규칙과 제도가 존재하는 도시에서 축제는 잠시나마 일탈을 허용하기 때문에 특별한 의미를 갖는다. 도시축제는 일반적으로 대도시와 중소도시를 무대로 벌어지고 있는 축제이며, 박람회, 페스티벌, 카니발 등의 이름이 붙은 축제들이 이에 해당한다. 이들은 시가지, 광장, 공공시설, 가설무대, 운동장 등과 같은 시설을 중심으로 퍼레이드, 콘테스트 등을 행한다. 이러한 비일상적인 시공간에서 체험하는 카오스적 해방감과 희열감, 도취감이 도시축제의 최대 매력이 될 수 있다(정명희, 2003).

한편, 우리나라가 점차 소비지향적인 생활양식을 보이면서 공연예술에 대한 관심이 커지기 시작했고 특히 대중음악 페스티벌에 대한 관심이 증대되기 시작했다. 과거에 페스티벌이라고 함은 음악적인 지식이 많거나 특정 음악 장르에 최적화된 마니아들이 가는 곳이라고 여겨졌다면, 오늘날에는 특정 음악에 대한 지식 없이 누구나 참여할 수 있다는 인식이 보편화되면서 페스티벌을 구매하고 관람하려는 소비자들이 계속해서 늘어나고 있다.

음악은 인류 역사에서 별다른 숙련 없이 서로 간에 정서적 공감대를 손쉽게 불러일으킬 수 있는 초보적인 매체이다. 그래서 음악축제는 음악을 제공하는 사람들과 제공받는 사람들이 어우러져 상호작용을 하는 곳임과 동시에, 연주로 대변되는 놀이와 행동을 통해 원초적인 두려움을 극복하고 즐거움을 가지려는 의지가 담겨 있다는 점에서 일상의 날들과 구분되며, 엄격한 특수성과 진정한 자유가 공존하는 곳이다(임채홍, 2013).

대중음악축제는 인간의 유희적 욕구를 채워주며 공통된 관심사를 가진 사람들과의 음악적 공동체를 형성하는 기회를 제공한다. 특히 1960년대부터 록(rock) 음악이 전 세계적인 영향력을 미치면서 미국과 유럽지역에서 록 음악을 중심으로 대중음악축제가 시작되어 30년 이상의 전통을 갖고 있으며, 주로 민간 자본으로 운영되어 지역사회에 경제적, 문화적으로 영향력을 행사하면서 시장규모가 꾸준히 증가하고 있는 추세이다. 다양한 대중음악축제의 개최는 경제적 가치를 창출하고 지역 경제 활성화에 기여한다.

대중음악축제는 대부분 유료 공연으로 며칠간 지속적으로 열리는 것이 일반적인 형태이며, 다양한 음악과 아티스트들을 경험하기 위해 캠핑을 하면서 장기적으로 공연을 관람하고 파티스테이지를 통한 심야 댄스파티를 여는 등의 문화가 자리 잡고 있다.

대중음악 페스티벌 붐을 일으킨 주요 페스티벌은 모두 수도권에서 시작했다. 펜타포트 록 페스티벌은 인천에서 열리고, 지산밸리 록 페스티벌은 경기도 이천에서 열렸으며, 자라섬재즈페스티벌은 경기도 가평에서 열린다. 서울재즈페스티벌과 그랜드민트페스티벌은 서울에서 열린다. 아직도 대중음악 페스티벌 가운데 절반가량은 수도권에서 열린다. 하지만 대중음악 페스티벌은 전국의 주요 거점 도시로 꾸준히 넓어졌다. 대중음악 페스티벌이 열리지 않는 도나 광역시는 하나도 없을 만큼 대중음악 페스티벌은 늘어났다. 예전에는 수도권 밖에 사는 이들이 대중음악 페스티벌 때문에 일부러 수도권으로 향했다면, 이제는 수도권에 사는 이들이 페스티벌을 보기 위해 다른 지역으로 가는 경우가 늘어가는 추세다.

최근 대중음악 페스티벌들은 특정 장르에 집중하는 방식으로 자신들을 특성화하는 편이다. 2000년대 초반에는 록 페스티벌이 강세였는데, 이제는 일렉트로닉 페스티벌로 트렌드가 바뀌었다. 다수의 대중음악 페스티벌은 명칭에서부터 록, 월드뮤직, 일렉트로닉, 재즈, 포크, 힙합 등의 장르를 명기함으로써 정체성을 분명히 한다. 장르를 뒤섞은 종합 선물 세트 같은 페스티벌보다 특정 장르만으로 한정한 페스티벌이 더 많아지는 현상은 장르를 한정해도 흥행할 수 있을 만큼 한국 대중음악 시장이 성장·분화했고, 오히려 타깃을 명확하게 하는 편이 특정 장르 마니아를 집중적으로 끌어 흥행할 수 있기 때문으로 보인다.

성공한 대중음악 페스티벌 중에는 지역의 남다른 분위기와 콘텐츠를 효과적으로 결합하고 활용한 페스티벌이 있다. 경기도 가평에서 열리는 자라섬재즈페스티벌은 자라섬의 분위기만을 선사하는 데 그치지 않았다. 자라섬 와인을 개발하고, 가평 잣, 한우 등을 연결해 가평의 매력을 더 많이 즐길 수 있게 해서 실질적인 경제 효과까지 창출했다. 그 결과 가평은 더욱 친근한 관광지가 되었고, 여러 음악 페스티벌이 계속 열리는 지역으로 거듭났다.

많은 이들은 음악 때문이 아니라 다른 경험을 하기 위해 대중음악 페스티벌에 온다. 그 경험은 자신이 사는 지역을 벗어나는 경험, 일상에서 만나지 못한 시공간을 체험하는 경험, 평소의 자신과 다른 자신을 전시할 수 있는 경험이다. 그랜드민트페스티벌, 자라섬재즈페스티벌, 서울재즈페스티벌 같은 대형 야외 피크닉형 페스티벌이 성공한 이유이며, 글로벌 개더링을 비롯한 대형 EDM 페스티벌이 성공한 이유이기도 하다. 그들에게 대중음악 페스티벌은 근사한 음악이 BGM으로 흐르는 소풍 같은 체험의 장이다. 그 체험을 다른 이들과 나누고, 추억을 축적한 자신을 소셜 미디어에 전시할 수 있는 최고의 기회이다. 그들에게 중요한 것은 음악이나 출연진이 아니라 분위기이며 경험과 자기 전시이다.

대중음악 페스티벌은 수많은 뮤지션을 한꺼번에 만날 수 있는 장이고, 몰랐던 뮤지션을 만날 수 있게 돕는 길라잡이이다. 음악 팬들이 한데 모이는 교감의 한마당이며, 대규모 수익을 발생시키는 상품이다. 음반과 음원 수입으로 생활하기 어려워진 현실에서 공연시장을 대표하는 뮤지션들의 수익 구조이고, 라이프스타일을 살찌우는 특별한 체험이다. 지역을 새롭게 브랜딩할 수 있는 기회이기도 하다. 특히 듣는 음악에서 보는 음악으로, 보는 음악에서 느끼는 음악으로 음악을 소비하는 패턴이 바뀐 상황에서 대중음악 페스티벌의 가능성과 중요성은 더욱 커진다.

방탄소년단과 블랙핑크를 비롯한 케이팝 뮤지션들의 명성이 세계적으로 꾸준히 높아지고, 색다른 체험을 위해 전국 어디든 기꺼이 찾아가는 이들이 늘어나고 있으며, 60여 개 규모의 대중음악 페스티벌이 열리고, 내한 공연이 일상화되었으며, 나훈아의 공연 티켓이 순식간에 매진되는 모습은 지역·세대·젠더를 막론하고 자신의 음악 취향과 삶의 즐거움을 채우기 위해 시간과 돈을 쓸 준비가 된 이들이 적지 않음을 보여준다.

도시에서 열리는 축제는 과거의 축제와 다른 양상을 보이고 있다. 기존의 축제가 지역사회의 유무형의 문화유산을 바탕으로 지역축제로 발전하고 제의적, 의례적 기능이 강했다면, 오늘날 축제는 인간의 유희적 기능을 더욱 중시하고 있고, 전통적인 농경사회나 지역의 문화유산과 연계나 개연성이 없이 도시라는 주거 환경 속에서 새롭게 만들어지는 축제들도 많다. 다양한 예술축제를 비롯해 도시축제에 있어 유희성과 일탈성은 점점 강조되고 있는 것이 현실이다(한덕택, 2016). 즉, 전통이나 고유의 역사적 자원이 거의 사라진 도시에서 개최되는 축제는 역사적·전통적 유래에서 출발하기보다는 도시를 홍보하거나 시민들에게 다양한 즐길 거리, 문화적 향유를 위해 인위적으로 개최되는 경우가 많은 것이다.

▶ 축제는 행복한 일탈을 제공하는 행복콘텐츠 (픽사베이 제공)

그렇기 때문에 전통적인 축제에서 나타나는 일탈성과 현재 도시에서 개최되는 축제의 일탈성은 다르게 나타날 수 있다. 그렇지만 축제에서의 일탈성이 단순히 축제 참가자들이 얼마나 재미있게 놀고, 즐기는지에만 관심을 가지고 초점을 맞추는 것은 아니다. 축제 참가자들이 단순한 구경꾼이 아닌, 일탈의 장에 참여한다는 것은 경험을 공유하고 건강한 축제로 성장 발전하는 원동력이 될 수 있다(한덕택, 2016). 축제의 목적과 효과는 새로운 생활의 활기를 가져다주는 역할, 즉 소비적이고 일회적인 것이 아니라 결국에는 생산적이고 반복적인 것이 되어야 한다는 점에서(이정재, 2001), 잠시나마 일탈을 느끼고, 일상에 복귀할 때 삶을 의미 있게 살아가게 할 수 있는 힘이 될 수 있는 축제를 만들어야 한다.

축제는 다양한 일탈을 제공하는데, 시공간적 일탈, 행위적 일탈, 상황적 일탈 등으로 유형화된다(최언희 · 이무용, 2019).

첫째, 시공간적 일탈이다. 축제공간은 단순히 축제의 내용을 체험하는 장소의 의미를 넘어 공간 자체가 지니고 있는 비일상성을 통한 일탈의 장소이며, 안정적인 외부세계와는 다르게 일탈성이라고 하는 불안정한 상태의 행위자들이 존재하는 공간이다. 사람들이 살아가는 일상이나 혹은 삶의 공간에서 평상시 경험할 수 없는 축제의 장이 펼쳐지면 사람들은 축제에 몰입하고 일탈을 경험할 수 있게 되는 것이다. 또한, 일상에서 경험할 수 없는 것들을 축제에서 경험할 수 있기 때문에 시공간적 일탈은 축제에서 나타나는 일반적인 일탈 양상이라고 할 수 있다.

둘째, 행위적 일탈이다. 축제에서는 거리에서 춤을 추거나, 평소에는 입기 어려운 옷을 입거나, 무엇인가를 던지는 등 일상에서 하지 못하는 행위들을 할 수 있다. 이와 같은 행위적 일탈들은 전통축제에서는 제의적 목적이 강하였으나 오늘날 축제에서는 제의적 성격은 거의 사라지고 유희적 성격이 두드러지게 나타난다. 축제의 본질은 신과의 교류 혹은 만남에서 시작되는데, 祭(제사 제)는 신을 향해 고기를 올리는 모습으로, 하늘을 대상으로 무엇인가를 기원하는 의식이 축제의 기원이라 할 수 있다. 그러나 현대 축제에서는 사고와 노동의 분할, 속도와 편안함만을 추구하는 도시 공간의 확장 등으로 신과 인간이 만난다는 본질을 잃어버리게 되었으며, 행위적 일탈이 제의적 성격을 대신하게 된다. 즉 같은 행위라도 과거 사람들이 제의적 성격에서 행동했다면, 현대인들은 일탈을 즐기기 위한 목적으로 행위를 하는 것이다.

셋째, 상황적 일탈이다. 사람들은 자신들이 처한 상황에 맞추어 일상을 살아간다. 일부 사람들은 자신들의 상황에 불만을 품고 빠져나오려고 하지만, 대부분의 사람들은 자신의 상황에 적응하거나 적응해나가면서 살아간다. 하지만 축제장에서는 자신이 처한 상황에서 잠시나마 벗어나서 축제를 즐김으로써 사람들은 억압에서 벗어나 일탈을 체험할 수 있다.

건강을 챙겨주는 스포츠콘텐츠, 디지털 헬스

스마트미디어 환경의 진화에 따라 스포츠는 상품가치가 높은 콘텐츠로 급부상하고 있다. 올림픽, 월드컵 등 다양한 스포츠대회가 방송과 인터넷, 그리고 IPTV와 같은 신규미디어를 통해 중계되면서 킬러콘텐츠로서 범주를 확대하고 있다. 스포츠가 콘텐츠 상품적 가치를 구현해내는 독특한 의미를 부여받고 있는 것이다.

이에 '스포츠콘텐츠'라는 개념이 강화되면서 새로운 콘텐츠시장을 형성해가고 있다. 라디오와 TV의 초기 도입에서 방송시장을 형성시킨 요인이 스포츠 프로그램이었던 것처럼, 이제 스포츠콘텐츠는 다양한 미디어의 시장 확대와 콘텐츠 비즈니스를 결정하는 중요한 요인으로 작용하고 있다. 특히 스마트미디어 환경에서 스포츠는 최적의 콘텐츠로 부각되고 있다. 이는 스포츠의 사회적 · 경제적 위상이 지속적으로 증대되고, 스마트미디어 환경에서 스포츠콘텐츠의 상품 경쟁력이 강화됨을 의미한다. 스포츠 시청이 TV를 통해서 '단지 멀리서 보는 것'에서 실제로 '현장에 있는 것같이 느끼는 것'으로 변화하여, 디지털 신기술의 수혜를 가장 잘 이용할 수 있는 미디어콘텐츠가 되는 것이다. 시청자는 가상현실 기술에 의해 경기장 관객이 되기도 하고, 때론 사이버 선수가 되기도 하여 자신의 선택에 따른 능동적 연출을 하면서 즐기기도 한다.

스마트미디어 시대, 스포츠는 시간적 · 공간적 제약을 탈피한 스포츠이며, 스포츠에 관한 다양한 정보가 온라인에서 정리, 가공, 보급되어 가상공간에서 즐길 수 있는 스포츠로 진화한다. 이러한 상황은 새로운 가능성을 열어준다.

스포츠가 일상생활 속에 밀접하게 연관되고 하나의 문화로 진화하면서 건강 및 피트니스 관련 애플리케이션에 대한 요구도 높아지고 있다. 주로 다이어트나 요가, 스트레칭 등의 운동 관련 정보와 레슨, 칼로리 다이어리, 명상, 숙면, 신체 측정 등의 앱이 인기다.

모바일 앱을 활용한 스포츠 소비도 활발하다. 앱스토어와 플레이마켓 등의 오픈마켓에서는 스포츠와 건강&피트니스 카테고리를 별도로 분류하고 있다. 주로 스포츠 카테고리에서는 경기 결과나 커뮤니티, 응원, 스포츠 레슨, 쇼핑, 예매 등의 서비스가 인기를 모으고 있다.

다양한 스포츠 종목과 IT, 바이오 기술 등의 만남으로 스포츠테크놀로지(ST, Sports Technology)가 확산했고, 최근엔 IT와 VR 기술

▶ 스포츠, 디지털 테크놀로지와 만나 콘텐츠로 진화 (픽사베이 제공)

을 적용해 기존 스포츠 경기를 실내에서 즐기는 체감형 스포츠가 증가하고 있다. 체감형 스포츠는 공간적 · 신체적 제약으로 스포츠나 체육 활동을 직접 할 수 없는 사람에게 실제 경기와 같이 체감하며 스포츠를 즐길 수 있도록 가상의 스포츠 환경을 제공하는 것을 말한다.

스포츠 산업에서 IT는 경기의 판정 및 기록뿐만 아니라, 선수에 대한 체계적이고 과학적인 훈련 데이터를 제공하여 경기력 향상 등에 크게 기여해 왔다. 일반인의 체력 측정에서부터 건강 상태 모니터링, 심박수 체크와 운동량 계산, 체형 관리, 다이어트를 위한 운동 목표 설정 및 관리 등에 활용되고 있다.

IT와 VR 기술을 적용하여 경기를 실내에서 즐기는 체감형 스포츠의 대표인 골프 시뮬레이션 시스템(스크린 골프)도 관심을 끈다. 골프장을 가상현실로 꾸며 실제 라운드하는 느낌을 갖게 하여 필드에서와 같은 골프의 즐거움을 저렴한 시간과 비용으로 충족시켜 주는 시스템이다. 스윙 속도와 사용 클럽에 따른 실제 비거리를 알 수 있을 뿐만 아니라 스윙 분석 데이터를 활용하면 스윙 교정 및 맞춤 클럽을 위한 자료로 활용할 수 있다.

이러한 성장의 배경에는 시뮬레이션 기술이 있다. 이 기술이 스포츠와 접목하면서 관련 분야의 성장이 촉진된 것이다. 그동안 시간 · 거리 · 비용 측면에서 제한적일 수밖에 없었던 골프에 대한 접근성을 높여, 재미있고 사실감 있게 즐길 수 있는 새로운 스포츠 문화를 낳았다. '스크린 골프'라고 부르는 '골프 시뮬레이션 시스템'은 1990년대 초 미국, 독일, 일본 등지에 있는 골프 클럽 제조사에서 자사 제품의 탄도 분석을 위한 연구용으로 개발되었다.

그러다 골프 연습용으로 효용 가치가 알려지면서 응용 개발이 이루어져 실내 연습장에서 일반인과 선수를 위한 스윙 분석 시스템으로 개발, 공급되었다. 이후 그래픽 기술 등이 추가되어 골프 시뮬레이션 시스템으로 보급되었으며, 한국에는 1990년대 초·중반경 도입되었으나 기술적으로 안정되어 있지 않아 운영에 어려움을 겪었다. 나중에 한국의 IT가 접목되고 박세리 선수의 활약 등으로 골프가 인기를 끌면서 필드가 부담스러운 골퍼들을 비롯하여 스크린 골프에 재미를 느낀 골퍼들이 스크린 골프를 찾기 시작하면서 이 업종의 성장에 영향을 줬다.

코로나19 팬데믹으로 사람들의 이동이 제한되면서 일상생활에 적지 않은 변화가 생겼다. 트레이닝 분야 역시 심각한 영향을 받았는데, 대형 스크린을 갖춘 실내자전거와 트레드밀 등 커넥티드 운동기구를 통해 원격지의 강사로부터 전문적인 수업을 받을 수 있는 홈트레이닝 시장이 급부상했다. 대표적인 서비스 중 하나가 '펠로톤(Peloton)'이다. 작심삼일로 끝나기 쉬운 '홈트'의 한계를 라

▶ 커넥티드 운동기구 기반 홈피트니스 업체, 펠로톤(Peloton) (홈페이지 갈무리)

이브 스트리밍 레슨으로 돌파한 펠로톤은 언제 어디서나 운동할 수 있다는 점을 어필하며 오프라인 시장을 장악한 소울사이클을 뛰어넘기도 했다.

걸으며 돈 버는 만보기 앱이 인기다. '만보기 앱테크'라는 단어도 생겨났다.

전 세계 앱스토어의 순위 정보를 제공하는 앱애니(App Annie)가 발표한 '2022년 모바일 현황 보고서'에 따르면, 2021년 동안 전 세계에서 건강 및 피트니스 앱 다운로드 숫자가 24.8억 건을 기록했다. 이는 팬데믹 이전인 2019년보다 26% 증가한 수치며, 우리나라는 40% 증가율을 보였다. 특히 세계적으로 X세대와 베이비붐 세대가 선택한 상위 5개 앱 가운데 무려 4개가 만보기 앱이었다. 대표적으로 '캐시워크(Cashwalk)'는 만보기 앱테크로 가장 일찍 또 널리 알려진 앱이다. 2017년 출시된 캐시워크는 만보기를 휴대폰 잠금 화면에 최초로 도입한 앱 서비스다. 걸음 수를 적립해 돈으로 바꿔주는 식이다. 만보기 기능 외에도 적립금을 쌓아주는 퀴즈, 룰렛 같은 게임 요소도 탑재됐다. 적립한 캐시를 갖고 앱 내에서 커피·치킨 같은 간식부터 여행 상품까지 구매할 수 있도록 했다. 특히 2020년 코로나로 면역력에 대한 관심이 높아져 이용자가 전년 대비 34% 늘었다. '토스(Toss)'는 종합 금융 서비스 앱이라는 정체성에 걸맞게 '진짜 돈'을 지급한다. 하루 1만 보를 걸으면 40원을 받고, '주변 장소 가기'를 수행하면 추가 금액을 적립할 수 있다. 나의 위치 주변으로 풍선이 뜨는 곳에 가면 한 곳당 20원을 받는데, 일면 '포켓몬고' 게임과 비슷한 방식이다. 토스의 최고 특장점은 포인트를 계좌로 환급할 수 있는 것이다. 이처럼 적절한 보상으로 흥미를 제공하면서 동기부여까지 하는 만보기 앱은 테크놀로지를 적극 활용한 좋은 콘텐츠 콘셉트로 평가할 만하다.

미디어와 음식 문화의 결합

음식 관련 서적이나 음식 소재 TV 드라마와 영화, 각종 요리 프로그램, 음식 전문 케이블 채널 등에서 보듯, 미디어는 음식에 대한 대중의 관심과 상호작용하며 특정한 음식 문화를 조형하고 확대재생산하고 있다.

음식이 미디어 문화의 핵심을 차지하는 이유는 무얼까.

텔레비전뿐만 아니라 만화나 웹툰, 영화, 소설, 인터넷에 이르기까지 다양한 매체 공간에서 음식 문화가 중요한 일차 콘텐츠가 되고 있다. 이처럼 음식이 미디어의 공통된 주제가 된 이유는 여러 가지이다. 먼저 미디어의 일상생활 코칭 역할의 소재로 좋은 먹거리, 올바른 식생, 건전한 식습관, 쉽게 할 수 있는 요리법 등 실용적인 이유를 들 수 있을 것이다. 그런데 건강한 음식을 추구하는 보편적인 욕구를 충족시키는 이러한 정보전달 기능보다 더욱 중요한 요인은 맛과 취향의 문제, 식생활을 통해 드러나는 공동체의 정체성 문제, 세계화 속에서 외국음식에 대한 호기심, 그것과 자국 요리법과의 창조적 만남 등 사회적이고 문화적인 이유에 있다.

한국 사회의 먹거리에 대한 관심은 오래된 일이지만, 2000년대 이후, 여러 가지 차원에서 음식이 새로운 문화현상으로 가시화되고 있다. 드라마 〈대장금〉(MBC, 2003)의 동아시아 내외에서의 놀라운 성공으로 인해 한국 음식이 건강식으로 이미지를 굳히게 된 것과 병행해 맛집 기행, 음식의 서구화, 음식동호회의 등장이 증가했으며, 매체에서는 음식 및 먹는 행위와 관련된 새로운 콘텐츠가 다양한 형식으로 인기를 얻고 있다. 특히 '먹방'이라 불리는, 놀라운 양의 음식을 놀라운 방식으로 실시간으로 먹어치우는 인터넷 1인 방송의 인기는 여러 가지 차원에서 관심을 끌기에 충분하다. 많은 시청자들이 이 방송을 시청하고 있으며, 소수 '먹는 자'들은 이를 통해 삶을 영위할 수 있을 정도의 성공을 거두며 하나의 사회적 트렌드로 자리잡고 있다. 이는 아무리 먹어도 배가 고픈 것 같은 허기사회, 계층 하락의 위기 속에서 끝없이 자기계발을 독려받는 불안사회에 대한 반응으로 해석된다. 또한 한국사회의 1인 가족 확대 및 독특한 디지털문화의 발달과 무관하지 않다. 우리 사회의 음식 문화는 인류학적이고 사회학적이며, 미디어 문화적인 것이다.

음식에 대한 대중문화적 관심, 혹은 음식 정보의 대중문화화는 오늘날 단순한 정보의 기록과 전달을 넘어선 스토리텔링을 요구하게 되었고, 특히 지식정보화 시대에 디지털 등의 신기술이 견인한 미디어의 진화나 오락에 익숙한 세대의 가치관 등이 작용하여 정보(information)와 오락(entertainment)이 결합된 '인포테인먼트(infotainment)'의 성격을 띠며 미디어를 통해 접할 수 있는 거의 모든 음식 스토리텔링의 근간을 이루게 된다. 미디어에 나타난 음식은 이를 통해 이름을 얻은 유명인들, 상호작용적인 소통 과정, 다양한 다중 매체 플랫폼을 통해 경험적인 측면과 규범적인 차원을 모두 가지고 있다. 음식 미디어는 음식 지형(foodscapes)이 무엇일 수 있고 무엇이어야 하는지, 그것이 어떻게 작동하는지, 그것이 결국 누구를 위한 작업인지 등에 관한 생각들을 틀 짓고 매개한다는 것이다.

음식 미디어는 이와 같이 사회적인 수용과 저항의 양상을 동일하게 반영하는, 다차원적이고 다면적인 과정이다. 이상적인 신체 이미지, 최적의 건강에 대한 이미지, 책임 있는 소비자로서의 시민의식을 아우르며, 수용자의 심리 영역, 문화적 취향과 욕구, 그리고 감각적인 쾌락 구현의 영역을 모두 반영하는 현상인 것이다.

미디어에서 다루어지는 다양한 음식의 메타포가 수용자에게 흥미로운 몇 가지 담론들을 만들어내고 있다. 현대 사회의 음식 안전 불감증을 다루며 음식 문화를 비판적으로 바라보는 심층보도 프로그램들은 시청자에게 식탁의 위험성을 끊임없이 경고하며 위험과 배반의 만찬으로 초대한다. 또한 미디어는 음식에 대한 정보를 기억으로부터 재현해내거나 망각시키며, 과거의 경험과 기억을 떠올리는 데 유용한 기제로 활용한다. 기억은 불확실한 모호성을 내포하지만, 음식의 미감은 실존하는 기억의 확증된 재현방식이다. 미디어는 우리를 미각에 대한 기억과 망각으로 통제한다.

음식은 미디어를 통해 놀이와 여가의 수단으로 유용하게 활용되기도 한다. 음식의 선택과 섭취는 마땅히 즐길 거리가 없는 현대인에게 즐거운 고민거리이며, 일상의 재미를 선물하는 과정이다. 더불어 미디어의 음식에 대한 다양한 정보는 무엇을 먹을지, 무엇을 먹지 말아야 할지의 선택과 가족, 개인을 위한 건강의 관점에서 제공된다. 미디어를 통해 수용자는 음식에 대한 선동적 정보와 지식을 습득하고 학습하게 되며 이를 통해 지식관계의 권력구조가 형성된다.

포스트 모더니즘시대에 있어 음식은 단순히 배를 채우고 허기를 달래기 위한 수단이 아니라, 권력과 설득의 도구이며 오락거리로서 소통의 매개가 되고 있다. 미디어는 음식을 통해 끊임없이 시청자와 소통하고 있으며, 이러한 소통은 수용자들 간에 공감대를 지닌 강력한 소통의 수단으로 작용한다. 다채널과 다매체는 시시각각 음식 관련 프로그램들을 경쟁적으로 송출하고 있으며, 음식에 대한 관심사를 대중의 식탁으로 끌어들이려 고군분투하고 있다. 이로 인해 대중의 배고픔은 식욕 그 이상이다. 미디어는 배가 고프지 않아도 식욕을 느끼는 시청자들에게 여전히 밥을 권하고 있음이다.

오늘날 음식과 음식 소비, 또 이를 둘러싼 의례들은 과거에 비해 더 문화적이고 상징적인 성격을 갖는 것으로 변모했다. 음식을 소비하는 행위가 음식에 포함되어 있는 영양적 요소를 넘어 그 상징적 의미까지도 먹는 사람에게 편입시킴으로써 개인의 주체성을 형성하고, 그를 특정 집단이나 문화에 포함, 또는 배제시키는 수단으로 활용되기에 이른 것이다. 이제 우리는 특정 음식을 소비하는 일련의 행위와 관련 의식들이 그 음식의 상징적 속성과 가치를 섭취해 자아를 구성하며, 다른 집단, 문화와는 상이한 소속 집단과 문화의 독특한 규범과 가치를 내면화하고 공유하는 과정을 통해 개인적, 집합적 정체성을 획득하는 기제로 자리잡은 시대에 살고 있다(고명지 외, 2014).

방송에서 앞다투어 맛집이나 요리법을 소개하고 1인 미디어를 통해 '먹방'이라는 새로운 음식 콘텐츠가 제공, 소비되며, 개개인은 음식 사진을 작품처럼 찍어 SNS를 통해 공유하는 것이 일상화된 현실에서, 음식과 먹기, 맛집 등의 문화적 열풍의 중심에는 '청년 세대'가 있다. 과거 계급적 차원에서 계급 정체성 획득과 표현의 수단이 되었던 음식에 대한 소비가 이제 청년 세대가 자신들의 자아정체성을 표현하고 세대 내 동질감과 소속감을 강화하는 상호작용의 수단이자 타 세대와 구분되는 독자적인 문화의 영역으로 자리매김하고 있음이다.

현대 사회에서 음식 소비는 음식과 관련한 경험, 그리고 음식 자체의 다양성이 급격히 증대되고, 개인이 음식에 부착된 이미지나 그 경험이 갖는 의미 등을 소유함으로써 계급뿐 아니라 다양한 속성에 기반한 개인적, 집단적 정체성을 새롭게 만들어갈 수 있는 가능성 때문에 다른 즉시적, 과시적 소비에 비해서도 차별적인 의미를 갖는 것으로 주목된다.

디지털 세대로 불리는 젊은 세대는 스마트폰과 SNS가 일상화된 환경에서 음식 사진 찍기와 SNS를 결합시켜 자신들만의 독특

▶ 오늘날 음식은 미디어와 만나 콘텐츠가 된다. (픽사베이 제공)

한 음식 문화를 만들어가고 있다. SNS나 디지털 공간이 젊은 세대에게는 자신의 정체성이나 경험, 일상생활, 관심, 취향, 의견 등을 글이나 사진, 동영상 등을 통해 표현하고 공유하는 새로운 놀이 공간이자 의사소통 수단이고, 더 나아가 문화적 실천이 이루어지는 장이라는 점은 이전부터 꾸준히 지적되어 왔다. 음식 소비 역시 이와 결합해 청년 세대의 정체성을 드러내고 또래 집단과의 관계와 공감대를 형성하는 새로운 놀이 문화로 구축되어 가고 있다.

디지털 청년 세대는 음식을 즐거움과 재미를 찾는 상품으로 바라보며 음식 소비를 통해 자신의 개성을 드러내고자 한다. 음식을 즐기는 스타일을 중시함으로써 음식 소비를 통해 스스로를 다른 사람과 차별화하고, 음식을 실재가 아닌 이미지나 정체성을 차용하기 위한 소비의 대상으로 삼는 것 또한 젊은 세대의 독특한 특징이다. 음식의 시각적 미학의 중요성이 디지털 매체와 결합하면서 음식의 직접적인 섭취가 아닌, 온라인 공간에서 눈으로 소비되는 이미지 자체가 더 큰 의미를 갖게 되었다. 디지털 사회에서 시각 이미지는 사실성과 설득력을 가지고 실제적인 것보다 더 실제적인 것이 되고 있다는 점에서, 사진 찍기와 포스팅을 거친 음식 소비는 디지털 공간에서 일상적 상호작용 활동의 매체로서 큰 영향력을 갖게 된다. 음식 소비가 특정인들에게 정체성과 사회적 관계 등을 구성해나가는 주요 자원이 되는 것이다.

청년 세대는 '취향과 기호로서의 음식 소비'에 집중한다. 먹기의 영양학적이고 생리적인 측면보다 음식의 이미지와 기호로서의 측면을 중요하게 여긴다. 청년 세대는 음식 소비를 통해 은연중에 스스로를 기성세대와 다른 존재로 정체화한다. 또한 청년 세대들은 음식 소비를 통해 자신들만의 독자적이고도 차별적인 정체성과 청년 문화를 형성해가고 있는데, 음식을 통한 다양한 경험을 적극적으로 추구하면서, 음식 소비를 단순히 음식 섭취가 아니라 '놀이', '경험'의 다른 표현으로 이해하는 경향을 보인다. 음식과 관련된 새로운 체험을 즐기고, 남들보다 먼저 특정 음식을 경험해보는 데에 의미를 두는 이들에게 다양한 음식의 추구는 단순히 음식에 대한 다취향성의 발현이 아니라, 다양한 '경험 가치'를 획득하기 위한 의식적인 시도이다. 음식 소비 자체를 '경험'의 차원에서 중시하고 그 자체를 놀이화하는 청년 세대의 특수성은 자신들만의 독특한 문화를 구축하고 있다.

청년 세대는 선택과 집중을 통해 음식 소비를 고급문화에 접근할 수 있는 통로로 적극 활용한다. 먹는 데에는 지출을 아끼지 않는다는 이들에게 음식 소비는 무엇보다 행복감과 만족감을 느끼게 해주는, 한마디로 투자 가치가 있는 대상이다. 생애주기상의 이유로 경제적 여유가 많지 않은 상황, 그럼에도 SNS 등을 통해 끊임없이 타인의 생활이나 소비에 대한 정보와 자극이 주어지는 상황에서 큰 무리 없이 접근 가능한 고급문화, 사치 문화의 대표적인 영역이 음식 소비이기 때문에, 이들은 더더욱 음식 소비에 전략적으로 집중한다. 어느 세대보다도 풍요로움 속에 컸지만 극단적인 양극화의 현실 속에서 좌절감을 경험하고 있는 청년 세대가 음식을 통한 작은 사치를 통해 이러한 현실적 고통을 회피하거나 극복하려고 한 결과일 수도 있음이다(고명지 외, 2014).

음식을 기호화, 이미지화해서 즐기는 것 역시 청년 세대의 독특한 문화이다. 이들은 음식의 실제 맛보다 사진 속 음식이 맛있어 보이는지에 더 큰 의미를 두며, 최상의 음식 사진을 찍기 위한 노력을 아끼지 않는다. 음식뿐 아니라 식당의 분위기도 하나의 기호로, 이미지로 향유하려는 모습도 관찰된다. 또한 이 이미지를 SNS에서 친구나 또래들과 공유하고 대화 소재로 삼음으로써 세대 내에서의 소통, 공감의 매체로 음식을 적극 활용한다. 이는 음식 소비가 세대 내 교류와 상호작용의 도구이자 세대 정체성 내지는 소속감을 강화하고 청년 세대 내의 내적 동질성을 증대시키는 원천이 되고 있음을 시사한다. 음식의 맛뿐 아니라 음식을 소재로 한 '대화'나 '사회적 접촉을 통한 재미'를 적극 추구하는 양상을 보이면서도, 이런 교류가 대개 비슷한 또래 내에서, SNS라는 한정된 매체를 통해 이루어진다는 특수성도 갖는다.

결국 오늘날 청년 세대는 음식 소비에 있어 상층 계급의 다양성을 추구하면서도 그에 대해 자신들만의 해석을 부여하거나 그 자체를 놀이화하는 방식으로 특수성을 더하고, 상층 지향, 고급 지향의 소비를 위해 중산층적인 전략 소비를 하며, 거기에 미식가적인 쾌락을 이미지 소비와 공유를 통해 추구하는 방식으로 자신들만의 문화를 형성해나가고 있다. 이제 청년 세대에게 음식 소비는 동질감과 세대 정체성, 더 나아가 독자적인 문화를 형성하는 새로운 구심점으로 작동한다.

음식 이미지 공유로 행복 추구하는 '먹스타그램'

스마트기기 발달과 이미지 기반 소셜 미디어의 발전으로 정보의 공유는 즉각적으로 광범위하고 더욱 생생하게 전달되게 되었고, 사진을 공유하는 활동 또한 더욱 활발하게 이루어지고 있다. 국내 소셜 미디어 이용률은 매년 꾸준히 증가하고 있는데, 특히 유튜브 또는 인스타그램 같은 이미지를 공유하는 행위를 기반으로 하는 서비스의 이용률은 높게 나타나고 있다. 특히 인스타그램은 자신의 콘텐츠를 업로드하는 소셜 미디어 플랫폼 순위에서 1위를 차지하고 있다. 인스타그램과 같은 SNS에 주로 공유되는 게시물 주제는 맛집/음식이다.

소셜 미디어 플랫폼인 인스타그램상의 음식 이미지를 지칭하는 '먹스타그램'은 2010년 이후 한국에서 점차적으로 이용자가 늘어나는 가운데 사용되기 시작한 용어다. 동시에 먹스타그램은 소셜 미디어의 이미지를 효율적으로 구분하기 위한 분류체계, 즉 해시태그(hashtag)로 이용되었다.

단순한 이미지 분류체계를 넘어 가히 문화적인 현상이라고까지 할 수 있는 먹스타그램의 성장 배경에는 이미지 중심의 커뮤니케이션과 소셜 미디어의 성장, 그리고 음식 향유 문화의 팽창이 자리하고 있다.

인스타그램과 같은 소셜 미디어가 성장하는 가운데 일상을 기록하고 공유하는 움직임도 강화되었는데, 대표적인 일상 소재 중 하나가 바로 음식이다. 과거에 비해 미식 경험이 평준화됨에 따라 '맛집'을 통해 취향을 드러내고자 하는 개인의 욕구가 점차 늘어났고, 대중적 호응을 반영하듯 미디어는 쿡방이나 먹방과 같은 음식 콘텐츠를 경쟁적으로 생산하기 시작했다. 이와 같이 음식 향유 문화가 성장하고, 그를 뒷받침하는 커뮤니케이션 방식과 미디어 플랫폼이 결합하면서 먹스타그램은 다층적인 의미가 서로 힘을 겨루는 장으로 발전하였다.

음식 사진을 찍고 소셜 미디어에 게시하는 이유는 음식 체험을 시각화하고, 공유하기 위해서다. 인스타그램은 사진을 공유할 수 있는 대표적인 소셜 미디어 플랫폼이다. 현대 사회에서 소셜 미디어에 사진과 같은 정보를 공유하는 행동은, 사회적 관계를 형성하는 기반이 되고 있다. 이렇게 형성된 연결망은 긴밀히 연결되어 사회자본과 같은 역할을 하게 되고, 온라인에서 새로운 관계를 구축하는 데 도움이 될 뿐만 아니라, 기존에 형성되어 있던 관계를 유지하는 데도 긍정적인 역할을 수행하게 되는 것이다. 또한, 인스타그램에서 이용자들이 공유한 정보는 다른 이용자들과의 상호작용의 기반이 된다. 그리고 소셜 미디어 안에서 개인은 자신의 엔터테인먼트 욕구를 충족할 수 있으며, 소셜 플랫폼에 게시물을 공유함으로써 자신의 정체성을 표출하는 등의 혜택을 누리게 된다. 이와 같이 정보 공유, 즉 사진 공유행동 혜택은 이용자들이 소셜 미디어에 적극적으로 참여하도록 만드는 동기요인이 되고 있다.

사회적 실천의 관점에서 먹스타그램이 생산되는 배경은 이용자들을 중심으로 한 공동체 안에서 개별 이용자들이 정체성을 형성해나가는 것과 관련이 있다. 무엇을 먹고 있는지에 따라 우리가 누구인지 추정할 수 있다. 인스타그램 이용자는 음식 이미지를 전시하고, 자신의 것을 포함해 다른 음식 이미지를 감상하게 되는데, 그 과정에서 이용자 간의 상호인정을 통해 집합적인 정체성을 형성해 나간다. 과거에는 음식과 관련한 편지나 레시피를 친구나 가족 사이에 사적인 관계를 유지하고 상호 간의 지지를 보여주기 위해 교환했다. 폐쇄적인 교류를 통해 공동체의 결속을 다지는 한편 구성원에게 소속감을 부여할 수 있었다. 음식과 관련된 과거의 사적인 경험은 다중이 넘나드는 소셜 미디어 영역으로 넘어오면서 문화적 선물 경제의 일부로 전시되는 변화를 겪게 되었다. 먹스타그램이 느슨해진 의미에서의 '친구'를 각자의 일상 안으로 초대하는 '편지'를 보내는 것과 같은 방식으로 말이다. 특히 소비 행위를 중심으로 형성된 취향공동체는 자신의 정체성을 드러내고자 하는 개별 이용자에게 강력하게 어필한다. 현대 사회 안에서 소비는 존재를 가시화시키는 가장 직접적인 방법으로 그

▶ 음식 사진 공유로 행복을 공감한다. (픽사베이 제공)

효과 또한 즉각적으로 나타난다. 우리는 먹스타그램 안에서 음식이 사회적 재화로서 서로 비슷한 취향의 사람들을 한데 모으는 한편, 서로 다른 취향의 사람들까지도 비슷한 취향의 사람들로 바꾸고 있음을 확인한다.

음식 사진을 촬영하고 공유하는 행동의 배경에는 다음과 같은 다섯 가지 동인이 작동한다(홍나리 · 김인신, 2021).

첫째, 자기표현의 수단이기 때문이다. 무엇을 먹는가는 그 사람이 속해 있는 문화를 반영한 결과물이다. 그 민족이 무엇을 먹는가는 환경, 문화구조의 차이에 의해서 결정되며, 따라서 무엇을 먹는가는 음식을 소비하는 사람의 사회문화적 맥락을 보여주는 상징이 되는 것이다. 소셜 미디어 이용자들은, 소셜 미디어에서 자신을 표현하기 위해서 개인적인 경험을 공유하기도 한다. 현대사회에서는 자신의 정체성, 취향 그리고 사회적 상황을 표현하기 위해서 자신이 소비하는 음식 사진을 촬영하고, 소셜 미디어에서 공유하는 것이다. 따라서 음식 사진을 촬영하고, 공유하는 행동은 개인적인 취향을 보여줌과 동시에 사회문화적 맥락에서 자신을 표현할 수 있는 기회를 얻을 수 있는 혜택을 제공한다.

둘째, 식사 경험의 풍부함 때문이다. 음식 사진을 촬영하고 공유하는 행동은 식사 경험을 더 풍성하게 만든다. 시각은 다른 감각보다 앞서서 작용하는 반응으로, 음식의 시각적인 측면인 이미지는 미각에 영향을 미친다. 따라서 음식 사진은 음식의 질과 식사 경험을 더 긍정적으로 평가하게 하는 역할을 한다. 최첨단 카메라가 내장된 스마트폰이 일반적으로 사용되면서 사진촬영은 여행의 일부로 스며들게 되었고, 음식 사진을 촬영하고 공유하는 행동은 일부 사람들에게 식사를 시작하기 전에 반드시 치러야 하는 의식적인 행동이 되었다. 식사 중에 계속되는 이러한 활동은 행위 당사자에게 즐거움을 가져다주는데, 식사하는 사진을 찍거나, 온라인으로 요리 사진을 공유하는 행동을 하면, 레스토랑에서 이루어진 경험에 대한 평가가 향상되고, 행복감 또한 높아진다. 즉, 음식을 촬영하는 행동이나 사전에 공유된 음식 사진을 보는 행동은, 뇌를 자극하여 시각적 주의를 환기시키고, 음식에 대한 기대감을 고취시키며, 이러한 공동 자극은 식사 경험을 풍성하게 만드는 혜택을 제공한다.

셋째, 사회적 유대 때문이다. 이미지 기반의 소셜 미디어에서는 음식, 여행 같은 개인적인 관심사를 중심으로 소규모의 플랫폼을 형성하는 것을 특징으로 한다. 음식 사진을 촬영하고 공유함으로써, 공통의 관심을 가진 이들과 선택적으로 연결될 수 있으며, 공통의 관심사를 기반으로 한 유대감 형성은 연결되고자 하는 사회적 욕구를 선택적으로 충족시키는 것이다. 이때, 자발성에 기초한 온라인 게시물은 대면 소통보다 더 감정적으로 인식되며, 따라서 개인적 유대감을 형성하는 데 더 효과적으로 작용할 수 있다. 즉, 음식 사진을 촬영하고 공유하는 행동을 통해서 공동의 관심사를 매개로 자신과 동질적인 이들이 존재한다는 것을 확인함으로써, 사회적 안정성을 확보하는 혜택을 누릴 수 있는 것이다.

넷째, 가상 커뮤니티 참여 때문이다. 가상 커뮤니티 참여는 소셜 미디어에 지속적으로 사진과 텍스트를 게시함으로써, 다수의 팔로워를 거느릴 수 있는 기회를 얻는 혜택을 의미한다. '좋아요'

와 같은 긍정적인 피드백이 쌓이게 되면, 정보제공자는 다시 사진이나 텍스트와 같은 자료 및 피드백을 제공함으로써, 또 다른 이용자들의 반응을 이끌어 내는 순환을 통해서, 다수의 팔로워를 보유한 가상 커뮤니티가 형성된다. 사진, 텍스트와 같은 정보제공 행동을 바탕으로 팔로워를 확보할 수 있으며, 이때 팔로워의 수는 가상 커뮤니티에서 개인의 영향력이 된다. 즉, 음식 사진을 촬영하고 공유함으로써, 다수의 팔로워를 거느리는, 강한 영향력을 발휘하는 커뮤니티를 만들 수 있는 기회를 얻을 수 있는 것이다.

다섯째, 특별한 순간에 대한 추억 때문이다. 특별한 순간에 대한 추억 혜택은 특별한 날과 잊을 수 없는 순간을 음식 사진을 통해서 간접적으로 기록하는 것이다. 이때 음식 사진에 담긴 기억은 촬영의 대상인 음식에 국한되지 않고, 당시의 상황, 즉 식사를 함께 했던 사람, 식당(장소), 직원과의 상호작용, 이전에 방문했던 식당과의 비교평가 등, 다양한 상호작용의 결과가 종합적으로 포함된다. 추억을 회상하기 위해 사진을 사용하는 것은 순간적 감정을 장기적인 만족으로 확장하는 방법으로 음식 사진을 촬영하고 공유하는 행동은 상징적인 기억을 강화하고, 기록하며 이후 추억할 수 있는 매개물을 남길 수 있는 혜택을 제공한다.

캐주얼 게임, 향수와 소통의 매개

'캐주얼 게임'이란 개념은 1990년대 후반부터 주목받기 시작하였다. 캐주얼 게임은 복잡한 전투기술을 숙련시키기 위해 엄청난 시간을 투자하거나 피 튀기는 묘사가 사실적으로 드러난, '게이머를 위한 게임'이 아닌 모든 연령대의 남성과 여성을 대상으로 한, 쉽게 배울 수 있는 게임을 의미한다. 1980~1990년대 인기를 끌었던 갤로그, 팩맨, 테트리스 등의 비디오 게임과 미스트, 비주얼드 등의 게임을 말하며, 현재 한국 사회에서 SNS를 통해 많이 유통되어 플레이되는 '애니팡', '모두의마블', '드래곤플라이트' 등이 이에 속한다.

온라인 게임 시장은 지속적으로 성장 중인데, 카카오톡 기반 캐주얼 게임이 모바일 게임의 성장을 견인하고 있다. 모바일 게임의 지속적인 성장 속에서, 특히 SNS를 기반으로 한 캐주얼 게임의

▶ 10주년을 맞이한 '애니팡' 시리즈 (위메이드플레이)

플레이어 중 40대 이상의 기존의 비게이머들과 여성들이 높은 비중을 차지하고 있다는 점에서 캐주얼 게임 산업이 지속적인 성장세를 보일 것으로 전망된다.

캐주얼 게임은 심리학적으로 긍정 감정을 이끌어내는 긍정적이며 친근한 배경을 가지고 있으며, 사용성 측면에서 최소한의 지식만 가지고도 단계적으로 배울 수 있고, 직관적인 인터페이스 조작이 가능한 게임이다. 스마트디바이스를 활용한 캐주얼 게임의 직관적 인터페이스는 특히, 40대 이상의 기존의 비게이머들의 참여를 유도했다. 또한 캐주얼 게임의 시간소비 패턴은 하드코어 게임과 달리 장시간 게임에 매여 있지 않아도 된다. 온라인 게임 중 많은 비중을 차지하고 있는 하드코어 게임에 접근하기 어렵거나 어렵다고 생각하는 플레이어 층에 적합한 디자인 요소를 갖춘 게임이 캐주얼 게임이며, 이러한 캐주얼 게임이 디바이스를 뉴미디어인 스마트폰으로 바꾸어 재등장함으로써 게임 플레이어 층의 확장을 가져온 것이라고 하겠다(길태숙, 2014).

카카오톡, 페이스북 등의 SNS를 통해 전달되는 게임은 기존의 온라인 게임에 비해 접근성이 좋아졌다. 또한 이미 형성된 사회적 네트워크를 통해 게임 플레이 그룹을 형성하며 게임이 소비 유통되고 있다. 40대 이상의 기존의 비게이머들의 대대적인 참여를 볼 수 있다. 이들은 SNS를 통해 마련된 그들의 디지털 소통현장에 캐주얼 게임을 끌어들이고 캐주얼 게임의 소비와 전파에 핵심적인 역할을 맡으며 게임의 대중화의 문화 변화를 선동하고 있는 것이다.

캐주얼 게임의 대부분은 2000년대 들어와 새로 만들어졌다기보다 40대의 연령층이 어리거나 젊었던 1980~1990년대 유행했던 게임과 유사한 게임임과 동시에 스마트디바이스를 기반으로 한 신기술이 적극 활용된 게임이기도 하다. 40~50대의 '향수' 코드와 맞물리며, 신기술이 적극 활용된 게임이라는 점에서 '뉴테크놀로지 사용'의 측면에서 이해된다. '향수'와 '뉴테크놀로지'의 이중적 속성을 내포한 캐주얼 게임이 SNS를 통해 마련된 디지털 소통 현장에서 공급됨으로써 40~50대 연령층의 게임 참여율 증가와 게임의 대중화 현상이 나타나게 되었다고 볼 수 있다.

SNS에서는 일부러 게임을 검색하여 찾지 않아도 친구의 초대로 쉽게 게임에 접근할 수 있으며, 초대받은 당사자도 다시 다른 친구를 게임의 세계로 불러들일 수 있다. 곧, 사이버 공간에 모인 어린 시절 친구들에게 게임은 서로의 추억을 이어주는 매개체로 작용하고 있음을 짐작할 수 있다. 40대가 주로 하는 게임이 다함께 차차차, 드래곤플라이트, 애니팡이라는 점은 향수의 측면에서 시사하는 바가 많다. 40대는 1980, 1990년대에 10대나 20대를 보냈던 이들로서 당시 주류 게임으로서 제비우스, 비주얼드 등을 직간접적으로 경험한 세대이기도 하다. 과거 혹은 어린 시절 한 번 맛본 즐거움의 경험은 잠재적 의식 안에 묻혀 있다가 어떤 계기나 자극이 주어졌을 때 되살아나 다시 그것을 찾아 즐기게 된다. 그들이 SNS 안에서 게임을 하는 이유 중 하나는 공동체의 향수 기억을 통해서 사회적 네트워크 안에 있는 자신을 발견하는 것이다. 공동체가 생산한 과거의 향수 이미지는 과거 각 개인이 직접적으로 경험한 것이 아니더라도 그 이미지를 공유하고 있다는 것만으로 공동체의 사회적 네트워크에 편입할 수 있기 때문이다. 사이버 세계에서 연결된 어릴 적 친구들과 점수가 비교되며 즐기는 가벼운 경쟁과 도전은 문방구 앞이나 오락실에서 친구들과 게임을 하거나 훈수를 두며 느꼈던 짜릿하며 즐거웠던 기억을 소환한다. 이 순간 사이버 세계 안에서 이들은 젊은 하드코어 게이머에게 게임문화 소비의 주도권을 내준 비주류가 아니라 향수를 통해 형성된 게임 경험을 공유함으로써 주류가 되어 있는 그들만의 세계를 구축하고 있는 것이다.

그런데 이러한 40대 이상의 기존의 비게이머들의 게임 플레이 현상은 일시적인 향수 소비나 뉴테크놀로지 향유 행태로 그치는 것이 아니라 캐주얼 게임의 재생산에 일조하고 있으며, 세대 간 소통을 유도하고 있다. 40대 이상의 기존의 비게이머들의 향수에서 비롯된 캐주얼 게임에의 접근은 향수 세대끼리의 소통에서 그치는 것이 아니라 세대 간의 소통에 이바지하는 문화적 현상을 이끌어내고 있다는 것이다.

한편, 엔터테인먼트 상품에 나타난 복고적 현상은 대중, 집단의 경험과 관련을 가지며, 자신이 직접 체험하지 않은 문화적 현상, 비구상적인 하이퍼 리얼리티나 시뮬레이션에 대한 경험도 포함한다. 과거 집단적 노스탤지어의 배경이 주로 정치적, 역사적 성격의 인물, 사건, 장소와 관련한 것이었다면 미디어의 발달로 인해 이는 미디어 창조물과 창조물에 대한 대중적 반응으로 확장되어 나타나고 있다.

향수는 '과거와 관련된 것에 대한 반영으로 형성된, 긍정적으로 복합된 느낌(feeling), 감정(emotion), 무드(mood)'이다. 향수는 과거와 관련된 감정이고, 대상에 따라 사람(people)에 대한 향수 경험,

대상(object)에 대한 향수 경험, 이벤트(event)에 대한 향수 경험을 갖고 있다. 또한 향수 경험이 개인적인가, 집단적인가, 혹은 간접적인가, 직접적인가를 구분하여 향수는 개인의 직접적 경험뿐만 아니라 대인 접촉에 의한 간접경험, 동일문화의 공유된 이미지를 기초로 한 경험, 매체와의 소통을 통한 직간접 경험이 포함된다(길태숙, 2014). 그 개념이 개인적이고 직접적인 경험의 차원을 넘어서 간접적이고, 집단적이며 세대적인 공감의 코드를 바탕으로 하고 있다는 점에서 향수는 마케팅 측면에서 중요 변수로 주목받는다.

광고, 영화, 애니메이션 등 매체의 발달과 더불어 '계획된 재생'으로서의 복고 문화의 소비적 접근에서부터, 과거에 대한 긍정적 그리움과 현재의 정체성 사이 괴리의 감정 및 새로움과 낯섦의 미학을 동시에 어필하는, 과거를 끌어들인 현재의 미래적 지향으로서의 기능에 이르기까지 상품의 소비 및 생산과 관련하여 다양하게 실험되었다. 월트디즈니의 경우, 만화영화를 7~10년 주기로 반복함으로써 부모 세대에게는 향수의 감정을, 어린이 세대에게는 낯설고 새로운 감정을 느끼게 하여 반복적으로 이익을 창출한다.

대중이 만들고 싶은, 실재하지 않은 과거의 이미지는 현재의 미디어를 통해 향수 이미지로 생산되어 집단적으로 공유되며, 이는 다시 대중에게는 실제로 한 경험으로 작용하고 있다. 향수 개념은 대중의 직접적인 경험에서 오는 기억을 넘어서 대중이 공통으로 공유하고 있는 이미지에 바탕을 두고 있다는 점에서 집단적으로 공유한 이미지를 통해 공동체의 정체성을 경계 짓는 데에 기능한다. 문화 소비 측면에서 미디어와 관련된 향수의 개념은 이상적이며, 기분 좋은 욕망의 실현뿐 아니라 커뮤니티 회복의 욕구, 커뮤니티 내의 정체성 획득, 비주류에서 주류로 나가고자 하는 경향을 드러내고 있는 것이다.

테마파크와 몰입 체험

테마파크의 기원은 고대 그리스와 로마에서 상거래를 촉진하기 위해 행해진 교역박람회(Trade Fair)에서 찾을 수 있고, 17세기 프랑스 전역에 생겨난 놀이공원(Pleasure Garden)이라는 일종의 공원(Park)이 유럽으로 확대된 것에서 비롯된다. 1955년 미국 LA 디즈니랜드가 시작이라고 일컬어지는 테마파크는, 이제는 우리 주변에서 쉽게 찾을 수 있는 대중적인 장소이자 명칭이 되었다.

테마파크는 특별하게 창출된 환경과 분위기 속에서 운영되는 가족 위주의 즐기는 공원(Amusement Parks) 등의 다양한 시설물로 구성된 장소, 도시민의 생활패턴과 여가활동성향의 변화, 레저시설의 고도화 등 여건 변화에 대응하여 등장한 근대적 개념의 공원으로, 민속, 자연, 과학기술, 환상 등 다양한 분야에서 이용객들에게 감동과 즐거움을 줄 수 있는 소재를 발굴하여 위락과 레크리에이션, 교육, 체험 등의 기능에 맞도록 시설화하고 놀이 프로그램, 캐릭터 등을 일체성 있게 계획하여 조성한 창의적 레저공간이다.

큰 맥락에서 보면 테마파크(Theme Park)란 일정한 주제(Theme)에 따라 전체 환경을 연출하고, 그 환경 속 구성요소들 역시 주제에 맞춰 연출해 방문객들에게 비일상적인 분위기와 경험을 제공하는 공원으로, 기존 유원지보다 한 단계 앞선 형태를 의미한다. 테마파크라는 공간은 역사, 문화, 민속, 자연, 예술 등의 각종 소재와 첨단과학기술이 접목되어 방문객들에게 감동을 주고 즐길 수 있는 소재를 발굴하여 그에 맞는 시설과 놀이 프로그램, 캐릭터, 분위기 등이 일체성을 갖도록 마련해 놓은 레저공간이다. 시대의 흐름에 따라 기존의 테마파크에 추가적인 역할과 기능을 부여하고 있는데, 단순히 즐기기 위한 공원의 개념에서 특정 주제에 맞는 생명력 있는 공간으로 인간의 창의성과 욕구를 만족시키는 공간이 테마파크이며, 어린이부터 노인까지 누구나 함께 즐길 수 있으며, 놀이, 휴식, 스포츠, 먹거리, 살거리가 모두 구비되어 가족들이 자유롭게 이용 가능한 놀이 문화가 총체적으로 존재하는 유익한 공간이라 하겠다.

최근에는 과학기술과 영상기술을 활용한 하이테크형 테마파크 등이 첨단기술과 접목하여 다양한 공간연출 및 체험형태의 도입 등으로 나타나고 있다. 온라인상으로 상호체험 가능한 VR 콘텐츠 개발 및 체감형 어트랙션 콘텐츠 등을 테마파크 구성의 주요 요소로 활용하는 방식의 개발도 활발하게 진행되고 있다.

▶ 총체적 콘텐츠 경험을 제공하는 테마파크 (디즈니랜드 제공)

우리나라에서 테마파크는 지역관광개발의 일환으로 지역의 전통문화를 통한 차별화된 관광개발로 지역경제에 도움을 주고 있다는 선진국 사례 등과, 지역경제 활성화에 직·간접적으로 많은 영향을 주는 산업으로 알려져 다수의 지자체에서는 테마파크 조성에 다방면으로 힘을 쏟고 있다. 이러한 관점에서 각 지자체에서는 지역자원을 활용한 테마파크 조성에 높은 관심을 나타내고 있으며, 2000년대 들어서면서는 농촌지역이 보유하고 있는 자원을 테마로 한 여가 및 체험·휴양공간인 농촌테마공원이 정부의 지원과 조성계획으로 조성된다. 아울러 지역의 축제장소나 드라마세트장 등을 테마파크로 활용하여 재조성하는 시도 등도 이루어지고 있다. 1909년 일제강점기 창경원을 테마파크의 효시라고 칭하기도 하나, 근대적 의미의 테마파크는 1973년 서울 어린이대공원이 최초이며, 그 이후 1974년에 한국민속촌, 1976년 용인자연농원, 1988년 서울랜드 등으로 이어진다.

테마파크는 오락적, 일탈적, 심미적, 교육적 체험이 모두 공존하는 공간이다.

오락적 체험은 참여자의 참여 정도가 수동적이고, 체험을 경험하기 위해 환경에 흡수(absorption)되었을 경우에 이루어진다. 이는 참가자가 이벤트 자체에는 영향을 미치지 않으며 이벤트나 관광 중에 느낄 수 있는 즐거움, 기쁨과 같은 개인이 느끼는 긍정적인 감정을 지각하는 것을 의미한다. 테마파크 내에서 열리는 퍼레이드, 동물을 주제로 한 공연, 서커스, 마술쇼, 음악공연, 3D·4D상영관, 인형극 등의 관람물이 테마파크 내 오락적 체험의 예로 들 수 있겠다. 또 최근에는 뮤지컬이나 클래식 음악회 등의 공연을 테마파크로 가지고 들어오는 경우가 종종 있는데 이러한 콘텐츠도 오락적 요소이다.

일탈 체험은 참가자의 적극적 참여와 몰입(immersion)되는 환경에 속하는 경우이다. 참여자들은 외부와 완벽히 분리된 느낌이 들며 적극적인 자세로 체험에 참여하게 된다. 일상에서 벗어나 체험대상에 몰입하는 정도를 의미하며 이 상태에서는 참가자들이 오락적 체험이나 교육적 체험보다 훨씬 몰입 수준이 높아지기 때문에 일상생활에서 벗어나 해방감을 느끼게 된다. 테마파크 내에서 방문객이 직접 참여하고 완전히 몰입할 수 있도록 만드는 대표적인 예가 탑승형 놀이시설을 탈 때이다. 이때 고객은 소리를 지르고, 박수를 치기도 하며 일상을 완전히 잊은 채 체험에 몰입한다.

심미적 체험이란 사람들이 어떤 장소에서 심미성을 갖춘 요소를 관람하는 것을 말한다. 참가자의 참여 정도가 상당히 소극적이고, 몰입되는 환경에 속하는 경우이다. 참가자들은 그 체험에 몰입하지만, 직접적으로 개입하지는 않는 경우를 의미한다. 예를 들어 관광지에서 단지 경관을 감상한다거나 미술관에서 작품을 감상하는 것처럼, 단지 그 장소에 있고 싶다고 느끼는 것으로 관찰자의 관점에서 추구하게 되는 만족을 의미한다. 심미적 체험에서 방문객들은 펼쳐진 주위 환경에 영향을 주지 않으면서 시각적, 청각적, 미학적 요소들을 즐기는 것이다. 테마파크 환경의 신빙성 수준에 관계없이 이용객들은 테마파크가 그들의 감각에 호소하는 방식을 소극적으로 평가하거나 그것에 영향을 받는다. 이러한 체험은 이용객들을 테마파크에 머물게 한다. 테마파크 방문객은 테마파크만의 독특한 환경요소들을 감상한다. 예를 들어 튤립축제, 장미축제, 국화축제 같은 계절별로 연출된 가든을 보는 것, 할로윈 축제, 크리스마스 축제 등의 콘셉트에 맞춰 연출된 포토존이나 거리를 감상하는 것 등이 심미적 체험이라 할 수 있다.

교육 체험은 정보습득을 위한 참가자의 참여 정도가 능동적이고, 체험을 경험하기 위해 환경에 흡수(absorption)되었을 경우로, 체험대상과 관련된 지식이나 기술이 체험을 통해 참가자가 지각하는 정도를 의미한다. 사람들은 지적인 교육을 얻기 위한 '정신'과 신체적인 훈련을 위한 '육체'의 적극적인 참여가 필요하다. 이용객들은 전형적으로 그들이 방문하는 테마파크에서 일반적이든 구체적이든 교육 체험을 통하여 그들의 기술과 지식을 증가시킨다. 테마파크 내에서 교육 요소가 강한 체험들은 입장료 외에 금액을 부과하는 경우가 많다. 자연생태 체험관은 현장학습의 기회를 통해 교육 체험 요소를 제공하고 있다. 또한 연간회원을 대상으로 운영되는 환경아카데미, 도자기 만들기 등은 새로운 지식과 기능을 주는 교육 체험이라 할 수 있다.

체험적 몰입을 극대화하는 노래방 콘텐츠

노래방은 단순히 노래만 부르는 곳이 아니다. 스트레스를 푸는 곳이기도 하고, 감춰왔던 감정을 드러내는 곳이기도 하며, 소통을 시도하는 곳이기도 하고, 가슴 아픈 추억을 회상하는 곳이기도 하다.

사람들과의 모임에서 식사 후 이어지는 '2차 문화', 짧은 시간에 저렴한 가격으로 즐길 수 있는 '여가 문화' 등, 한국에서 노래방은 일상에서 가장 쉽게 접할 수 있는 음악 경험을 제공하는 공간이라고 표현해도 무리가 없다. 한때 인기를 누리다가 사라질 법한 유행과 달리 노래방은 국민 대다수가 경험하는 대중적 오락거리로 번성하고 있으며, 음악산업에서 절반 이상의 매출을 차지할 정도로 경제적 비중 또한 높아졌다. 이러한 문화적 가시성은 집단문화 현상의 이상적인 예이기도 하다. 노래방 문화가 한국 사회의 사고방식을 드러내는 대표적인 지표라는 사실에는 반박의 여지가 없어 보인다.

한국에서 노래방의 시작은 1990년 말 부산의 한 오락실에서 컴퓨터를 이용한 노래반주기를 설치하고 동전을 넣어 자신이 원하는 곡을 선택하면 반주가 나오게 하여 노래를 부를 수 있게 한 것으로 거슬러 올라간다. 당시 노래 1곡에 300원을 주입하여 노래를 할 수 있었는데 나이를 불문하고 많은 사람들이 소문을 듣고 줄을 서서 기다리며 노래반주기에 맞춰 노래를 불렀고, 이것이 '노래방식 사업'의 첫 실험으로 전해진다. 다음 해인 1991년에 독립된 노래방이 처음으로 부산에서 문을 열었다(송도영, 1997). 이후 노래방은 부산,

마산, 포항, 대구 등지로 급속하게 퍼져나갔고, 채 1년이 되지 않아 서울, 광주, 인천 등 전국각지로 확산되었다.

부산에서 처음 노래방이 시작된 이유는 일본과 지리적으로 가까웠기 때문일 것이다. 일본에서는 1980년대 반주기 가라오케가 대중화되었는데, 일본의 대중문화가 개방되기 전인 1990년대 초에 상대적으로 일본문화를 빨리 받아들일 수 있었던 부산에서 노래방이 시작됐다는 것이다. 노래방은 생긴 지 2년 만인 1993년, 전국에 2만여 개가 생겨날 정도로 인기였다.

대부분의 국민들이 노래방에 한번 안 가본 사람이 없을 정도로 노래방은 전국적으로 폭발적인 인기를 누렸다. 이용방식에 있어서도 처음에는 동전을 넣으면 노래 한 곡이 나오던 것이 점차 바뀌어 1993년 후반 무렵부터 이용시간에 해당하는 사용료를 선불하고 노래반주기가 설치된 방을 이용하는 방식으로 보편화되었다(송도영, 1997).

한국식 노래방은 처음부터 일체 주류의 반입을 금하도록 하여 노래부르기 문화를 음주문화로부터 독립시킴으로써 남녀노소 누구나 출입이 가능하고 비용, 시간 등에서 훨씬 자유로운, 새로운 대중적인 놀이공간을 창출하였다. 1999년 이후 법률 개정으로 노래방 영업 제한이 사라지고 청소년 출입이 비교적 자유로워지며 노래방은 더욱 확산했다.

한국 대다수의 사람들이 노래방을 찾는 이유가 무엇일까? 강준만(2008)은 노래방 활동이 지적 훈련이나 심미안이 필요하지 않은 '단순 오락적 성격'을 띠고 있다는 점을 지적했다. '자발성과 창의성의 부재'로 인해 한국에는 진정한 의미의 여가 문화가 존재하지 않는다는 일부 학자들의 견해도 있다.

한국 도시 공간은 노래방뿐 아니라 PC방, 찜질방, DVD방 등 다양한 '방'들로 가득하다. 노래방은 최근 한국 도시의 한 특성이 되어버린 이러한 다양한 '방(房)문화' 공간의 원조라 할 수 있다. 1990년대 초 노래방의 등장과 폭발적인 성공은 이후 다양하고 새로운 방들의 생산과 확산에 영향을 미쳤다. 이러한 방문화는 "각자가 자신의 필요에 따라 개별적으로 어떤 공간에 찾아 들어가 간편하게 이용하고 나오는 문화소비공간"이자 그런 형식으로 일반화된 문화소비라 할 수 있다(송도영, 2004). 이러한 방문화는 한국 도시의 일상문화를 지배하는 중요한 환경이 되었고 도시의 풍경을 변화시켰다. 노래방은 이러한 방문화의 원조이면서 이후 다른 방문화와 결합되기도 하였다. 방문화의 '종합선물세트'라 할 수 있는 찜질방 안에서 노래방을 만날 수도 있고, 최근 생긴 멀티방 안에도 노래반주기가 있다. 이제 생각지도 않은 장소에서 우리는 불쑥 노래방과 마주칠 수 있다. 새마을호나 무궁화호 열차 안에서도 노래방을 이용할 수 있으며, 어떤 아파트에는 헬스시설과 함께 노래방이 주민편의시설로 들어서기도 했다.

노래방 이후에 등장한 DVD방, PC방 등 다양한 방들은 좀 더 특화되고 한정된 소비자를 대상으로 한다는 점에서 노래방만큼 남녀노소 모두에게 영향을 미친 공간은 드물다. 그만큼 다양한 사람들이 20년이 넘게 노래방을 애용하였기에 직장인과 청소년, 대학생과 주부에게 노래방의 사회적·문화적 의미는 다를 수 있다. 직장인에게 노래방은 회식문화의 공간으로 음주 후 이어지는 유흥공간이 될 수도 있고, 청소년들에게는 학업스트레스를 해소

할 수 있는 신나는 놀이공간이 될 수도 있다. 또 어떤 이에게는 노래방 도우미나 음주가 함께하는 불법적인 공간이 될 수도 있다. 집단에 따라 노래방이 가지는 문화적 의미, 그리고 노래방이라는 공간의 경험은 다르다. 또 한 개인에게 있어서 가족과 노래방에 갈 때와 친구들과 노래방에 갈 때 그 의미는 달라질 수 있으며, 각각의 상황 속에서 그 사람의 행위 역시 달라질 수 있다.

노래방은 다른 방문화와 비슷하게 자본주의 시스템 속에서 상품화된 형태로 제공되는 오락과 놀이의 소비공간이라 할 수 있다. 그러나 자본주의 사회의 상품화된 놀이가 많은 경우 '구경'과 '소비'의 형식을 띠어 사람들을 놀이의 주체라기보다 놀이의 객체로 만드는 데 비해, 노래방에서의 놀이는 직접 '체험'하고 '참여'하는, 좀 더 능동적인 형식을 띤다.

김창남(2010)은 디지털 시대가 도래하면서 사람들은 무언가를 직접 체험하고 참여하면서 놀고 싶어 하는 경향이 커지고 있으며 이러한 경향은 젊은 세대로 갈수록 더 강하다고 지적한다. 이제 많은 사람들은, 특히 젊은이들은 그저 가수들의 노래를 듣고 감상하는 데 머물지 않고 노래방에 가서 스스로 노래를 부르고 싶어 한다. 노래방에서 노래를 부르는 행위를 통해 사람들은 대중가요의 '수동적 소비자'에서 '능동적 생산자'의 위치로 격상한다고 볼 수도 있다(강준만, 1999).

노래방이라는 상업화된 공간이 대중화되기 이전에도 한국 사회에서는 장소에 큰 구애를 받지 않고 여러 사람이 모이면 함께 노래를 부르거나 한 사람씩 일어나 노래를 부르는 문화가 널리 퍼져 있었다. 이러한 기존의 노래부르기 문화는 대체로 집단주의적인 색채를 띠었다. 그러나 노래반주기를 구비한 전문화되고 상업화된 노래방이라는 공간에서의 노래부르기 문화에서는 집단의 결속과 전체성보다 '개인의 드러냄과 개인적인 실현'이 강화될 수 있다(송도영, 1997).

김찬호(2007)는 한국인이 노래방을 찾는 이유에 대해 우리가 "축제가 실종된 사회"에 살고 있기 때문이라고 지적한 바 있다. 축제가 실종된 사회 속에서 노래방은 억눌린 유희 충동을 마음껏 분출하면서 "체면이라는 가면을 벗고 호모루덴스(놀이하는 인간)적인 본능에 충실"할 수 있는 공간이라는 것이다. 송도영(1997)은 "도시 속 원시동굴 축제"가 벌어지는 노래방은 "다중적이고 다층적인 혼합"의 공간이며 그 의미를 단순하게 규정할 수 없는 '블랙박스'와 같은 불투명 공간이라고 했다. 박소진(2012)은 20대 대학생들에게 노래방은 각자 주인이 되어 자기를 드러내는 '자기표현'의 공간이면서 동시에 서로를 품평하는 일종의 '전시' 공간이라는 점을 지적한다.

노래방 공간이 고급화되고 있는데, '닫힌' 밀실과 같은 노래방의 이미지가 밝고 환한 '열린' 공간으로, 나아가 자신을 드러내는 '전시' 공간으로 바뀌고 있다. 1990년대에 등장한 노래방은 주로 지하에 많이 위치하였고 지하가 아니더라도 창문이 없는 밀실 형태의 노래방이 보편적이었다. 1990년대 말 2000년대 들어서 이러한 평범한 소규모 노래연습장에 대비되는 소위 '럭셔리 노래방'이 등장하면서 노래방 공간이 고급화, 차별화, 프랜차이즈화되는 경향이 나타나고 있다. 기존 노래방의 어둡고 부정적인 이미지와 대비하여 밝고 깨끗하고 오픈된 이미지로 차별화한 '럭셔리 노래방'

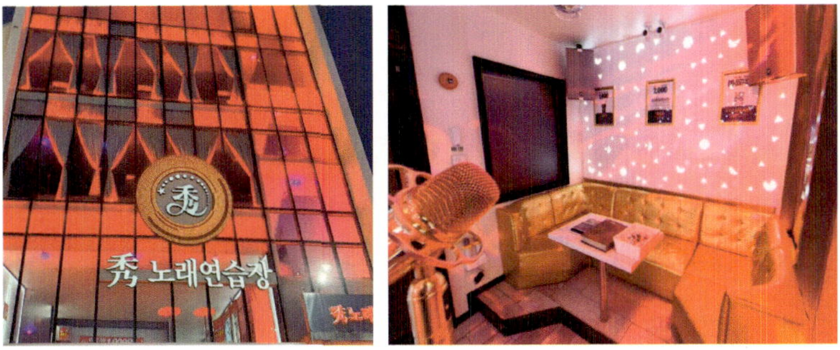

▶ 밝고 건전한 놀이공간으로 변신한 노래방 (秀 노래방 제공)

은 카페 같은 화려한 실내 디자인과 인테리어를 갖추고 노래방의 고급화를 이끌고 있다. 신발을 벗고 들어가서 자기 집 안방처럼 편안한 분위기를 즐길 수 있도록 온돌방 형태의 노래방도 등장했으며, 가발이나 선글라스, 의상 등 이색적인 소품을 제공하거나 아예 방마다 캐릭터나 주제에 맞는 인테리어, 소품 등으로 테마방 형식을 가진 노래방도 등장했다. 탬버린만이 아니라 드럼과 키보드 등 악기가 구비되어 있는 노래방이 있는가 하면, 대형모니터와 최신 반주기뿐 아니라 무선마이크나 녹음실에서 사용하는 스탠드마이크가 설치된 곳도 있고, 회원이나 VIP고객을 위해 개인 마이크를 제공해 주는 곳도 있다. 공기청정기가 설치되기도 하고, 깔끔한 유니폼을 입은 직원이 맞이하거나 과자나 아이스크림 등을 무료로 제공하거나 여성전용공간을 따로 마련한 곳도 있다.

노래방 공간의 변화, 특히 '오픈된' 노래방의 이미지는 기존 노래방의 밀실과 같은 '닫힌' 이미지와 정반대라는 점에서 주목할 만하다. 밝고 오픈된 노래방의 이미지는 침체기 속에서 점점 불거져 온 '청소년 탈선의 온상'이나 노래방 도우미 고용 등으로 인한 '퇴폐공간'으로서의 부정적인 이미지를 불식시키고, 청소년, 젊은 층과 여성, 가족 등 남녀노소 누구나가 즐길 수 있는 놀이공간으로서의 노래방의 위상을 재확인한다. 기존의 '닫힌' 노래방은 노래방을 함께 들어간 사람들끼리 '우리만의 공간' 속에서 누구의 눈치도 보지 않고 신나게 노래하고 놀 수 있다는 점이 강조되었다면, 유리창을 통해 훤히 비춰지는 노래방의 이미지 속에서 길거리를 지나가는 불특정 다수에게 마치 '나(또는 우리) 좀 봐줘'라는 식의 새로운 문화적 코드가 부가된다. 이런 점에서 고급화되고 오픈된 노래방은 소비자들에게 더 이상 '밀실'이 아닌 자신을 드러내는 '전시' 공간으로 변화된다.

어르신들의 목적 있는 여행을 지원하는 콘텐츠 서비스

노후를 적극적으로 즐기는 '활동적 시니어'들 사이에 새로운 여행 풍속도가 생기고 있다. 시니어의 취향이 다양해져 단순 관광을 넘어 배우고 체험하는 '참여형 여행'에 관심이 높아지고 있다. 자녀의 금전적 지원으로 떠났던 효도 여행과 다르게 스스로 비용을 지불하며 자신의 취미와 추억, 삶의 의미를 찾는 '목적 있는 여행'을 떠나는 것이다.

50대 이상 활동적 시니어를 위한 대표적인 여행업체는 1975년 미국에서 설립된 로드 스칼라(Road Scholar)다. 본래 명칭은 '엘더 호스텔(elder hostel)'이었는데 2010년 로드 스칼라로 변경됐다.

로드 스칼라는 '길 위의 학자'라는 뜻으로 탐험하고 모험하는 전 세계의 시니어를 의미한다. 스스로 비용을 지불할 수 있으면서 자신의 취미와 추억 및 삶의 의미를 찾을 수 있는 여가활동을 추구하는 55세 이상의 중산층 전문직 시니어를 표적시장으로 선정하였다. 또한, '세계에서 가장 크고 혁신적인 체험학습의 기회 창출자'로 포지셔닝하고, 표적고객이 스스로 체험하고 배우고 도전하는 다양한 여가활동을 통해 성장할 수 있도록 지원하였다. 220명으로 시작된 프로그램 참가자는 이제 매년 10만 명을 넘어서는 수준이며 150개국 5,500개의 프로그램을 제공하는 세계적인 네트워크로 성장했다. 로드 스칼라는 성인들이 세상을 통해 배우고 다시 활력을 느끼고 새로운 친구들을 만나며 시야를 넓힐 기회를 제공하고자 노력해왔다. 이러한 목표를 달성하기 위해 여행,

▶ 어르신들의 '목적 있는 여행' 서비스를 제공하는 로드 스칼라

문화, 역사, 학습, 스포츠, 탐험(야외, 해상) 등의 활동을 결합한 프로그램을 제공함으로써 차별화전략을 추진하였다. 프로그램의 참가비용은 여행기간 및 장소 그리고 활동에 따라 400~8,000달러로 다양하였다. 경제적으로 여유가 없는 시니어들의 참여를 독려하고자 가격차별화전략을 추진하였으며, 대학과 정부의 후원 및 재정보조를 받아 비용을 충당하였다.

시니어를 대상으로 평생교육과 여행이라는 두 가지 목표를 추구한다. 탐험하고 모험하며 세상이 하나의 큰 교실이 되는 셈이다. 프로그램은 관심사나 지역 등을 기준으로 선택하면 된다.

쿠바에서 남극대륙까지 갈 수도 있고 호주박물관의 유물을 보거나 아리조나사막도 트래킹할 수 있다. 150개국 중 가서 배우고 싶은 나라 또는 박물관 관람, 어학연수, 카약 타기 등 관심사에 따라 프로그램을 선택하면 된다. 또 활동단계를 5개로 나눠 원하는 단계를 고르면 된다. 예를 들어 미국 알래스카 열차여행을 고르면 활동 단계와 가격, 일정, 숙박과 식사 등을 한눈에 볼 수 있다.

손자와 함께 여행할 수 있는 세대 간 여행 프로그램은 주목할 만하다. 역사탐방부터 카약타기, 손자들이 좋아할 만한 해리포터의 마법세계도 체험할 수 있다. 시니어의 관심사에 따라 해외에서 살면서 언어나 역사를 배울 수도 있다. 예컨대 이탈리아 플로렌스에서 한 달 반 동안 현지인처럼 생활하며 어학연수를 받는 식이다. 이처럼 우리보다 먼저 고령사회에 진입한 북미, 유럽, 일본 등에서는 시니어를 주 고객으로 하는 전문 여행사와 상품이 이미 다수 개발되어 있다.

모험적이고 액티브한 경험을 추구하는 시니어들을 위한 전문 여행사인 엘더트렉스(Eldertreks)는 50세 이상의 사람들을 위해 설계된 모험 여행 회사이다. 소그룹 모험은 100개 이상의 국가를

▶ 소규모 모험 여행을 위한 엘더트렉스 여행상품 (홈페이지 갈무리)

포함하며 야생 동물 사파리, 하이킹 여행, 문화 여행, 독특한 탐험을 포함한다. 투어는 능력과 관심의 차이를 인식하여 1(쉬움)에서 5(도전)까지의 활동 수준으로 평가된다. 1단계에서 여행자는 1마일을 걷고 1~2시간 동안 하이킹을 할 수 있어야 하고, 5단계에서는 5마일을 걷고 5시간 이상 하이킹을 할 수 있어야 한다.

시니어 단체 여행자들을 전문으로 하는 여행사 그랜드서클트레블(Grand Circle Travel, gct.com)은 크루즈, 미국 내 여행, 해외여행 상품 등을 개발하여 노인 맞춤 서비스를 제공하고 있다. 은퇴한 교사인 에델 앤드러스(Ethel Andrus)는 미국 노인들이 활기차고 도전적인 삶을 영위하도록 1958년 미국은퇴자협회(American Association of Retired Persons)와 이들을 위한 여행사를 설립하였다. 여행의 힘을 인식한 그녀는 시니어를 위한 우수하고 특화된 서비스, 신체적 기능을 고려한 여행 코스와 속도, 지역 사람들과 문화를 배우고 상호작용할 수 있도록 여행상품이 설계되어야 한다고 주장했다. 이 설립 원칙은 오늘날까지 이어지고 있으며 최근에는 솔로 여행자를 위한 상품도 개발되고 있다. 각 상품은 활동 수준

▶ 시니어 단체 여행자를 위한 전문 여행서비스 (홈페이지 갈무리)

에 따라 1부터 5까지의 난이도가 표기되어 있다. 또한 신체적 요구 사항, 비행 사항, 지형 및 이동수단, 기후, 일정, 관련 영상 및 후기 등의 정보가 상세하게 제공되어 노인들이 자신의 조건에 맞는 여행을 찾고, 결정하도록 돕는다.

시니어의 다양한 취향을 세분화하여, 사이클링을 좋아하는 활동적인 50세 이상의 성인을 위한 자전거 여행 전문상품(Senior Cycling, seniorcycling.com), 주로 자신이 선택한 목적지에서 도보나 하이킹을 통해 몰입의 경험을 추구하고자 하는 50세 이상의 여행자를 대상으로 한 도보 전문 여행상품(Walking the World, walkingtheworld.com), 50세 이상의 여행자를 위한 소그룹 해외 모험 여행(Overseas Adventure Travel, oattravel.com), 미식이나 인문학, 박물관 탐험, 자원봉사, 가이드/에스코트 투어 등 다채로운 시니어 전문 상품과 서비스를 제공하고 있다.

시니어의 선호와 취향을 고려한 전문 여가, 관광 상품들은 경험 소비재가 되었고, 곧 삶의 일부가 되고 있다. 인생의 행복감과 웰빙, 웰 에이징(well-aging)의 중심에는 흥미롭고 즐거운 여행 경험이 있는 것이다.

가상 관광, 스마트 여행 서비스

코로나바이러스 감염증(코로나19)의 확산으로 사람들의 자유로운 이동이 제한되면서 교육, 공공서비스, 예술, 종교, 기업 등 거의 모든 분야에서 가상공간에 대한 관심이 높아졌다. 온라인을 통해 수업을 듣고, 회의를 하며, 문화생활, 종교 활동을 하는 모습은 이제 익숙한 일상이 되었다. 그러나 온라인 환경에서의 활동에서는 사람 간의 상호작용이 현실공간에 비해 제약이 있다는 한계점이 지속적으로 지적되면서 이를 극복할 대안으로 가상현실을 이용한 다양한 콘텐츠가 주목받고 있다.

특히 '이동'으로 대표되는 관광 분야에서는 인간의 활동 영역을 가상세계로 확장, 정보통신기술을 활용한 '가상 관광'에 더욱 주목하고 있다. 이미 코로나19 이전부터 단체 관광의 비중이 감소하고 개별관광이 증가하면서 개별 소비자의 니즈에 맞는 AI 및 VR 기술과 접목한 관광지, 관광 상품 등에 대한 '사전 경험'이 마케팅 수단으로 강조되기 시작했다. 관광이 이전의 '관찰' '순회'의 역할 이외에 '직접적 체험'과 '상호작용'이 중요한 요소로 대두되었기 때문이다. 코로나19 이후에는 안전한 '가상 관광'을 통한 보다 새로운 경험을 제공하여 호기심을 자극하고 상호작용을 위한 콘텐츠로서 그 가능성이 더욱 증대되고 있다.

가상현실을 활용한 관광 콘텐츠는 관광을 떠나기 어려운 상황에서 유명 관광지를 직접 가지 않더라도 가상현실을 통해 생생한 관광 경험을 하게 됨으로써 호기심을 자극하고 즐길거리를 제공할 수 있게 된다.

대표적인 경험 상품인 관광은 직접 보고, 느끼고, 체험하면서 만족감을 얻는 소비행위로서, 직접 경험이라는 관광 행위의 본질에 막대한 영향력을 미칠 정보기술 수단인 가상현실기술을 활용한 콘텐츠는 진정한 잠재력을 갖고 있다고 볼 수 있다. 이러한 가상현실은 원격지의 현실을 지금 이곳에서 충실하게 재현할 수도 있고, 원본이 존재하지 않는 것을 마치 현실인 것처럼 만들어 낼 수도 있다. 가상현실의 이러한 특성을 직접 활용하면 경험 그 자체를 상품화할 수 있는 것이다. 가상현실의 테마파크라면 가상현실 경험은 현실에서는 얻을 수 없는 경험으로 가상현실 경험 상품의 가치는 더욱 선명해질 것이다. 가상현실 관광 상품이 현실화되면 이곳을 보기 위해 직접 갈 필요가 없다.

관광 분야의 가상현실 콘텐츠로서 최근 박물관 · 미술관의 소장 자원에 다양한 첨단기술을 적용한 디지털 체험존을 조성하고 콘텐츠 제작의 지원에 있어 실감 콘텐츠 기반 체험 기회를 제공함으로써 생동감 있는 문화유산 향유 기회를 제공하고 대국민 문화서비스 기능을 강화하게 한다. 케이팝 공연을 가상현실로 즐기고 한류 연예인과 증강현실로 사진을 찍을 수 있는 체험 구역을 조성해 한류관광서비스를 제공하기도 한다. 이를 통해 외래관광객이 선호하는 케이팝 공연, 한류스타, 글로벌 캐릭터 등 한류 콘텐츠와 실감형 콘텐츠(AR, VR)를 연계하여 방한 유인 요소를 확대하고 외래관광객 유치를 증가시킬 수 있다.

도쿄타워에서 체험할 수 있는 VR 천문대는 가상현실을 통해 시공 엘리베이터를 타고 우주로 이동하고 안내자인 에리카와 함께 우주를 일주하는 이야기를 담고 있다. 실제 천문대를 그대로 재현했다기보다 우주를 탐험하는 즐거움을 느낄 수 있는 이야기를 제공하는 서비스로 도쿄 도심에 있는 랜드마크에서 별과 우주를 탐험할 수 있어 직접 천문대를 찾아가는 것보다 편하게 별의 이야기를 이해할 수 있게 해준다. 퍼스트 에어라인은 실제 비행기를 타지 않는 대신 지상에 기내와 비슷한 조명과 소리로 같은 환경과 넓은 좌석을 갖추어 1등석에서 맛볼 수 있는 최고급 요리 서비스를 제공하기도 한다. 식사 서비스 이후 곧바로 떠나지 않고 실제 여행을 간접적으로 체험할 수 있도록 가상현실서비스를 추가하여 식사를 포함해 110분 동안 VR 헤드셋을 끼고 뉴욕이나, 파리, 로마, 하와이 등 다양한 국가를 여행하는 서비스도 제공한다. 메리어트 호텔 및 리조트, 베스트 웨스턴 호텔 및 리조트, 홀리데이 인 익스프레스, 칼슨 레지도 호텔 그룹, 샹그릴라 호텔 및 리조트 및 에어 비앤비 등 수많은 호텔은 VR을 게스트 경험에 통합시키기도 하였다.

해외의 경우 네덜란드 에프텔링(Efteling) 테마파크는 휠체어를 타고 테마파크에 방문한 장애인을 위해서 '꿈의 비행(Droomvlucht)'이라는 롤러코스터를 가상현실에서 경험할 수 있는 서비스(Virtual Droomvlucht)를 제공하고 있다. 웰니스관광으로 실버관광객에게 긍정적인 VR 경험을 제공하기도 한다. 모바일VR 경험 플랫폼은 불안감을 줄여주도록 설계하였고, 웰니스VR의 콘텐츠는 긍정적인 명상, 아름다운 자연경관, 그리고 마음을 확장시키는 학습 및 공연 경험을 제공하여 움직이기 힘들거나 아프거나 장애가 있는 실버관광객은 뉴질랜드의 해변, 수족관 등의 장소로 VR을 통해

▶ VR 경험으로 장애인도 롤러코스터 경험을 만끽할 수 있다. (네덜란드 에프텔링 테마파크)

여행하거나 콘서트를 경험할 수 있게 한다.

VR은 존재하지 않는 현실을 창조할 뿐만 아니라 이미 존재하는 현실을 그대로 옮겨놓을 수 있는 기술이며, 그 현실에서 느낄 수 있는 온갖 감각을 고스란히 재현하는 기술이다. 그 때문에 VR은 여행과 교육, 항공, 의료 등의 부문에서도 많은 관심을 받고 있다. 비옷을 입고 물보라를 맞을 수는 없겠지만, 굳이 비행기를 타지 않더라도 나이아가라 폭포의 장관을 보고 듣고 느낄 수는 있는 것이다.

나아가 최근 메타버스와 '가상현실'기술이 융합하여 '가상 관광'은 단순히 현실세계에 존재하는 경험의 체험이 아닌, 메타버스라는 가상의 공간에서 '관광'하면서 색다른 경험과 재미를 느끼게 하고 있다.

온라인 공연과 콘텐츠 경험의 확장

코로나19로 인해 공연예술의 범위가 오프라인에서 온라인으로 확장되고 있다. 전통적으로 공연이란 같은 시공간에서 실연자와 관객이 상호작용하는 현장예술이다. 그런데 팬데믹 상황에서는 공연이 진행되는 동안 실연자와 관객 간의 접촉 가능성이 높아 감염병에 취약한 특성이 있다. 따라서 공연시장의 활성화를 위한 새로운 대안으로 온라인 공연이 대중음악 장르에서 도입되고 있다.

온라인 공연은 실연자와 관객이 직접 접촉하지 않고 온라인 플랫폼을 통해 공연 영상을 송출하는 디지털 콘텐츠이다. 기존의 공연이 오프라인을 기반으로 하는 한정된 범위를 대상으로 했다면, 온라인 공연은 관람객의 수, 공연 장소, 공연기술, 관객 개발 등 다양한 영역에서 공연의 범위를 새롭게 확장하고 있다.

온라인 공연은 플랫폼에서 공연 영상을 녹화 송출 혹은 실황 생중계하는 서비스로, 촬영과 편집만 가능하다면 단체의 규모에 상관없이 도전할 수 있는 새로운 서비스 모델이다. 온라인 공연은 오프라인 공연의 특성이었던 현장성과 일회성 대신에 '복제성'이라는 새로운 특성을 가지게 되었다. 복제성은 공연을 영상으로 디지털화함에 따라 대량 생산 및 배포를 가능하게 했다.

온라인 공연의 복제성으로 인해 관객들은 극장에 직접 방문하지 않아도 공연을 관람할 수 있기 때문에 문화예술 향유 기회가 증가하여 문화 민주주의 실현이 가능하다. 또한 공연의 복제와 배포를 통해 저렴한 관람 가격이 형성될 것이고, 이는 공연 관람에 대한 진입장벽을 낮추어 직·간접적으로 관객 개발에 도움이 될 것이다.

온라인 공연의 복제성은 공연의 비용질병을 극복한다. 온라인 공연은 오프라인 공연에 비해 제작비가 적게 투입되어 공연기획사가 부담하는 수익에 대한 불확실성이 낮다. 실제로 비대면 공연은 무관중으로 진행할 수 있기 때문에 대규모 공연 시설의 대관이나, 이에 따른 진행 보조인력의 고용에 투입되는 비용을 절약할 수 있다. 또한 수익 측면에서 온라인 공연은 시공간의 제약이 크지 않고 관객은 무한대로 수용할 수 있기 때문에 낮은 티켓 가격을 책정하더라도 높은 수익을 창출할 수 있다.

이러한 장점으로 인해 공연예술계는 온라인 공연을 도입하기 시작하였다. 방탄소년단의 첫 유료 온라인 콘서트인 '방방콘(Bang Bang Con : The Live)'을 시작으로 온라인 공연이 실험적으로 추진되기 시작하였다.

세계적으로 많은 팬을 확보하고 있는 영국의 록밴드 콜드 플레이(Coldplay)의 크리스 마틴(Chris Martin)은 #TogetherAtHome이란 태그로 유튜브에 채널을 열었다. 특정 무대나 스튜디오와 형식적인 요소를 모두 배제하고 소소하게 자신의 집이나 소규모의 캐주얼한 공간에서 라이브 공연을 하는 형태다. 이러한 형태의 공연은 국내에서도 빠르게 증가하고 있으며 여기에는 유튜브와 같이 손쉽게 채널을 열 수 있는 플랫폼의 역할이 한몫을 하고 있다. 이처럼 소소하고 작은 규모로 실시간 팬들과 소통을 하는 형태에서부터 하이브(HYBE), SM, YG, JYP와 같은 국내 대표적인 글로벌 엔터테인먼트사에서 진행하는 아이돌 그룹의 대형 무대와 각종 음향, 영상 기술이 포함된 형태까지 그 양상이 다양하게 나타나고 있다. 2020년 6월에 열린 '방방콘(방에서 즐기는 방탄소년단 콘서트)'은 전 세계 75만 명이 동시 접속 참여해 세계 동시 접속자 신기록을 세우는 등 언론의 주목을 받았으며 온라인 공연의 새로운 가능성을 열기도 했다.

대중음악 분야만이 아니다. 클래식 및 전통 음악(국악) 분야에 있어서도 이러한 변화 양상은 빠르게 드러나고 있다. 예술 공연이 주로 열리는 예술의 전당, 세종문화회관의 경우, 무(無)관중 공연을 진행하거나 영상을 촬영해 온라인 플랫폼을 통해 공연 서비스를 제공하기 시작했다.

비대면 음악 공연은 끊임없이 진화 중이다. 최근에는 현실과 가상공간의 결합된 형태라 할 수 있는 메타버스 플랫폼을 통해 각종 음악 콘서트, 쇼케이스 등을 진행하고 있다. 네이버Z에서 만든 메타버스 플랫폼 제페토에서 열린 블랙핑크의 버추얼 팬사

인회는 약 5,000만 명이 이벤트에 참여했으며 이 행사에서 선보인 블랙핑크의 아바타 캐릭터를 활용한 아이스크림 댄스 퍼포먼스 뮤직비디오는 한 달 만에 유튜브 채널에서 7,200만 뷰를 기록했다. 이뿐만 아니라 BTS 등 글로벌 케이팝 스타들은 이 공간에서 자신만의 아바타를 만들어 선보임으로써 국내 팬은 물론 전 세계 팬들의 플랫폼 유입이 증가하고 있다.

3. 안심 · 힐링 콘텐츠

위험사회, 불안 시대 안심 콘텐츠의 가치

홀로 밤거리를 걷기가 두려운 것은, 혹시 강도를 만날지도 모른다는 두려움 때문이다. 두려움의 원인은 실제 강도가 우글거려서가 아니라, 행여나 있을지도 모를 그런 '보이지 않는' 존재 때문일 것이다. 경찰이 나서서 강도는 없으니 안심하고 다니라고 목소리를 높인다고 해서 불안이 해소되는 것은 아니다. 안전하다는 확신이 들 때에야 비로소 밤거리 산책은 가능하다.

이른바 '안심' 콘셉트로 '안전' 콘셉트보다 더 나아간다.

안전은 '물리적, 기술적 문제'로 수용 가능한 혹은 잠재적인 위험으로부터 면해지는 것을 의미하나, 안심은 마음으로부터 걱정이나 불안을 느끼지 않고, 기쁨이나 행복감을 느끼는 '마음의 상태'라는 차이가 있다. 안전은 사건, 사고로부터의 안전인 반면, 안심은 사건, 사고의 위험이 없는 마음의 평안이나 안녕상태인 것이다. 안전은 전혀 예기치 못한 위험에 대한 걱정과 불안이 포함되어 있으나, 안심은 예기치 못한 위험에 대한 걱정과 불안이 없는 마음의 평안과 안녕상태를 의미한다. 결국, 안심은 외부적, 신체적, 사회적인 안전요소를 강화하고, 위험 및 위기 요소를 제거함으로써 얻게 되는 심리적 안녕으로서 지극히 주관적 개념으로 볼 수 있겠다.

국내에서는 안전과 안심이 혼용되어 사용되나, 안전과 안심은 분명히 다른 개념이다.

아무리 정부나 전문가들이 나서서 '안전'하다고 주장해도 공중의 '안심' 여부는 안전과는 별개의 문제가 된다. 특정 위험에 대한 불안은 위험이나 위협적 요소가 설사 제거되었다고 하더라도 외상 후 장애와 같이 지속되는 특성을 보인다. 이는 특정 위험에 대해 전문가에 의해 측정된 위험수준과 공중의 체감 간에 명백한 괴리가 있음을 시사한다. 특히, 안심은 심리적 평안과 안녕상태, 즉 긍정적 감정과 관련되지만, 불안은 명백히 두려움과 같은 부정적 감정이므로 '낮은 불안상태'가 곧 '안심상태'라고 볼 수 없다.

안전은 바람직하지 않다고 생각되는 실패나 상해, 오류, 사고, 위해 등의 물리적, 사회적, 정신적, 재정적, 정치적, 감정적, 직업적, 심리적, 교육적 결과로부터 보호된 상태를 의미한다. 안심은 주관적이고 심리적인 상태(feel safe or feel secure)에 관한 안전의 한 측면이다. 공공질서를 파괴하는 범죄로 인한 사회적 위험과 자연·인적 재해로 인한 위험과 상해로부터 국민이 보호되고 있다고 믿는 신뢰감을 의미한다.

각종 보험에 가입하는 것은 현재의 불안을 일소하고 미래 위험에 대비하는 것이다. 안심하고 살아가기 위함 아니겠는가.

콘텐츠 서비스 분야에서는 휴대폰 안심 서비스(분실보험, 재난방송 등)가 그 원형일 게다. 최근 자동차 업계에서 활발한 주행(졸음방지 기능 등), 주차 관련 안심 서비스 역시 그러하다. 이처럼 다양한 분야와 함께 안심 서비스, 신뢰-희망 콘텐츠를 구상할 수 있다. SNS의 경우, 소통을 모토로 하는 속성을 최대한 활용해 안심과 희망을 공유하는 서비스 기획이 가능할 것이다. 애플리케이션의 경우, 우울증 등 감성을 진단해 대응하도록 해주는 자가진단 앱, 댓글 등 개인의 기록을 지워주는 '잊힐 권리' 구현 앱 등 다양한 기획이 가능하다.

힐링을 제공하는 미디어콘텐츠

미디어에서 '힐링'이라는 단어가 여기저기서 사용된 것은 SBS 〈힐링캠프〉의 방영을 전후해서이다. 2011년 7월부터 2016년 2월까지 인기리에 방송된 〈힐링캠프〉는 연예인과 유명인들이 출연해 자기의 이야기를 마음껏 할 수 있는 거의 유일한 토크쇼였다. 인기가 높아지자 연예인뿐 아니라 정치인까지 출연했다. 자신이 몸담은 직업세계의 소신뿐만 아니라 여가관, 라이프스타일, 취향까지 엿볼 수 있었다. '힐링'이라는 제목이 붙은 것은 아마도 출연진들이 이야기를 하면서 감정적 해우소의 역할을 하는 프로그램의 특성을 반영한 것이 아닐까 싶다.

최근 TV 등 각종 미디어들은 힐링 트렌드를 강요하듯 부추기고 있다. 〈꽃보다 청춘〉, 〈뭉쳐야 뜬다〉, 〈배틀 트립〉, 〈섬총사〉, 〈삼시세끼〉, 〈효리네 민박〉 등을 보면 여행 한번 안 가는 게 이상하게 여겨질 정도다. 여행을 가기 위해 회사를 그만두는 일이 이제는 기이하게 여겨지지도 않고 귀촌, 귀농도 특별하게 생각되지 않는다. 각종 문화산업과 미디어에서 '치유'와 '위로'를 연결한 서비스와 상품으로 소비되는 힐링은 특별히 아픈 사람만이 아닌 일반적으로 모두가 향유하는 문화가 되었다.

가만히 10분간 멍을 때리며 바라보게 되는 프로그램이 있다. 공중파 EBS가 지난해 9월부터 매주 월~목요일 밤에 방영하는 프로그램 〈가만히 10분, 멍TV〉다.

장어 굽기 · 닭튀김 등 요리부터 초승달 · 대나무숲 · 연못 속

▶ 티멍 하게 하는 방송 프로그램 (EBS 홈페이지)

물고기 같은 자연, 63빌딩 · 광안대교 · 서울역 · 광화문 등 도시 풍경까지, 일상에서 흔히 볼 수 있는 모습을 아무런 설명이나 장면 전환 없이 있는 그대로 쭉 보여준다.

도시 일상부터 기차가 달리고 폭포에서 물이 쏟아지는 자연 풍경까지 있는 그대로 10분간 보여준다. 자막도, 내레이션도, 특수효과음도, 심지어 장면 전환도 없다.

멍TV는 공식 홈페이지에서 "시청자가 마치 그곳에 머무는 것처럼 평화와 사색의 시간을 보낼 수 있는, 시청자의 마음을 달래주는 프로그램"이라고 소개되고 있다.

10분 동안 아나운서의 내레이션이나 장면 전환 없이 대상을 가만히 들여다보기만 한다. 일상에 지친 사람들이 아무 생각 없이 편안하게 TV를 볼 수 있도록 만든 콘텐츠다.

'힐링'을 소재로 한 다양한 방송 프로그램들이 등장하고, 웰빙 혹은 테라피란 또 다른 이름으로 의학정보를 다루는 프로그램은 건강이 경쟁력의 필수임을 어필한다. 음식을 요리하거나 먹는 내용을 다루는 쿡방이나 먹방을 통해 '정서적 허기'를 달래기도 한다. 문화적 트렌드로서 공감과 소통은 모든 콘텐츠 영역에서 중요한 키워드가 되었다. 종합편성 채널 등장 이후 늘어난 단순한 토크 위주의 프로그램 역시 자기 고백, 자기 노출 위주의 오락적 요소를 가미하며 다양한 방식으로 무한경쟁에 지친 이들의 심신을 위로하고 격려할 수 있는 '공감'을 시도한다.

그렇다면, 대중들이 휴식에 초점을 맞추는 힐링 예능에 관심을 갖게 된 원인은 무엇일까?

관찰 유형 프로그램은 소박하고 여유로운 삶을 지향하는 '킨포크 트렌드(Kinfolk Trend)'를 즐기는 사람들이 증가함에 따라 힐링 예능의 인기가 상승하면서 하나의 트렌드로 자리잡았다. 킨포크 트렌드란 '친척, 친족 등 가까운 사람'이라는 뜻을 가진 영어인 킨포크(kinfolk)와 같이 가까운 사람들과 함께 어울리며 느리고 여유로운 자연 속의 소박한 삶을 지향하는 현상을 말한다. 2011년 미국 포틀랜드에서 작가, 화가, 사진가, 농부, 요리사 등 40여 명의 지역주민이 자신들의 일상을 기록하여 창간한 계간지인 〈킨포크(KINFOLK)〉가 시발점인 것으로 알려져 있다. 〈킨포크〉에는 포틀랜드 지역의 생활상이 담겨 있다. 이들은 직접 수확한 유기농 식재료로 요리를 만들고 음식을 나눠 먹기도 한다.

킨포크 스타일은 자신만의 소소한 라이프스타일을 즐기며 지인들과 공유하는 것이다. 킨포크 스타일이 주목받는 이유는 바쁘고 외로운 현대인들이 자연 친화적인 삶과 개인의 감성으로 돌아가고 싶다는 꿈을 꾸기 시작했기 때문이다. 1인 가구가 급증하면서 모르는 사람이더라도 함께 식사를 하기 위한 일명 '소셜 다이닝'이 각광받는 시대이기도 하다. 1인 가구의 삶을 보여주는 TV

프로그램 〈나 혼자 산다〉 또는 내 정보를 시청자와 SNS를 통해 공유하는 〈마이 리틀 텔레비전〉, 그리고 시골에서 세 끼 식사를 차려내는 〈삼시세끼〉 등의 프로그램이 인기 높은 이유도 이런 삶의 방식과 비슷한 맥락에서 이해할 수 있을 것으로 보인다.

킨포크의 함의는 자유, 감성, 심플함이다. 평범한 일상 속에서 소소한 행복을 찾아 자기가 키운 애완동물의 귀여운 사진, 자신이 즐겨먹는 레시피 공유, 자연과 함께 생활하고 여유를 즐기는 모습 등에 감성을 더한 후, SNS처럼 소통이 가능한 도구를 이용하여 주위 사람과 공유한다. 이런 방식을 통해서 자기의 일상을 한층 더 풍요롭게 만들 수 있다. 공유하는 과정이 곧 소통하는 방식이라고 할 수 있다.

발리 1호점에 이어 스페인의 작은 섬에 위치한 가라치코 마을에 2호점을 오픈한 예능 프로그램 〈윤식당〉 시즌2는 낯설지만 이국적인 아름다움을 간직한 스페인의 풍광과 윤여정, 정유미가 정성껏 만든 한식 요리들로 다채로운 볼거리를 선사했다. 여기에 조용하고 한적한 소도시에서 소소한 일상을 보내며 현지 주민들과 '이웃'이 되어가는 윤여정, 이서진, 정유미, 박서준의 모습은 한번쯤은 복잡한 도시를 벗어나 지친 몸과 마음을 한 템포 쉬어 갈 수 있는 여유를 꿈꾸는 시청자들의 마음속 판타지를 자극하며 역대 tvN 예능 시청률 최고 수치인 19.4%까지 기록하는 등 인기리에 방영되었다.

미디어가 힐링을 대하는 주된 방법은 공감을 일으키는 것이다. 〈힐링캠프〉와 같은 토크쇼가 대표적인 예다. 출연자들은 자신이 성공할 때까지의 인생역정을 풀어놓는다. 이때 그가 삶의 즐겁고 좋은 부분에 대해서만 얘기한다면 그 사람은 힐링을 위한 공감의 대상이 될 수 없다. 잘나 보이는 유명인에게도 다른 사람들처럼 불행한 과거가 있었고 인생의 역경이 있었다고 이야기함으로써 그는 타인의 공감을 얻고 힐링의 대상이 된다.

시즌2까지 제작된 JTBC의 〈효리네 민박〉은 화면을 통해 가수 이효리 부부의 소박하고 여유로운 삶을 보여준다. 그리고 대중들에게 '힐링'이라는 정서를 효과적으로 전달한다. 기존의 여타 예능 프로그램과 〈효리네 민박〉의 대표적인 차이는 이 프로그램에서는 '재미'를 1순위로 강조하지 않는다는 점이다. 이전의 예능 프로그램들이 즐거움과 흥분을 유도하는 자극적인 설정을 소재로 구성되었다면, 〈효리네 민박〉은 시대의 사회, 문화적인 변화에 따라 대중들이 가장 필요로 하는 요소인 '위로'와 '치유'의 감정을 느끼도록 하는 것에 더욱 집중한다. 〈효리네 민박〉은 이효리-이상순 부부가 그들의 집에서 일반인 여행객들을 대상으로 2주간 민박집을 운영하고, 톱가수 아이유가 직원으로 참여하며 벌어지는 일들을 담은 리얼리티 예능이다. 집을 떠나 다른 낯선 곳에서 먹고 자고, 새로운 경험을 하기 위해 사람들은 여행을 선택한다. 하지만 여행을 가면 돈이 많이 든다. 돈 때문에 여행을 포기한 사람들도 있다. 그러나 〈효리네 민박〉은 돈이 없어도 마음의 여유만 있다면 경험할 수 있다.

〈효리네 민박〉의 이야기는 '소통형' 민박 운영을 위주로 내용을 이어간다. 일반인 출연자의 연령대, 직업이 각기 다르기에 사회의 다양한 집단을 대표하기도 한다. 출연자가 프로그램에서 이야기하는 고민과 생각은 대중의 마음이기도 하고 동시에 사회의 문제들을 반영한다. 고정 출연진과 일반인 출연자가 소통하는 과정 역시 대중들과 소통하는 양식이라고 할 수 있다. 현대인들은 바쁜 생활 속에서 항상 고독하고 타인과 진정으로 소통하는 기회와 자리가 적다. 시청자들이 출연자들끼리 서로 대화하는 장면을 보면서 소통의 힘을 느끼게 되고 간접적으로 공유를 하는 방식으로 공감과 힐링의 정서를 얻을 수 있게 된다.

보충적인 플롯으로서 동물, 음식, 자연에서 보내는 여유는 실제적으로 이효리 부부의 생활 방식이 지닌 힐링이다. 프로그램에서 동물가족들을 의인화하고 마치 사람들이 대화하는 것처럼 설정하여 자막을 통해 사람들과 교류하는 귀여운 모습으로 나타내는 것은 외로움을 느끼는 도시 사람에게 위로를 준다.

자연이 민박집을 둘러싸고 있으면서 그곳에서 나온 소리는 배경음악만큼이나 이 프로그램을 관통한다. 시청자들은 프로그램을 보는 동시에 자연의 소리를 들으면서 자연 안에 있는 것처럼 평안함을 느끼게 된다. 출연자의 시선을 따라 평소에 볼 수 없는 '제주'의 색다른 모습들, 외진 곳이기에 주민이 아니면 알기 어려운 곳들을 볼 수 있다는 점은 휴가를 가는 것처럼 여행을 즐기는 느낌을 받게 된다. 시청자들은 도시에서 제주로 와 잠시 쉬어 가고 싶은 일반인 출연자와 같은 심정으로, 출연자가 자연에서 느끼는 여유와 힐링을 시청자들도 화면을 통해 간접적으로 느낄 수 있다. 고요하고 소박한 삶, 자급자족하는 생활, 친환경 레시피, 함께 시간을 즐기는 사람들과 반려동물 그리고 민박 손님과 추억을 남기는 마음, 따뜻해지는 사진들까지 모두 프로그램에 반영되는 내용이고 이효리의 킨포크 생활 스타일을 보여주는 것이다. 시청자들은 이러한 킨포크의 요소를 담고 있는 콘텐츠를 소비하며 간접적으로 킨포크를 접하는 방식을 통해 힐링이라는 요소를 느낄 수 있다.

이 프로그램은 일반인 출연자와 스타 출연진의 소통을 통해 현재 사회 문제들을 반영하여 출연자의 생각을 보여주고 시청자들의 공감을 불러일으켜 마치 시청자들이 화면 안에서 직접 소통하는 듯한 힐링 효과를 창출해낸다. 또한 현대인들이 추구하는 이상적인 생활을 보여줌으로써 킨포크를 삶에 반영시킨 여유 있는 생활 가치를 시청자들이 자발적으로 찾아가는 과정을 보여주고, 이를 통해 치유의 감정을 느끼도록 한다. 리얼리티 프로그램의 상호 소통 효과는 대중들과 교류하는 동시에 어느 수준 이상의 공감을 전달하고, 이는 곧 힐링 효과로 이어진다. 힐링은 심리적,

▶ 시즌2에 이어 스핀오프까지 방영된 〈바퀴달린 집〉, 아이돌의 리얼리티를 통해 힐링 라이프를 보여주는 〈인더숲 BTS편〉

육체적으로 '치유한다'는 의미를 지녀 사람의 정서를 긍정적인 방향으로 유도한다. 이러한 텔레비전 텍스트는 사람들의 일상생활에 밀착되어 있고 사회문화적 영향력 또한 크기 때문에, 대중들의 삶에 대한 사상과 욕구에 영향을 미친다.

최근 여행, 캠핑하라고 부추기는 예능 프로그램이 많아지고 있는데, BTS마저 힐링하라고 강력하게 권유한다.

현대인들은 무엇이든지 빨리, 그리고 효율적으로 하는 것에 익숙해져 있다. 미디어 또한 빠르게 흘러가는 것에 길들었기에, 우리가 바라보며 살아가는 세상도 더 빨리빨리 돌아가야 할 것 같은 생각이 든다. 이러한 현실을 완전하게 비튼 방송 프로그램이 있는데, 이름에서도 짐작할 수 있는 〈슬로우(Slow) TV〉이다.

평소 시청률이 낮은 NRK(노르웨이 공영방송)가 금요일 프라임타임에 다음과 같은 무모한 편성을 하게 된다. 2009년, 동서횡단 520km 구간(베르겐~오슬로)의 철도여행을 7시간 4분 무삭제 방송하는 그동안 보지 못했던 기획이다. 4대의 카메라를 기차 정면에 고정하거나 옆면에 달아 철길 주변 경관을 찍도록 설치하고 기차가 출발한다. 기차가 지나는 자연경관이 나오고 160개 터널을 지나 중간중간 준비해 놓은 아카이브 영상(철도 역사 관련 자료화면)을 넣고 음악도 추가하는 것이 프로그램 제작의 전부이다. 이 방송 프로그램을 노르웨이 전체인구 500만 명 중 120만 명이 시청했다는 것은 놀라운 수치가 아닐 수 없다. 수천 명이 소셜 미디어를 통해 프로그램에 대해 이야기하기 시작하였는데, "76년 평생의 최고 프로그램이었다. 마지막 역에 기차가 들어설 때 나도 모르게 짐 챙기려고 일어서다 커튼봉에 부딪혔다. 그제야 내가 거실에서 TV를 보고 있다는 사실을 깨달았다"라는 시청자 의견은 이 프로그램이 왜 인기를 얻었는지를 보여주는 대목이다.

이 프로그램이 인기를 얻자, 다양한 아이디어들이 속출했는데, 기차여행보다 훨씬 긴 시간이 소요되는 노르웨이 해안을 따라 운행하는 유람선을 찍자는 것이 대표적이다. 배경음악이나 그래픽에 대한 의견 등 다양한 아이디어가 시청자들로부터 샘솟기 시작하였다.

실제로 1년 동안의 기획을 거쳐 〈슬로우 TV〉팀 23명은 유람선에 탑승하게 된다. 연안선 여행을 생방송으로 기획하고 실행에 옮긴 것이다. 유람선 출발을 앞두고 인파가 몰려들어 국기를 흔들며 환호를 보내고, 등대에 올라 보는 사람, 보트 타고 따라오며 피켓 퍼포먼스하는 사람 등 다양한 사람들의 모습이 방송화면에 담기게 된다. 134시간 42분 생방송으로 기네스북에 최장 다큐멘터리로 기록되었다. 방송이 방영된 2011년 6월 36%라는 최고 시

▶ 느림의 미학을 생생하게 증명하는 노르웨이 NRK의 〈슬로우 TV 2009: Bergensbanen〉 방송 장면 (nrk.no 제공)

청률을 기록하고 320만 명이 시청하는 기록을 세운다. 이후 연어 낚시(18시간), 새 관찰(14시간), 뜨개질(9시간), 벽난로나 숲 속에서 장작불을 때는 모습(8시간) 등을 계속해서 기획하며 현재 1년에 두 차례 정도 방영하고 있다.

〈슬로우 TV〉와 같은 방송은 어떤 특정 장면을 선택하지 않고, 모든 순간은 선택되거나 버려지지 않는다. 느린 속도('느림')가 주는 기나긴 시간 속에서, 우리에게는 생각의 틈이 주어진다. 시청자들은 화면 내에서 각기 다른 것을 보게 된다. 누군가의 해석과 해설 없이 스스로 그 안에서 재미를 찾아내고, 함께 호흡하게 되는 것이다. 자극적인 일탈이 아니라, 오랜 시간, 느린 호흡으로 전개되는 일상의 힘, 그것에서 출발하는 공감의 힘은 사람들에게 충분히 매력적으로 다가갈 수 있다.

국내에도 〈나는 자연인이다〉라는 느림의 미학을 담은 아날로그형 예능 프로그램이 있다. MBN에서 방영하는 교양 프로그램으로 자연인과 대화하는 내용을 담았다. 2012년 8월 첫 방송을 시작한 방송은 MBN 대표 장수 교양 프로그램으로 자리매김했다. 프로그램의 주인공은 제목대로 '자연인'이다. 깊은 산골이나 진입이 어려운 섬에서 전기, 수도 시설도 없이 자연 속 삶을 영위하는 사람들이다. 민가와 동떨어진 외딴 집에서 나홀로 5~20년여 살고 있는 주인공은 대부분 50~70대 남성들이다. 드물게 40, 80대도 있고, 아주 드물게 여성 혹은 모자-부부 자연인도 있다.

방송은커녕 일반인들도 잘 만나지 않는 그야말로 혼자 살고 있는 분들의 삶을 그저 관찰하는 프로그램인데도 시청률이 7%가 넘는다. 수요일 밤 본방 외에 시도 때도 없이 하는 재방송 덕도 있겠으나 산속에서 자급자족하고 사는 자연인들을 보고 있자면, 어느새 그 삶을 동경하게 된다.

저마다의 사연을 간직한 자연인들은 자연과 동화되어 욕심 없이 하루하루를 살아간다. 산에서의 삶은 대개 비슷하다. 아침 일찍 일어나 운동을 하거나 동물들을 돌보고, 산에 올라 먹을거리를 찾는다. 자연을 벗 삼아 노래하고 자신만의 메뉴로 자연식 밥상을 차린다. 오후에는 장작을 패 땔감을 준비하고 집안 이곳저곳을 보수한다.

산이라는 결코 평범하지 않은 삶을 선택한 사람들은 자연 속에서의 삶을 통해 여유와 자존감 그리고 행복을 찾는다. 힐링의 목적으로 산을 찾는 경우도 있다. 방송은 평범한 우리 이웃의 이야기를 전하는 동시에 자연인 각각의 삶의 다양한 사연을 풀어낸다.

산속 깊은 외딴 곳, 방송에 출연하는 자연인들은 대부분 50대 이상의 남성이다. 방송에서는 그다지 특별한 것을 담지 않는다. 개그맨이 이들을 찾아가 며칠을 함께 지내며 일상에 스며드는 내용이다. 버라이어티한 삶에 재미를 느끼고 추구하는 젊은이들의 감성과는 다소 동떨어져 보이는 방송이지만, 젊은층도 찾아보게 된 이유는 '짤'에 있다.

'아재' 취향저격 방송이 젊은층도 찾아보는 방송이 되었다. 온라인 커뮤니티에는 〈나는 자연인이다〉의 레전드 편을 모아놓은 게시글을 심심찮게 볼 수 있다. 10~20대 젊은층의 유저들이 방영됐던 짤을 재생산시키고 이로 인해 게시글이 확산되면서, 아빠들(아재들)의 소위 '최애(最愛) 프로그램'에도 소소한 재미가 있다는 것을 알게 된 것이다.

시청자들이 이 프로그램을 꾸준히 찾는 이유 중 하나는 대리만족감에 있다. 실제 자연인들이 떠나왔던 삶에서 우리는 여전히 살기 때문에 그들의 삶을 통해 자연을 느끼고 힐링하게 되는 것이다. 나는 당장 자연인과 같은 삶을 살 순 없지만, 방송에서 보이는 자연친화적인 삶을 통해 시청자들은 함께 휴식하게 된다.

한 시간 남짓한 방송을 통해 시청자들은 나와는 다른 선택을 한 사람들의 일상을 엿본다. 산을 선택한 사람들의 삶을 통해 우리는 앞만 보고 달려온 삶들에 대해 회고하고, 주변을 둘러보는 마음을 가진다. 조금은 천천히 그리고 느리게 살아도 우리는 여전히 무리 없이 삶을 살아갈 수 있다고. 그 이치가 많은 자연인들이 산을 통해 얻게 된 행복의 교훈으로 다가오고 있다.

〈나는 자연인이다〉는 바로 그들이 떠나왔던 자리에 서서 도시의 삶을 살아가는 시청자들에게 소박하지만 강력한 행복감을 선사한다. 그것을 직접 실천하기는 어려워도 그걸 슬쩍 보며 단 한 시간만이라도 도시의 각박한 삶에서 벗어나고픈 그 욕망을 건드리고 있는 것이다. 실제로 이 프로그램을 보고 있다 보면 도시의 그 많은 룰들이 너무나 인위적이고 가짜 같다는 느낌을 갖게 된다. 오히려 자연인의 삶이 본질에 가깝다는 걸 깨닫게 되는 것이다.

오디오콘텐츠의 재발견

1980년대 영국밴드 버글스(Buggles)의 노래 'Video Killed the Radio Star'처럼 청각미디어인 오디오는 시각미디어인 비디오에 밀려 레거시 미디어가 되었지만 최근 스마트미디어 환경과 융합해 새로운 트렌드 서비스로 주목받고 있다.

1877년 토마스 에디슨이 축음기를 발명한 이후 오디오콘텐츠는 반세기 이상 강력한 미디어 형태로 군림했었다. 그 후 오디오콘텐츠는 시각과 청각을 모두 가진 비디오콘텐츠에 밀려 비주류가 되었다가 2000년대 초중반에 아이팟과 같은 휴대용 디지털 오디오기기가 대중화되면서 오디오콘텐츠는 다시 황금기를 맞이하게 되었다. 그 후 유튜브와 같은 비디오콘텐츠와 경쟁하면서 다시 비주류로 밀려나게 되었다. 그러나 여러 IT대표 기업들이 인공지능(AI) 스피커를 개발하고 커넥티드카(connected car)가 가능해지면서 음악은 물론 여러 장르의 오디오콘텐츠 수요가 증가하게 되었다.

오디오콘텐츠의 성장 배경에는 'MZ세대'(1980년대 초~2000년대 초 출생한 '밀레니얼 세대'와 1990년대 중반부터 2000년대 초반 출생한 'Z세대'의 통칭)가 있다. 소위 '유튜브 세대'로 각종 동영상 플랫폼을 키운 이들이 오디오콘텐츠 소비에서도 일등공신 역할을 하고 있다.

개인 오디오 방송 플랫폼인 스푼라디오는 'Z세대의 성지'다. 이용자의 80%가 1020세대라고 한다. 네이버 나우(네이버 NOW)는 출시 이후 1년간 누적 시청자 수 2천만 명을 기록했다. 커뮤니티형 라디오 플랫폼 블라블라는 론칭 두 달 만에 누적 다운로드 10만 건을 돌파했다.

오디오콘텐츠 시장의 급격한 성장은 스마트폰을 기반으로 한 팟캐스트 시장의 확대와 새로운 스피커 플랫폼의 출현 덕분이다. 무선(wireless) 기기의 대중화로 더 이상 선(wire)에 구애를 받지 않는 자유로운 오디오콘텐츠 청취가 가능해지며 멀티태스킹이 일상화되고 있다. 오디오콘텐츠는 화면에 집중해야 하는 사진 · 영상 콘텐츠와 달리 이용자의 움직임에 영향을 크게 받지 않는다. 등굣길에, 출근길에, 집안일을 하면서, 휴식을 취하며, 또는 잠자기 전에 듣는 콘텐츠 소비가 가능해진 것이다. 특히, 코로나19 확산 장기화 국면도 오디오콘텐츠 소비를 촉진하고 있다. 사람들이 집에서 시간을 보내는 경우가 많아지면서 단순 정보 전달부터 우울감 등 코로나블루 해소 목적으로 오디오콘텐츠를 찾는 이들이 많아지고 있다. 스마트 기기의 발달로 최근의 오디오콘텐츠는 양방향 소통을 지원하는 경우가 많아 기존 사진 · 영상 콘텐츠에 지친

▶ 영상 범람 시대 오디오콘텐츠가 매력적인 콘텐츠로 다가온다. (픽사베이 제공)

이용자들에게 새로운 '경험'을 제공한다는 점도 매력 요인으로 작용하고 있다. 커뮤니티형 라디오 플랫폼 블라블라에서 실명과 얼굴 노출의 부담을 없앤 익명 채팅창을 열자, 유사한 관심사를 가진 사람들이 모여 다양한 이야기를 나누게 됐다. 이들은 카카오톡, 페이스북 메신저 사용이 자연스럽고 말보다는 글, 전화보다는 채팅으로 소통하는 것에 익숙하다. 오디오콘텐츠에 MZ세대에게 맞춤화된 소통방식이 결합되면서 매력적인 콘텐츠가 된 것이라 하겠다.

대표적인 오디오콘텐츠는 팟캐스트이다. 팟캐스트는 오디오 파일 또는 비디오 파일형태로 뉴스나 드라마 등 다양한 콘텐츠를 인터넷망을 통해 제공하는 서비스다. 기존의 라디오 프로그램과 달리 방송 시간에 맞춰 들을 필요 없이 구독만 하면 자동으로 업데이트되는 프로그램을 다운받아 들을 수 있다는 장점이 있다. 인기 팟캐스트엔 〈이진우의 손에 잡히는 경제〉, 〈송은이&김숙의 비밀보장〉 등이 있다.

음악도 대표적인 오디오콘텐츠이다. 오디오 플랫폼은 이제 MZ세대에게 '힐링'을 주는 존재가 되었다. 세계 최대 음원 플랫폼 스포티파이 조사에 따르면, MZ세대(M세대 78%, Z세대 71%)는 스트레스를 줄이기 위해 오디오를 사용한다. 이에 따라 '앰비언트 사운드'에 대한 수요도 늘고 있다. 비대면 활동 기간이 길어짐에 따라 자연적인 소리를 담은 플레이리스트를 들으며 심리적 안정을 찾으려는, 즉 힐링을 만끽하려는 것이라 하겠다.

MZ세대는 오디오 플랫폼에서 명상을 하고, 취향과 관심사를 공유하며, 목소리 일기를 통해 감정과 생각을 교류하기도 한다.

이에 따라 플랫폼들은 청각을 활용해 '나 자신'에게 집중하려는 이용자들에게 경험의 폭을 넓혀주고자 카테고리를 확장해나가고 있다.

오디오북도 오디오콘텐츠의 대표주자 중 하나이다.

오디오북은 종이 매체가 아닌 녹음 작업을 거쳐 음성을 넣어 만든, 테이프나 CD, MP3 파일 등 귀로 듣는 책으로 정의할 수 있다. 오디오북은 어느 날 갑자기 등장한 것이 아니라 이미 예전부터 존재해오던 형태의 하나다. 어학용 카세트테이프나 동화책의 구연자료 혹은 녹취한 강연 자료 등 육성으로 녹음한 것들이 오디오북의 원시적인 형태이다. 기존 전자책(e-book)이 아날로그 책처럼 책 내용인 텍스트를 '보면서 읽는' 책이었다면, 오디오북은 말 그대로 '듣는' 책이다. 즉 책을 '읽는' 개념에서 '듣는' 개념으로 바꾼 최근의 오디오북은 기존 눈으로 보는 전자책에 이어 제2세대 전자책으로, 아날로그 콘텐츠가 디지털 콘텐츠로 탈바꿈한, 획기적인 사례라 할 수 있다.

이용자 관점에서 오디오북의 특징을 정리하면 다음과 같다(이은호, 2018).

첫째, 오디오북은 독서에 집중할 수 있는 환경을 제공한다. 즉, 산책을 하거나 이동을 할 때에도 손쉽게 들을 수 있고, 책을 읽기 전에 오디오북을 먼저 들었다면 나중에 책을 읽을 때 이해도가 훨씬 높아지게 되며, 반대일 경우에도 학습 효과에 도움이 될 수 있다.

둘째, 오디오북은 정보취약 계층에게 정보 획득의 기회를 제공할 수 있다. 일반인에 비해 정보접근과 활용이 힘들거나 빈부격차로 인해 정보 격차가 더욱 심화되고 있는 시각장애인, 노년층, 저소득층 등이 여기에 해당하는데, 이들에게 오디오북은 보다 편리하게 정보에 접근할 수 있는 기회를 마련해 주는 채널이 될 수 있다.

셋째, 오디오북은 온라인을 통해 언제 어디서나 청취와 구입이 가능하며 동시에 멀티태스킹이 가능하다. 오디오북은 듣는 형태이기 때문에 바쁜 시간 때문에 책에 접근할 수 없었던 독자들에게 즉시성과 편리함을 제공하는 새로운 채널이 되고 있다.

넷째, 종이책의 경우 시간이 경과함에 따라 원형이 파손되거나 종이가 변색되는 등 훼손의 염려가 있지만 오디오북의 경우 원래의 형태를 영구적으로 유지할 뿐만 아니라 다양한 형태로 저장 및 백업이 가능해 분실 및 훼손의 위험에서 벗어날 수 있다.

그 외에도 오디오북은 독서력을 강화시켜줄 뿐만 아니라 성우의 목소리를 통해 뛰어난 상상력과 공감력을 증대시킬 수가 있고, 새로운 언어를 배울 때에도 원어민의 발음을 통해 미묘한 억양과 음조까지 훈련할 수 있는 좋은 도구가 될 수 있으며, 최근 반려동물이 증가하고 있는 상황에서 반려견이 혼자 집에 있을 때에 주인의 목소리를 담은 오디오북을 들려주어 반려견이 안정적이고 편안한 심리 상태를 유지하게 하는 특성 등을 가지고 있다.

소문난 독서가로 알려진 배우 김혜수는 한 오디오북 광고에서 “세상에서 가장 한심한 핑계가 뭔 줄 알아? 책 읽을 시간이 없다는 핑계”라고 일갈하며 독서를 음악처럼 들을 것을 권한다. 이 광고는 “책이 연기를 시작했다”며 전문 성우의 목소리와 음향 효과로 한층 깊어진 독서 생활을 경험하라고 전한다. 종이책 한 권도

안 되는 가격에 무제한으로 오디오북을 즐기라고 하는데, 첫 달 무료 이용 후 다음 달부터 9,900원을 내면 오디오북을 무제한 이용할 수 있다.

강연과 출판 기반의 지식콘텐츠 기업인 '윌라'는 오디오북 구독 서비스를 시작하여, 유료구독을 통한 '음성 서비스 수익화'를 실현한 대표적인 사례라 할 수 있다. 윌라는 소설과 경제경영 도서는 물론, 웹소설과 시사 주간지까지 오디오콘텐츠로 제작해 인기다. 구독료 월 9,900원이라는 진입장벽이 있음에도 청취시간은 2020년 514만 시간에서 2021년 1,330만 시간으로 늘었고, 2021년 기준 앱 누적 다운로드 수는 270만 건을 넘어섰다. 성우가 직접 낭독하는 방식을 고수한다. '뉴스'도 제공하는데, 시사저널을 포함한 시사 잡지 콘텐츠를 음성으로 서비스한다. 시사저널은 호당

▶ 음악처럼 '듣는' 책 서비스의 시대 (윌라 홈페이지)

2,000~5,000회 정도의 청취가 이뤄지고 있다.

최근 오디오 드라마라는 오디오콘텐츠가 급부상하고 있다. 오디오 드라마는 기존의 드라마와 달리 음성으로만 이뤄진 듣는 드라마이다. 네이버와 카카오 등 각종 플랫폼은 흥행한 웹소설 및 웹툰을 오디오 드라마로 만들기 시작했다. 오디오 드라마는 기존의 제작물을 토대로 빠르게 작품을 제작할 수 있으며 오디오콘텐츠라 제작비용이 적게 든다는 점에서 많은 플랫폼 사업자들의 흥미를 끌고 있다. 또한 다른 일을 하며 감상할 수 있다는 점에서 멀티태스킹에 익숙한 이용자들의 호응을 얻고 있다.

다양한 오디오콘텐츠에 대한 수요는 나날이 증가하고 있다. 소리로만 내용을 전달한다는 제약을 전제로 오디오콘텐츠가 다변화를 꾀하는 현재, 팟캐스트와 오디오북을 넘어 새롭게 주목해야

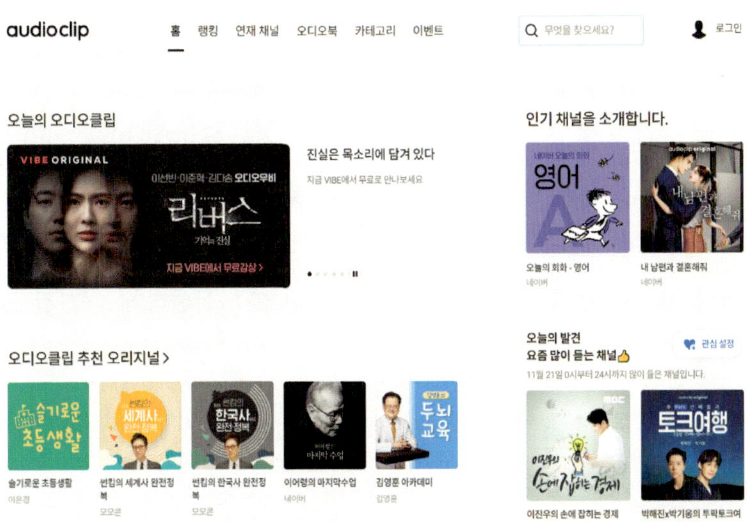

▶ 오디오 드라마 플랫폼, 네이버 오디오클립 (홈페이지)

할 것은 오디오 드라마, 그리고 오디오 무비다. 내러티브 전달 면에서 오디오 드라마와 오디오 무비는 다른 오디오콘텐츠와 완전히 다른 방식을 취하고 있다.

네이버는 오디오 드라마 외에도 오디오 무비라는 새로운 장르를 시도하고 있다. 2020년엔 오디오클립을 통해 〈남과 여〉 〈두근두근두근거려〉 〈그대 곁에 잠들다〉를, 2021년에는 네이버 바이브에서 〈층〉을 공개했다. 〈층〉은 본편 공개 한 달 만에 재생 수 100만 회를 돌파할 정도로 큰 호응을 얻었다고 한다. 네이버 바이브에서는 9월 26일 오디오 무비 〈극동〉을 새롭게 선보였는데, 열흘 만에 재생 수 65만 회를 돌파했다. 성우가 아닌 배우가 출연해 목소리 연기를 펼치고, 회당 러닝타임은 10분 정도다. 또한 그래픽과 자막 등 화면 지원을 통해 극 중 상황에 대한 이해를 돕는다.

MZ세대에게 오디오콘텐츠는 익숙한 영상의 문법을 벗어난 '신선한 콘텐츠'이자, 멀티태스킹이 가능한 '일상의 BGM'이다. MZ세대는 라디오를 듣고 자라지 않은 첫 세대이자, 스마트폰으로 모든 콘텐츠를 소비한 첫 세대이다. MZ세대는 모바일을 기반으로 한 라디오 플랫폼을 새로운 미디어로 인식한다. 비디오콘텐츠에 대한 피로도가 커지기 시작한 사용자들 사이에서 감정이나 내면의 모습에 집중할 수 있는 오디오콘텐츠가 신선하게 다가간 것이다.

세대 통합의 음악콘텐츠, 트로트

트로트 전성시대다. 트로트 스타는 강력한 팬덤(fandom)으로 무장해 문화계에 새 바람을 일으키고 있다. 세대를 막론하고 트로트는 '힙'하고 트렌디한 음악이 됐다.

트로트는 한국에서 100년이란 유구한 세월을 지내온 음악이다. 1920년대 등장한 이래 엔카와 닮았다는 이유로 배척당하고 저급한 장르로 여겨졌던 시기도 있었으나 그 생명력은 강했다. 반복적인 노랫말과 구성진 가락, 한국인이라면 이해할 수 있는 희로애락을 담은 한국 고유의 가요 장르로서 명맥을 이어오고 있다.

트로트는 동시대를 살아가는 사람들의 애환을 담아 꾸준히 사랑을 받아오다 1990년대에 접어들면서 암흑기를 맞았다. 힙합, 리듬앤드블루스(R&B), 발라드, 댄스 음악들이 메가트렌드로 자리 잡으며 트로트는 설 자리를 잃어갔다. 대중의 외면 속에 방송가에서도 B급 문화로 취급받기도 했으며, 트로트는 하나의 리듬이나 장르가 아닌 '성인 음악'의 카테고리로 자리 잡는 데 만족해야 했다.

트로트를 비주류에서 주류로 끌어올리는 전기를 마련한 것은 TV조선의 트로트 오디션 프로그램 〈내일은 미스트롯(이하 미스트롯)〉과 〈내일은 미스터트롯(이하 미스터트롯)〉이다.

〈미스트롯〉은 송가인 등 중장년층 팬덤을 끌어낸 톱스타를 발굴하고 동시에 트로트를 남녀노소 불문하고 즐기는 대중문화로 격상시켰다. 〈미스트롯〉과 〈미스터트롯〉은 정통 트로트의 이미지를 깨고 퓨전화된 트로트를 자주 보여줬는데 성악, 민요 등 저변을 폭넓게 가져가 고정된 틀을 깨고 확장했다. 〈미스터트롯〉은 여기에 더해 트로트의 격을 높였다. 트로트가 쉬운 음악이라는 인식을 바꾸고 고도의 기술과 예술성을 필요로 하는 장르라는 것을 대중에게 알리는 계기를 마련했다.

단순히 '부활'이라 표현하기에는 부족하다. 명맥을 이어온 긴 역사 속에서 트로트는 변했다. 지금의 트로트는 이전의 그것과 분명 다르다. '듣는 트로트'에서 '보는 트로트'로 진화했고, 예능 프로그램에 등장하면서 젊은 세대와의 거리감을 좁히더니, 이제 댄스 · 힙합과 같은 다양한 장르와 녹아들면서 새로운 면면을 펼치고 있다. 색달라지고 다양해진 트로트의 부흥에 대중은 환호한다. 트로트가 세대를 연결하고, 시대를 위로하고 있다.

트로트는 힘든 세상의 애환을 달래주고 어깨를 다독여주던 정서적 동반자였다. '유구한 역사 속에서 한(恨)의 정서와 맥락을 같이해 온 장르'로 표현돼 왔던 것도 그 때문이다. 힘든 세상에 트로트가 던지는 위로의 메시지는 가수와 팬덤 사이를 끈끈하게 이어주는 요소이기도 했다. 코로나19라는 또 하나의 풍진 속에서 정동원이 부르는 '희망가'는 국민들의 심금을 울렸고, '세상이 왜 이러냐'고 하소연하면서 맺힌 한을 쏟아내는 나훈아의 '테스형!'에 국민들은 열광했다. 지금의 트로트는 이전의 트로트와는 달리 젊은 세대의 가슴도 울린다. 〈미스터트롯〉에 등장한 젊은 가수들의 스토리에 들어 있는 'N포 세대'의 시련은, 2030세대들이 자신의 경험을 대입하게 만들며 그들의 공감대까지 이끌어냈다. 여러 세대에 공감과 감동을 전하면서, 트로트는 스마트폰을 쥐고 흩어졌던 가족들을 대동단결하게 했다.

방송에서는 물론 길거리에서조차 '찐찐찐', '네가 거기서 왜 나와'와 같은 트로트의 가사는 일상대화로 혹은 유머코드로 2030세대에서도 많이 쓰여, 그만큼 트로트의 소비 연령층이 낮아지고 있음을 체감할 수 있다. 특히나 2030세대의 전폭적인 지지를 받고 있는 유재석의 '유산슬' 신곡과 트로트의 예능 프로그램 침투로 말미암아 트로트 장르가 점점 더 우리의 일상생활 곳곳에 반영되고 있다. 이에 10대부터 무려 90대에 이르기까지 전 세대 간의 인기를 얻는 예능 및 다양한 장르와 결합되는 현상을 보이게 된다. 또 한 번 2030세대의 트로트의 관심을 급증하게 만든 이슈로 2020년 8월 20일에 발표된 나훈아의 신곡 앨범 아홉 이야기의 수록곡인 '테스형 열풍'이다. 테스형의 솔직한 가사는 2030세대에게 각광받으며 한때 주요 음원차트에서 1위를 차지하며 방탄소년단과 경쟁하기도 하였다. 경제적, 사회적으로 힘든 2030세대에게 솔직한 가사와 거침없는 표현 등이 2030세대의 마음을 움직였을

▶ 트로트 '테스형'의 솔직한 가사는 세대를 아울러 위로와 공감을 건넨다. (유튜브 갈무리)

가능성이 크다. 또한 이러한 현상에는 기존 대중가요의 아이돌 중심 음악편성의 피로감 또한 한몫을 했을 가능성이 높다는 것 역시 반영된다.

트로트는 상실, 희망 등 민중의 보편적인 정서를 담고 있다. 트로트는 고향, 부모님, 사랑, 젊음에 대한 상실의 감정을 현실적이고 노골적으로 표현하면서도, 이를 극복할 수 있다는 희망의 메시지를 전한다. 트로트에는 우리 전통정서인 한(恨)과 흥(興)이 합쳐진 '해학'의 정신이 담겨 있어 서민의 답답함을 해소하는 해방구 같은 역할을 한다. 〈미스터트롯〉에서 눈물을 흘리는 사람과, 덩실덩실 춤추는 사람을 동시에 볼 수 있는 것은 바로 그런 이유다. 희로애락과 같은 인간의 보편적 정서와 삶에 대한 성찰을 담아내고, 노래를 만든 사람의 진정성이 느껴지는 트로트의 문학적 가사가 오늘날까지도 대중의 마음을 움직인다.

최근의 트로트 재부상은 세대 간 취향의 화합을 보여준다. 보통 대중음악은 세대 간 취향 차이가 크게 나타나지만, 1970년대에 트로트를 좋아하는 세대와 포크를 좋아하는 세대가 격하게 부딪친 것과는 달리, 최근에는 신(新) 트로트를 통해 취향이 다른 세대들이 서로 화합하는 경향을 보인다. 실제로 최근 트로트 음악은 국악, 성악, 발라드, 아이돌 음악 등 다양한 장르와 융합하며 새로운 장르로 탄생하고 있다. 신 트로트는 새롭게 등장한 젊은 가수들이 과거부터 유행했던 노래에 세련된 편곡과 퍼포먼스를 더해 부름으로써 계층, 세대와 관계없이 널리 향유될 수 있었다.

트로트 팬층에 젊은 세대의 문화 향유 방식이 유입되면서 트로트를 향유하는 방식도 변화했다. 신세대 문화로만 여겨졌던 팬덤 문화가 트로트계로 들어온 것이다. 중 · 노년층 팬들도 좋아하는 가수에게 선물을 하는 '조공'이나 음원 스트리밍, 콘서트 관람을 하는 시대가 됐다. 인터넷과 스마트폰에 익숙하고 자기 삶에 능동적인 '신중년'이 변화의 중심이다. 이들은 트로트 오디션 프로그램에서 청중 투표에 참여하고 팬카페나 밴드 등 소셜 미디어를 통해 좋아하는 가수에 관한 정보를 공유하며 적극적인 문화 향유 주체로 떠오르기 시작했다. 또한, 이전과 달리 중장년층과 노년층이 자신의 취향을 당당히 드러내며 적극적으로 음악을 향유하게 되면서, 트로트는 음악, 예능, 오디션과 같은 TV 프로그램뿐만 아니라 유튜브, 음원차트 등 다양한 플랫폼에서 등장하며 활동 무대를 넓히고 있다.

임영웅의 가창력과 감수성은 그를 대한민국의 핫 아이콘으로 만들었고, 팬들의 든든한 지원은 그를 핫한 스타로 거듭나게 했다. 다양한 연령대의 팬들이 노래와 영상을 스트리밍하고 사진을 공유하면서 활발한 활동을 이어 나간다. 임영웅도 이에 화답하며 팬들과 같은 공간에서 소통한다. 기업에 '역(逆)러브콜'을 보내며 애정하는 가수를 광고모델로 세우는 팬덤의 강력한 힘은 트로트라는 문화를 확산시키는 또 하나의 큰 요소가 되고 있다. 착한 기부활동에 동참하며 가수의 선한 가치를 확산시킴은 물론이다.

여기서 주목할 것은 팬덤의 세대 확장이다. 누가 팬덤 문화를 젊은 세대의 전유물이라고 했는가. 어찌 보면 지금은 중장년층의 '덕질'이 어색하지 않게 된 최초의 시점이기도 하다. 5060세대인 '오팔(OPAL, Old People with Active Lives)세대', 경제력과 소비력을 지닌 오팔세대가 새로운 소비 트렌드를 형성하고 자신들만의 콘텐츠를 구매하면서 관련 업계의 판도를 바꾸고 있다. 트로트를 매개로 오팔세대는 팬덤 시장의 큰손으로 떠오르고 있다. 중장년들의 것이라 여겨지던 트로트에, 1020세대의 것이라 여겨지던 오디션 프로그램이 결합한 트로트 오디션 프로그램이 신5060세대를 소환했다. 단순히 무대를 보거나 노래를 듣는 수동적인 역할이 아니라, 트로트를 찾아 직접 소비하고 무대와 영상을 즐기는 주체로 거듭나면서 트로트의 부흥을 이끌고 있다.

트로트의 재부상은 트로트에 대한 부정적 인식을 바꾸고, 대중음악 향유에서 소외됐던 중·노년층이 즐길 수 있는 문화적 영역을 주류 대중음악계 내에 확보했다는 점에서 의의가 있다. 다만, 트로트의 유행이 미디어의 상업적 목적에 끌려가기보다, 한 단계 성숙한 모습으로 지속 가능한 음악적 발전을 이뤄나가는 기회가 되어야 할 것이다.

킬링이 아닌 힐링의 게임 콘텐츠

한국 사회에서 게임은 오랫동안 논란의 대상이었다. 많은 사람들이 즐기는 국민 엔터테인먼트의 하나로 자리잡은 지 오래지만, 다른 한편으로는 '중독'을 유발하는 유해한 콘텐츠 취급을 받는 감시와 우려의 대상이기도 했다.

그러나 2020년 코로나19가 전 세계에 퍼지면서 분위기는 반전되었다. WHO에서 질병 확산을 막기 위한 거리두기 실천의 한 방법으로서 집에서 게임하기를 권장한 것이다. 이와 관련하여 WHO 총장은 SNS 트위터에 '투게더앳홈(TogetherAtHome)'이라는 태그를 걸고 "우리 모두는 집에서 함께하며, 음악을 듣고 책을 읽거나 게임을 플레이할 수 있다"라고 밝혔다. 새로운 위기 국면에 '집에서' 즐길 수 있는 바람직한 콘텐츠로서 게임이 꼽혔다는 것은 그 사회문화적 위상이 달라졌다는 것을 실감케 한다.

이런 상황 속에서 큰 위기를 맞이하고 있는 타 업종과 다르게, 게임 산업은 언택트 시대를 맞이하여 호황을 누리고 있다는 분석들이 나왔다. 특히 일본 게임사 닌텐도가 지난 3월 발매한 '모여봐요 동물의 숲'은 일본뿐만 아니라 전 세계적인 인기를 누렸고, 이 게임을 플레이할 수 있는 기기인 닌텐도 스위치 가격도 폭등하는 등, 국내에서도 '대란'이라는 말이 나올 정도로 열풍이 일었다. 반일 불매 운동 중에서도 '동물의 숲'은 코로나 초반부, 연일 매진 사례를 기록했다. 사람들이 '집콕'함으로써 생긴 코로나블루를 달래는 역할로 선택된 결과일 가능성이 높다고 하겠다.

'동물의 숲'에는 경쟁이 없다. '동물의 숲'의 특징 중 하나는 일상 공간을 아름답게 가꾸는 조경의 원리와 너무나도 흡사하다는 것이다. 특히 최근 발매된 버전은 무인도로 이주한 플레이어가 무인도를 원하는 대로 가꾸는 것이 스토리의 전부다. 게임 속의 시간은 현실과 똑같이 흐르며, 내 마음대로 집을 짓거나 낚시를 하고 정원을 가꾼다. 무언가 반드시 수행해야 하는 목표나 미션, 경쟁은 전혀 없다. 즉 가상공간에서 조경 활동을 하며 느끼는 즐거움 그 자체만으로도 현실을 대체한 평화로움을 충족시켜주는 느낌을 준다.

'동물의 숲'의 또 다른 특징은 '혼자가 아닌 같이'를 지향한다는 점이다. 최대 8명까지 멀티 플레이가 가능해, 친구를 섬에 초대하거나, 친구의 섬에 놀러 갈 수 있다. 함께 산책하고 함께 얘기하고, 가끔은 내가 꾸민 섬을 자랑하거나 하는 것들이 전부이지만, 플레이어들은 이를 두고 '최고의 휴양지 같은 게임'이라며 빠져든다. 단순하면서도 심심한 게임이 이토록 뜨거운 인기를 끌고 있다는

▶ 힐링 게임 '모여봐요 동물의 숲' (한국닌텐도 홈페이지)

것은 그만큼 사람들이 자신만의 공간을 만들고 또 가꾸고 싶어 한다는 욕구의 반증일 것이다. 비록 게임 속의 공간일 뿐이지만, 누구나 자신만의 조경 활동을 원하고 있고, 가끔은 또 다른 사람들과 활동과 즐거움을 나누고 싶어 한다는 뜻으로 볼 수 있다. 코로나로 인해 오프라인 관광이 예전보다 어려워지면서, 그럼에도 불구하고 가상의 공간 이동과 나눔을 통해, 치유와 교류의 부족분을 '동물의 숲'이라는 게임에서 일정 부분 충족하는 것이다.

인간은 본질적으로 사회적 동물이기에 홀로 살 수 없다. 또한 치유와 교류의 도구로서 놀이 그리고 문화는 여전히 우리에게 너무나 유의미하다. 이러한 점에서 집콕 생활로 인해 필연적으로 진화 중인 놀이와 문화의 디지털화는 우리나라의 산업 측면에서는 큰 기회가 된다.

언택트 시대에 게임은 오히려 소원해진 사회적 관계 체험을 매개하고, 우울해진 사람들을 위로할 수 있는 역할을 수행한다. '홈엔터테인먼트'는 전통적으로 가정의 거실에 놓인 TV로 상징되었다. 온 가족이 일과를 마치고 모여 앉아 함께 TV를 시청하는 것은 일상적인 의례의 '따뜻한' 경험 중 하나로 받아들여지기도 했다. 모바일 시대가 가속화되면서 미디어 콘텐츠는 지속적으로 파편화, 개인화된 형태로 소비되는 경향이 강했다. 그러나 크리에이터가 플레이하는 게임을 구경하면서 신나게 댓글을 다는 유튜브 시청자들이나, '동물의 숲'을 플레이하면서 게임 속 캐릭터들과 교류하고 '힐링'을 체험하는 게이머들의 모습은, 사회적 거리두기로 고립되어 있는 현실을 위로하고 디지털 온라인 세계 속에서 독특한 형태의 커뮤니티를 형성할 수 있는 가능성을 보여준다.

또 다른 예로 '펭귄의 섬'은 다양한 종류의 펭귄이 서식하는 섬에서 방치형 플레이를 통해 힐링을 경험할 수 있는 게임이다. 편안한 음악과 잔잔한 파도소리를 감상하면서 섬을 예쁘게 꾸미고, 엉뚱하지만 웃음을 주는 펭귄을 늘려가면서 아름다운 경치와 함께 치유와 휴식을 즐길 수 있다. 남녀노소 누구나 즐길 수 있는 쉬운 조작과 대중성으로 인기를 모으며 글로벌 1천만 다운로드를 돌파하기도 했다. 생업에 종사하는 펭귄을 관리하면서 골드를 벌거나 게임 속 하트를 모으고, 퀘스트 및 업적을 달성하는 소소한 목표를 통해 섬을 꾸며나갈 수 있다. 여기에는 낚시를 하거나 꽃밭을 가꾸고, 땔감을 모으는 등 다양한 종류의 펭귄부터 순록, 바다코끼리, 고래 등의 생명체가 등장하고 온천과 꽃밭, 등대 등 꾸미는 요소까지 무궁무진하기 때문에 취향대로 활기 넘치는 섬을 만들 수 있다.

의료 · 건강 목적의 기능성 게임과 별개로, 심리적 안정과 스트레스 완화를 모토로 내세우는 이른바 '힐링 게임'이 주목받고 있다. 힐링 게임은 정신적 위안에 호소한다는 점에서 치료적 기능성 게임과 유사한 측면을 보이기도 한다. 그러나 의도성이나 상업성과 같은 요소를 두루 고려한다면 힐링 게임은 기능성 게임의 정의에 완벽하게 부합하진 않는다. 의료용 기능성 게임은 대부분의 경우 치료 및 건강관리 효과를 최우선 목표로 삼지만, 힐링 게임은 상업적 이윤을 간과하지 않는다. '펭귄의 섬'은 대중적으로 힐링 게임의 하나로 알려져 있지만 일반적인 기능성 게임과 달리 광고보기나 랜덤박스 등의 수익 구조를 채택하고 있다. 또한 의료용 기능성 게임은 기능적 효용성을 극대화하기 위해 의학적으로 검증된 메커니즘을 채택한다. 반면 힐링 게임은 의학적인 검증과 실제 효용성을 엄정하게 따지지 않으며 이용자의 심미적 경험에 더 큰 초점을 맞춘다. 이러한 맥락에서 힐링 게임은 의료용 기능성 게임(또는 치료적 기능성 게임)과 일반 상업용 게임 중간에 위치한 새로운 유형의 게임 형태라고 할 수 있다.

힐링 게임의 주된 특징은 상업적인 주류 게임과 달리 경쟁 승리나 목적 달성을 강조하지 않으며 편안하게 즐길 수 있다는 것이다. 따라서 힐링 게임은 전문 상담사나 프로그램 없이 일반 이용자에게 자기조력적 치유 기회를 제공할 수 있다는 점에서 장점을 갖고 있다. 이러한 특징으로 힐링 게임은 현실의 경쟁사회에 지친 젊은 게이머들에게 큰 호응을 얻고 있다.

힐링 게임의 가장 핵심적인 특성은 편안함, 스트레스 해소와 같은 특정한 심미적 경험에 초점을 맞춘다는 것이다. 그리고 이것은 힐링 게임과 일반 상업용 게임을 구별하는 가장 주된 특징이기도 하다. 힐링 게임의 가장 큰 정체성은 정신 문제의 실질적 개선을 의미하는 '치료'가 아닌 '힐링'에 있다. 여기서 '힐링'은 실제적인 '치료'를 가리키는 것이 아니며 치유받고 있다는 느낌, 즉 치유감 혹은 치유적 활용 가능성을 의미한다.

힐링 게임의 특성을 요약하면 다음과 같다(이승제 · 배상준, 2021).

첫째, 힐링 게임은 치유감의 형성과 전달을 정체성으로 내세우는 상업적 게임이다. 이는 힐링 게임이 이용자의 건강 문제를 실질적으로 해결하는 것을 목표로 하지 않음을 의미한다. 대신 힐링 게임은 위안을 받고 있다는 느낌 그 자체를 중시하며 이를 적극적인 마케팅 요소로 내세운다. 따라서 힐링 게임은 검증된 치료법의 적용과 효용성의 극대화보다 이용자의 게임 경험 또는 정서 변화에 집중한다. 힐링 게임의 핵심은 이용자에게 스트레스로부터 해방될 수 있는 도피처를 제공한다는 것이다. 이를 위해 힐링 게임은 패배와 좌절의 경험을 최대한 배제하는 등 긍정적인 게임 경험을 보장하며, 이용자의 다양한 정서 반응을 이끌어낼 수 있도록 기획된다. 둘째, 힐링 게임은 추상성을 추구하는 경향이 강하다. 이러한 특성은 약한 서사성과 은유적인 여정 묘사, 로우 폴리곤 및 특정 색감 선호 그리고 명시적인 텍스트와 음성지시의 부재 등으로 구체화된다. 힐링 게임의 이러한 특성은 이용자의 다양한 정서를 자극하고 주관적인 해석과 경험을 존중하기 위한 전략이라고 할 수 있다. 힐링 게임의 이야기에 진정한 정답은 없으며 이용자의 정서적 반응과 게임 경험을 통해 도출된 모든 감상이 '정답'이 될 수 있다. 셋째, 힐링 게임은 여유로운 플레이를 지향한다. 힐링 게임은 다른 일반적인 게임에 비해 조작이 쉽고 간단하며 게임 진행 난이도 역시 상대적으로 낮은 편이다. 또한 임무 달성 실패에 따른 불이익이 거의 없기 때문에 이용자가 편안한 분위기 속에서 게임 공간을 탐험하고 감상할 수 있도록 구성되어 있다. 이와 함께 일부 힐링 게임은 무의미한 행동과 의도적인 방치를 권유함으로써 심리적으로 여유로운 상태에서 게임을 즐길 수 있도록 유도하기도 한다.

팬데믹을 겪으며 확장된 인류의 온라인 경험치는 이제 사이버테라피나 온라인 힐링이 일상화된 세상을 한걸음 가깝게 만들어주고 있다. 스마트폰이 필수품이 되고 메타버스라는 용어가 보편화되어가고 있는 지금, 온라인 세상 속 힐링 콘텐츠의 장르와 플랫폼은 세분화, 다양화될 것이고, 그 시장 또한 빠르게 성장할 것이다. 현실 속에서 얻지 못하는 위안을 찾아 AR 기반으로 가상의 반려동물을 키우거나 VR 속에 자신만을 위한 공간을 구축하고 휴식을 즐기는 세상이 도래하고 있는 것이다.

영화나 드라마 시장에서 히어로물이나 멀티버스, 시간여행에 대한 콘텐츠들이 얻고 있는 큰 인기는 결국 지역 분쟁, 참사, 환경오염 등으로 얼룩진 현실 세계에서의 고단함에서 벗어나고자 하는 바람의 결과물이라고도 할 수 있다. 경쟁과 규칙성에 매몰되어 현실에서 진정한 평온을 얻을 수 없는 현대인들이 자극적이고 현란한 콘텐츠의 홍수 속에서 벗어나 온라인 공간에서 진정한 자신만의 힐링을 찾아가는 움직임은 새로운 시대의 진정한 휴식의 비법이자 잃어버린 나를 되찾는 시작점이 될 것이다.

진정한 위로를 건네는 애플리케이션

하루 다섯 번의 알림. 지정된 시간은 없다.

하루 다섯 번 지정된 시간도 없이 죽음에 대한 문장을 보내주는 앱이 있다. 그런데 받는 사람들은 오히려 지금 이 순간에 대한 애착을 느낀다.

우리는 모두 죽는다고 끊임없이 고지해 주는 앱, '위크록(We Croak)'이 있다. Croak은 원래 개구리 우는 소리를 나타내는데 속어로 '죽는다'는 의미가 있다.

앱을 열면 간단한 소개 글을 만난다. "부탄 속담에 하루 다섯 번 죽음을 사색하면 행복해진다." 이 소개 글 그대로다. 이 앱은 "잊지 말라. 당신은 죽을 것이다"라는 알림과 함께 하루 다섯 번 죽음에 대한 글을 보내준다.

유한한 삶과 죽음에 대한 문장들이다. 광고도 없고 문장을 공유하는 기능도 없다. 그냥 일하다 공부하다 알림이 오면 문장을 읽는 게 전부다. 99센트 유료 서비스다. 매일 다섯 차례 죽음에 관한 문장을 읽는다. 사람들이 이 앱에 매력을 느끼는 이유는 현재에 집중할 수 있는 기회를 주기 때문이다.

언젠가 죽는다는 것을 떠올리면 지금 바로 이 순간에 집중할 수 있고 일상에 보다 애착을 가질 수 있다. 죽음을 생각할 때의 역설이다. 이 앱은 부탄 속담에서 힌트를 얻어 만들어졌다.

"진정으로 행복한 사람이 되려면 하루에 다섯 번은 죽음에 대해 생각해야 한다."

하루에 다섯 번 시간을 정하지 않고 랜덤하게 문장을 보여주는 것은 죽음이 언제 어디서 찾아올지 모르기 때문이다.

"사람들은 인생에서 전혀 중요하지 않은 것에 사로잡히는 경향이 있다. 그게 사람들을 불행하게 만든다. … 나는 사람들이 자신의 유한함을 떠올리거나 언젠가 죽음을 마주할 수 있다는 생각을 하고 깊은 숨을 들이마시기를 바란다. '아 이런 것은 생각할 필요가 없구나, 인생은 짧으니까 이런 것에 얽매일 필요가 없구나'라고 생각하길 바란다. 그러고 난 뒤 더 행복한 인생을 살아가면 된다."(설립자, 한사 버그웰)

사람은 죽음 앞에 섰을 때 자기 삶에 가장 진실해진다. 무엇이 중요하고, 무엇이 부차적인지 알게 된다. 돈과 권력은 죽음 앞에서 헛된 것이다. 그러나 우리는 일상에서 죽음을 망각한다. 욕심 앞에서 '미망'에 빠진다. 그래서 내게 진실한 삶이 아니라 타인이 원하는 가짜 삶을 산다. '더 높은 자리를 얻고, 더 많은 돈을 벌라'

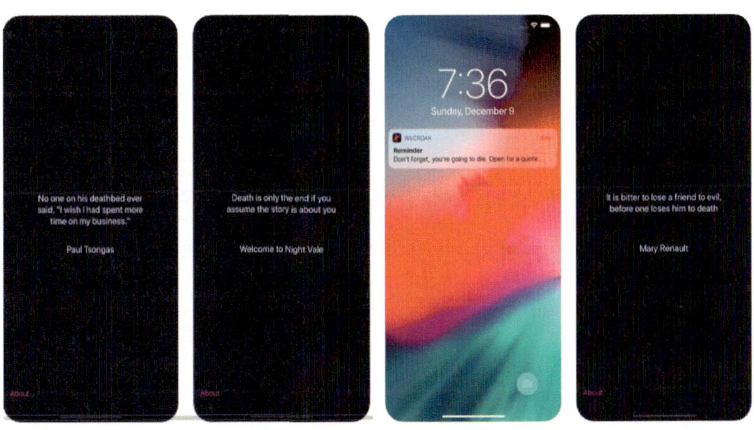

▶ 죽음을 떠올려 오늘을 살게 하는 앱 '위크록' (WeCroak 홈페이지)

는 사회의 유혹에 굴복한다. 클레이턴 크리스텐슨 하버드대 교수가 말했듯이 불행해지기 위해 노력하는 것처럼 인생을 산다. 그래서 위크록 앱은 죽음을 기억하라고, 그래서 지금 삶에 진짜 중요한 걸 놓치지 말라고 상기시킨다. 옛날 로마에서는 개선장군이 시가행진을 할 때 노예를 시켜 '죽음을 기억하라'는 뜻인 '메멘토 모리(Memento mori)'를 외치게 했다고 한다. 위크록 앱이 오늘의 우리에게 '메멘토 모리'를 외치고 있음이다.

위크록 앱 사용자는 대부분이 20 · 30대라고 한다. 삶의 박동을 강렬히 느끼는 청춘들이 '죽음을 전하는 앱'을 쓴다는 게 뜻밖이다. 나이 든 이들은 몸 한구석이 고장 나거나, 가까운 사람을 잃은 뒤에 죽음을 떠올린다. 그러나 젊은이들은 그렇지 않다. 죽음을 느낄 때 찾아오는 '진실의 순간'을 마주할 기회가 없다. 더욱이 젊은이들은 아직 중요한 선택이 많이 남아 있다. 직장 선택, 결혼, 출산 등등. 그때마다 진짜 중요한 걸 기준으로 올바른 선택을 하려면 죽음을 상기할 필요가 있다. 생전에 애플 창업자 스티브 잡스는 스탠퍼드대 졸업생들 앞에서 "내가 죽을 것이라는 것을 기억하는 것은 내가 인생에서 큰 선택을 해야 했을 때 가장 중요한 도움이 됐다"고 말한 바 있다.

페이스북이나 인스타그램 같은 SNS의 취지가 원래는 희로애락(喜怒哀樂) 모두 공유하자는 것이었을 게다. 그런데 시간이 흐르면서 '희'와 '락'으로만 수렴되고 있다. 다른 이들이 올리는 멋진 휴양지 사진을 보면 내 인생이 보잘것없어 보이기도 한다.

그래서 이스라엘의 한 스타트업이 '로'와 '애'를 공유할 수 있는 SNS를 만들었다. 2016년 서비스를 시작한 위스두(Wisdo).

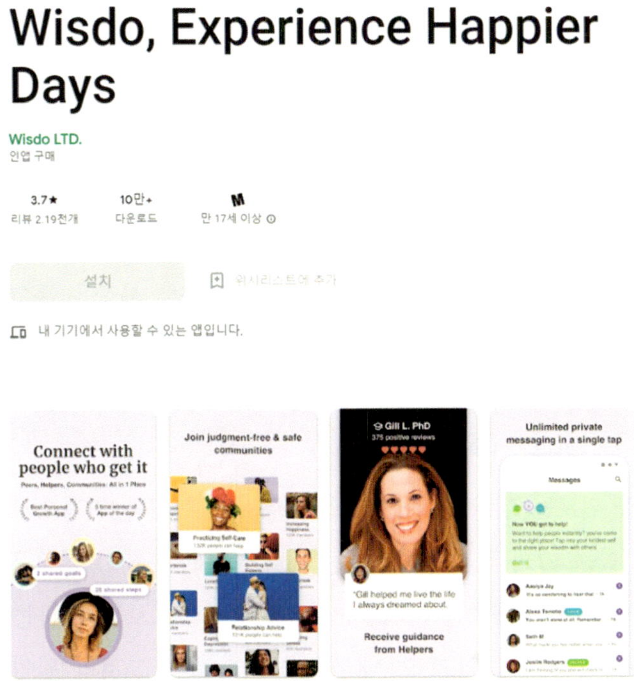

▶ 위로와 공감의 앱 '위스두'

아프고, 괴롭고, 힘들고 그래서 누군가로부터 도움을 받고, 누군가와 이야기 나누고 싶은 사람들이 자신의 사연을 공유하는 곳이다.

사이트는 카테고리 구성부터 다르다. 살면서 겪게 될 고통을 40여 개 카테고리로 나눴다. 이용자들은 이 가운데 하나를 선택해 이야기를 나누게 된다. 예를 들면, 우울증, 불안, 인간관계, 외로움, 외모에 대한 불안, 육아의 고충, 중독, 유방암 등과 같은 카테고리다. 각 카테고리에 들어가면 이용자는 비슷한 문제를 겪는 사람들과 의견을 나눌 수 있다. 한 명이 고민이나 질문을 올리면 공감하는 사람들이 답변을 단다. 수만 명이 실시간으로 채팅을 하는 셈이다. 이용자가 각 카테고리에 가입할 때는 어느 정도 힘든지 질문을 받게 된다. 자신의 상태에 따라 프로필에 저장된다. 그러면 공동채팅으로 문제해결이 어려울 경우 비슷한 상황인 사람을 찾아 일대일 대화를 할 수도 있다.

위스두의 강점은 자신이 경험한 것으로 다른 사람을 돕고 싶은 이들이나 현재 겪고 있는 문제로 도움받길 원하는 누구에게라도 추천 가능한 서비스라는 점이다. 혼자가 아님을 깨닫고, 비슷한 사람들과 만나 함께 성장해 나갈 수 있는 것이다.

값싼 위로는 짧은 시간으로 끝날뿐더러 상처와 진정으로 대면할 수 있는 기회를 지연시킨다는 점에서 (치유는커녕) 질환을 더욱 깊게 만들 뿐이다. 진짜 치유는 상처와 정면으로 대면하는 데서 시작된다. 상처를 열고 그 내부를 들여다보며 그것의 원인을 고통스럽게 분석할 때 제대로 된 힐링이 시작된다. 물론 이 과정은 마치 쓴 약과도 같아서 괴롭고 견디기 힘들 것이다. 그러나 절망의 바닥까지 내려가지 않는 한 상처의 원인은 보이지도 않고 실감으로 다가오지도 않는다. 바닥까지 내려가 모든 것을 다 보았을 때, 진정한 힐링은 환부와 고통스럽게 대면하는 '외로운' 시간에서 시작된다.

마음 챙김을 위한 명상 애플리케이션

유발 하라리는 〈21세기를 위한 21가지 제언〉에서 '명상'을 권한다.

인간의 마음은 항상 걱정을 한다. 필연적이다. 현대인들은 걱정거리가 아주 많다. 테러, 기후변화, 인공지능, 프라이버시 침해 등. 유발 하라리는 이런 공포에 맞설 유용한 수단을 제안한다. 걱정하는 것을 멈추는 것이 아니라 어떤 것들이 걱정되는지 아는 것이라고 말이다. 그는 21세기의 삶은 마음을 챙기는 명상을 요구한다고 강조한다. 명상은 세계와 자신에 대한 진실을 아는 방법이라고 말한다.

명상 시장규모가 커지면서 명상 앱들이 인기를 얻고 있다. 다양한 원인으로 심리적 스트레스를 호소하는 사람들이 증가하면서 그들의 마음을 회복하기 위한 방법들이 강구되었고, IT 기술을 접목한 명상 애플리케이션과 관련 콘텐츠들이 신흥시장의 주역으로 떠오르기 시작한 것이다. 명상 애플리케이션의 인기 요인은 언제 어디서나 편안하게 명상시간을 가질 수 있다는 편리성과 명상을 통해 마음의 안정을 얻고 행복해진다는 심리치료 효과가 작용된 것으로 분석된다.

명상 대표 기업들은 '헤드스페이스(Head Space)', '캄(Calm)', '심플해빗(Simple Habit)' 등인데, 본사가 모두 미국 캘리포니아 샌프란시스코에 소재하고 있어 미국이 명상 애플리케이션 글로벌 시장 활성화에 앞장서고 있다.

명상 애플리케이션 시장의 시초는 헤드스페이스(Headspace)로,

리치 피어슨(Rich Pierson)과 앤디 퍼디컴(Andy Puddicome)이 영국 런던에서 공동 창업했다. 2010년 창업한 헤드스페이스는 신비주의로 인식되던 명상을 스마트폰 속에 집어넣으며 명상이 얼마나 '쿨'한지 보여주고 있다. 배우 제시카 알바, 링크드인 CEO 제프 와이너 등이 7,500만 달러를 투자했고, 허핑턴포스트 창업자 아리아나 허핑턴, 버진그룹 회장 리처드 브랜슨, 오프라 윈프리, 기네스 팰트로 등 유명인 팬들도 많다. 빌 게이츠도 열성 팬이다.

창업자 앤디 퍼디컴은 영국에서 최초로 국가공인을 받은 명상 컨설턴트이다. 미얀마와 티베트에서 10년을 수련했다. 공동창업자 리치 피어슨은 광고회사에서 일하다 번아웃(Burn out) 증세가 나타났다. 그러던 중 친구 소개로 퍼디컴을 만나게 되었고 명상에 빠졌다.

스님이 된 퍼디컴이 영국으로 돌아와 지역보건소에서 명상수업을 진행하고 있을 때였다. 퍼디컴의 수업은 매번 수백 명이 몰릴 정도로 인기였다. 그는 명상 수련법을 책자로 만들어 나눠줬는데 수업을 듣지 못한 사람이 책자*라도 구하기 위해 애쓰는 것을 보고 피어슨은 더 많은 사람들이 명상을 접하도록 온라인 콘텐츠를 함께 만들었다.

두 사람은 이 콘텐츠를 영국 〈가디언(The Guardian)〉에 기고했

* 앤디 퍼디컴이 수련법을 정리해 2012년 출간한 책은 베스트셀러가 되었다. 빌 게이츠는 '내가 읽은 최고의 책 중 한 권'이라고 소개하며 누구든 내면의 나에게 더 집중할 것을 권했고, 〈가디언(The Guardian)〉은 복잡하지 않은 삶, 명료하게 삶을 살고자 하는 이들이 읽어야 할 책, 〈타임스(The Times)〉는 최고의 인생을 살고 싶어 하는 거인들이 읽어야 할 책이라고 소개하며 대중의 관심을 자극했다. 국내에도 번역 출간되어 있다. 〈신의 삶에 명상이 필요할 때 – 오직 '나'다운 답들이 쌓여 있는 곳, 그 유일한 공간을 찾아서〉, 앤디 퍼디컴 지음/안진환 역, 스노우폭스북스, 2020.

다. 잠잘 때, 식사할 때, 출퇴근할 때 등 특정 상황에서 명상 수련을 할 수 있는 10분 남짓 짧은 팟캐스트였는데 선풍적 인기를 끌었다. 명성 콘텐츠의 파급력을 확인한 두 사람은 2014년 앱을 만들었다.

초보자도 쉽게 따라 할 수 있게 만들었다. 명상을 모르는 사람도 퍼디컴의 목소리에 집중하며 따라 하면 된다. 숨을 들이쉬고 내쉬는 것부터 시작해 시선은 어디에 둘지, 또 근육이 이완되는 것을 느껴보도록 차근차근 알려준다. 10일간 기초적인 명상 세션을 사용하고 좋으면 구독하면 된다. 한 달 구독료가 13달러, 연간 96달러이다.

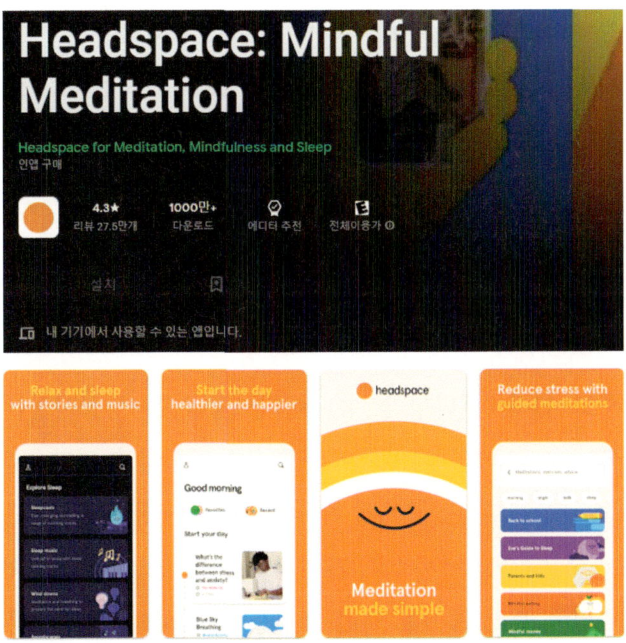

▶ 명상 앱 '헤드스페이스'

'하루 10분 명상을 위한 서비스'라는 슬로건으로 창의성, 집중력, 행복 등 다양한 테마를 가진 수백 개의 명상 콘텐츠를 제공하고 있다. 방법은 사용자가 설정한 명상 단계에 따라 진행하거나 사용자의 심리상태나 라이프스타일에 맞는 명상모드를 선택해 명상을 진행할 수 있다.

명상의 효과는 즉각적으로 나오지 않는다. 매일 꾸준히 수련하는 것이 가장 좋은 방법이다. 그래서 헤드스페이스는 게임적인 요소도 도입했다. 매일 일정 시간 명상을 하면 레벨 업이 되어 잠겨 있는 6만 개 이상의 다른 명상 세션에 접속할 수 있다. 얼마 동안 연속으로 명상을 했는지 친구들과 순위를 매길 수도 있다.

명상은 목적을 정하고 하는 것이 아니기 때문에 특정 상황에 즉각 도움이 되지는 않는다. 하지만 헤드스페이스는 문턱을 낮췄다. 불면증에 시달릴 때, 집중력을 끌어올리고 싶을 때, 스트레스가 심할 때 등으로 카테고리를 나눠 자신에 맞는 '처방'을 할 수 있도록 했다. '감정이 격해질 때', '갑작스러운 스트레스'처럼 응급 상황에서 잠깐 숨 돌릴 수 있는 2분짜리 세션도 있다.

기업들은 직원복지로 이 앱을 직원들에게 제공하고 있다. 구글, GE, 유니레버, 어도비, 링크드인 등 여러 회사가 구독료를 대신 내주고 있다. 델타항공, 유나이티드항공 등 항공사들은 기내 모니터로 헤드스페이스의 명상 콘텐츠를 제공하고 있고 미국프로농구(NBA)도 프로선수들에게 명상 세션을 제공하고 있다.

캄(Calm)은 명상 서비스로 기업가치가 10억 달러가 된 앱이다. 2012년 영국 출신 마이클 액턴 스미스(Michael Acton Smith)와 알렉스 튜(Alex Tew)가 미국 샌프란시스코에 공동 설립한 명상 애플리

▶ 명상 서비스 앱 '캄'

케이션 스타트업으로 2019년 2월 10억 달러(한화 1조 1,190억 원) 펀드레이징에 성공해 유니콘 기업으로 부상했다.

인기 비결은 명상을 수련처럼 하지 않는 데 있다. 가부좌로 오랜 시간 집중하는 수련을 넘어 마음이 편해지는 서비스로 확장했다.

이 앱은 잘 자도록 도와준다. 수면과 명상, 잠과 스마트폰은 어울리지 않는 조합이지만, 가장 인기 있는 카테고리는 수면이다. 잠을 잘 자는 것이 마음이 편해지고 정신 건강을 챙기는 데 가장 중요하다는 판단 때문이다. 그런데 잠을 잘 오게 하는 콘텐츠가 이색적이다. 바람, 물, 숲 등 자연의 소리나 나긋나긋한 목소리로 읽어주는 명언이 아니다. 내레이터가 어른들을 위한 동화책을 읽어줄 뿐 아니라 이런 콘텐츠까지 읽어준다. EU 개인정보보호 규정, 150페이지 넘는 법안을 해설해준다. 듣고 있으면 잠이 솔솔 온다. 테니스 규칙, 코트의 악동이라 불린 테니스 스타 존 매켄로가 테니스 규칙을 설명한다.

음악 카테고리도 다른 서비스와 차별화되는 포인트다. 가수 샘 스미스의 음악을 수면용 1시간 분량으로 편집한 '슬립 믹스', DJ 모비의 '캄' 전용 힐링 음악앨범, DJ 톰 미들턴의 1시간짜리 릴랙스 음악. 기존 음악을 단순히 명상용으로 바꾸는 것 이상의 음악을 만들기 위해 다양한 아티스트와 협력하고 있다.

'마스터 클래스' 카테고리는 명사들의 강의를 듣는 'TED'와 유사하다. 다른 점은 영상을 보는 대신 목소리를 듣는 것이다. NBA 스타 제이슨 키드는 자신의 비결을 멘탈 훈련, 팀에 녹아드는 법, 수면의 중요성 등으로 나눠 설명하고 미국 작가 숀 어쿼는 '행복해질 수 있는 비결'에 대해 강연한다.

아침에 하면 좋은 스트레칭, 집중력에 도움되는 운동법, 저녁에 하는 릴랙스 운동 등의 신체건강과 관련한 콘텐츠도 제공한다. 쉬운 동작은 음성으로 알려주지만, 복잡한 동작이 가미된 스트레칭은 보고 따라할 수 있게 영상도 제공한다.

캄이 명상 서비스로 유니콘이 된 비결은 명상 그 자체에 매달리지 않고, 사람들이 명상 서비스를 찾는 이유를 충족시킨 덕분이다. 푹 잘 수 있도록 EU의 150페이지 규정까지 해설하고, 마음이 편안해지도록 가수들과 음악을 만들고, 자존감을 높이는 강의까지 제공한 덕분이다.

심플해빗(Simple Habit)은 월스트리트 투자은행에서 헬스케어 분야 애널리스트로 활동했던 한국인 김윤하가 2016년 미국 팔로

알토에 설립한 명상 애플리케이션 스타트업이다. 월 4,500원으로 200개가 넘는 명상 콘텐츠를 자유롭게 이용할 수 있다. 2017년 구글 플레이 베스트 앱, 애플 앱스토어 명상 카테고리에서 1위에 선정되었다.

CEO가 투자은행에서 일했을 때나 처음 창업을 했을 때 매일 20시간씩 고강도로 일하면서 생겼던 스트레스를 명상으로 풀었고, 자신처럼 업무강도가 높은 분야에서 일하는 전문직 종사자들을 타깃으로 한 명상 애플리케이션을 만들기로 결심, 하버드대 심리학자와 구글 명상 프로그램 엔지니어와 협업해 만든 5분, 10분, 20분 단위의 짧은 명상 세션이 큰 인기를 끌었다.

심플해빗의 인기 비결은 한 명이 다양한 콘텐츠를 공급하는 경쟁사들과 달리 플랫폼 형태로 운영해 명상 강사들의 직접 참여가 가능하다는 점이다. 그들은 세션을 제공하고 직접 운영하면서 부가적인 수익을 창출할 수 있고, 고객들은 명상 전문가들이 제안하는 섬세하고 유니크한 세션들을 체험해 볼 수 있다.

혜민 스님과 다니엘 튜더가 공동개발한 명상 애플리케이션 '코끼리'는 코로나19가 확산되면서 가입자 수가 배 이상 급증했다. 코끼리 앱은 '편안한 수면이 필요할 때', '외로움을 느낄 때', '마음에 활기가 필요할 때' 등 다양한 상황과 기분에 따라 오디오콘텐츠를 선택해 청취할 수 있도록 구성되어 있다. 사용자들은 호흡 명상, 바디스캔, 꿀잠 이야기, 수면 음악 등 900여 개의 콘텐츠를 통해 셀프 멘탈 케어가 가능하다. 론칭 1년 6개월 만에 누적 가입자는 40만 명을 돌파했다. 비대면 서비스를 통해 불안과 스트레스를 조절할 수 있다.

VR 힐링 콘텐츠

힐링, 치유를 목적으로 VR 콘텐츠가 제작되는 사례가 증가하고 있다.

VR 콘텐츠는 HMD 등 몰입형 개인화된 디바이스를 활용하는 특성으로 주위 시선으로부터 자유롭고, 온라인 심리치료와 연동하여 익명성이 보장된다면 좀 더 효과적인 심리치료 방법으로 활용된다. 대학병원들은 가상현실 치료법을 적극적으로 활용하여 외상 후 스트레스 장애나 각종 공포증, 알코올 중독 등에 대한 치료에 적극적으로 활용하고 있다.

특히 시니어들에게 효과적인데, 시니어에게 있어 가장 중요한 문제 중 하나는 정서적 고립과 외로움을 해결하는 것이며, 이에 VR의 진보가 일정 역할을 수행할 것으로 기대된다. 일본, 미국 등에서는 여행, 치료, 경험 재생 등의 측면에서 노년층에게 체험과 치료의 목적으로 다양한 시도가 활발하게 이루어지고 있다. 가족과 자주 접하기 어려운 시니어 및 치매환자들에게 있어 가상적 접촉과 의사소통은 심리적, 정서적 치료효과가 있다는 연구결과가 발표되고 있다.

영국은 VR 기술을 통해 기억을 재연해 치매 치료에 도움을 주고자 하는 프로젝트인 '더 웨이백 프로젝트(The Wayback Project)'를 시작했다. 그 첫 번째 작품이 바로 '엘리자베스 2세 여왕의 대관식 편'이다. 치매를 앓고 있는 환자들은 먼저 스마트폰 더 웨이백 애플리케이션을 다운로드받아 영상을 재생한다. 그리고 맞춤

▶ 영국의 'The WayBack Project' (홈페이지)

형 3D고글을 착용하면 눈앞에 엘리자베스 2세 여왕의 대관식 모습을 생생하게 볼 수 있다. VR 기술을 통해 유명하고 긍정적인 순간들을 재현해 마치 그 현장으로 되돌아간 듯한 경험을 제공한다. VR 기기를 통해 과거로 돌아간 치매 환자들은 잊었던 기억들을 다시 떠올리게 되면서 치매 치료에 도움을 받는 것이다.

크라우드 펀딩으로 3만 5,000파운드를 조성해 시작된 프로젝트로, 엘리자베스 2세 여왕의 대관식에 이어, '1966년 런던 월드컵', '1989년 베를린 장벽 붕괴' 등 전 세계 역사의 주요 순간을 VR로 재현해 더 많은 치매 환자들이 잃어버린 기억을 되찾을 수 있도록 한다는 계획이다. 치매 환자들의 잊었던 기억들을 가상현실 기기로 재현해 냄으로써 치매 치료에 도움이 될 것으로 기대된다.

힐링 차원에서 VR 활용은 점차 영역을 넓혀가고 있다.

〈가이디드 메디테이션 VR〉은 지친 마음을 달랠 수 있는 VR 명

Guided Meditation VR **is a virtual reality relaxation app where you can recharge in exotic locations across the universe.**

▶ 가이디드 메디테이션 VR 서비스 (홈페이지)

상 게임으로 최적화된 VR 명상 환경을 제공한다. 앉은 자세, 선 자세, 방 안의 자유로운 움직임까지 모두 지원하기 때문에 일상을 탈피하는 몰입감을 제공한다. 보통은 자리에 앉아 명상을 즐기는 사람이 많지만, 아름다운 경치를 감상하고 싶다면 주위를 돌아다니는 것도 얼마든지 가능하다. 울창한 나무숲, 청정한 개울가, 고요한 동굴, 영험한 기운이 나는 사원, 풀들이 우거진 정글 등 다양한 장소에서 힐링이 가능하다. 차분해지기, 긴장 풀기, 집중력 향상, 활력 증진 등 내 상태에 꼭 맞는 명상이 50가지 이상이다. 지속 시간도 2분, 5분, 10분 단위로 구성된다. 명상에 어울리는 음악도 선택할 수 있어 힐링 콘텐츠이다.

〈노던 라이츠(NORTHERN LIGHT)〉는 방 안에서 북극의 오로라를 만날 수 있는 VR 콘텐츠이다. 매끄럽게 담아낸 360도 화면에 피아니스트가 연주한 오리지널 피아노곡이 제공된다. 잔잔한 곡

▶ 노던 라이츠 VR 서비스 (홈페이지)

과 함께 2~3분 길이의 영상, 그리고 슬라이드 쇼가 펼쳐진다. VR 기술과 감상 콘텐츠의 조화를 보여준다.

VR을 활용한 명상 콘텐츠는 기존 개발 사례를 통해 명상에 도움이 되는 자연 경관 영상을 활용한 시각적, 청각적 체감 요소를 활용하고 있으며, VR 디바이스의 착용으로 인한 움직임이 자유롭지 못한 특징으로 육체적 수련보다는 마음을 다스리는 심리적 조절 위주의 명상이 적합한 것으로 평가된다.

VR 기술의 발전으로 시각, 청각 위주의 콘텐츠에서 오감을 활용하는 기술로 체감 기술이 확대되고 음성인식 기술, 3D사운드 기술, 햅틱상호작용 기술, 3D 인터랙션 기술 등 상호작용 기술의 고도화는 가상세계의 경험을 증폭시킬 것으로 기대된다. 이러한 기술의 활용을 통해 힐링 콘텐츠의 체감 요소를 확대하고 다양한 분야의 활용이 가능할 것이다.

XR, 경험 확장을 통한 사회적 치유

인구 고령화로 사회적 고립감을 느끼는 비율이 증가하는 가운데 코로나19는 개인들의 육체적·정신적 건강 측면에서의 부정적 신호를 사회 전반으로 확산시키고 있다. XR(eXtended Reality : Virtual+Augmented+Mixed Reality)이 제공하는 확장 경험에서의 몰입감과 거리의 제약 없이 사용자들을 연결해주는 공존감은 사회적 치유와 회복을 위한 대안으로 활용되고 있다. 높은 몰입감은 지속적인 치료 동기를 부여하고 편안한 가상환경 가운데 심리 치료의 효과를 높여준다. 공존감은 물리적 거리에 관계없이 심리적으로 가깝게 느끼게 하고, 깊은 연결성을 제공한다. 해외에서도 고령층 생활 지원, 의료, 소셜VR 측면에서 다양하게 활용되고 있다(김항규, 2020).

사회적 고립과 이로 인한 외로움은 육체적·정신적 측면에서의 건강에 큰 영향을 미친다. 치매 등 심각한 질환의 위험도를 50% 높이고, 이는 흡연, 비만, 신체 활동 부족 등에 필적하는 위험이라고 평가되고 있다. 이러한 위험은 코로나19로 인해 연령과 병력에 관계없이 확대되고 있다.

사회심리학자 졸란다 제텐(Jolanda Jetten)은 〈사회적 치유(Social Cure)〉에서 사회적 연결이 육체적·정신적 건강을 유지해준다고 말한다. 고령자나 심각한 질병 치료 환자와 같이 거동이 어렵거나 사회적 격리가 이루어지는 상황 속에서도 유대감을 가질 수 있는 사회 연결망이 필요하다. 시간과 공간의 제약으로부터 벗어나 공존감과 긴밀함으로 제공하는 XR(eXtended Reality)이 주목받는 이유이다.

XR은 몰입감과 공존감을 통해 사용자에게 확장된 경험을 제공함으로써 회복과 치유의 효과를 향상시킨다. 가상환경에서 사용자에게 목표 의식과 함께 치료 동기를 부여함으로써 자칫 지루할 수 있는 반복적 재활 훈련을 성공적으로 마칠 수 있게 한다. 사용자의 심리적 불안과 스트레스를 낮출 수 있는 최적의 환경을 구성해 몰입감 높은 명상과 정신적 치유를 경험하게 한다. 시선 맞춤과 자연스러운 표정 및 손동작, 그리고 같은 공간에 있다는 공존감은 물리적 거리에 상관없이 사용자들 간에 깊은 연결성을 제공한다.

최근 XR은 네트워크와의 결합을 통해 거리의 제약 없는 연결성을 제공하였고, 이는 원격 진료, 그룹 치료, 사회적 연결 형태로 활용 분야가 확장되고 있다.

거동이 불편한 고령자에게 멀리 떨어져 있는 가족과의 잦은 만남이나 장거리 해외여행은 쉽지 않기에 XR을 통한 경험의 확장은 매력적일 수밖에 없다. AARP(American Association of Retired Persons, 미국은퇴자협회)는 세계 최대 비영리 시니어 단체로 혁신 연구소(AARP Innovation Labs)의 벤처육성 프로그램 해처리(Hatchery)에서 신기술을 통해 고령층의 사회적 지원방안을 찾고자 하였다. 렌데버(Rendever)는 해처리 프로그램에 참여한 VR 플랫폼 개발 전문기업으로, AARP는 렌데버와의 파트너십 체결을 통해 이동이 불편한 고령층이 원거리의 가족들을 가상공간에서 만날 수 있는 VR 플랫폼 알코브(Alcove)를 세상에 선보였다.

▶ 알코브(Alcove)로 가상공간에서 가족을 만나 대화를 나누는 모습 (vrscout 홈페이지)

알코브는 안락한 가정의 공간을 가상현실에 구현함으로써 가족 간의 연결성에 중심을 둔 VR 플랫폼이다. 노인들이 VR 헤드셋을 착용한 채 알코브에 접속하면 자녀, 손자, 손녀들과 실시간으로 만나 대화, 체스게임, 가상여행 등을 할 수 있다. 또, 이 플랫폼을 이용해 가상 애완동물을 키우고, 요가, 클래식 음악 등의 다양한 가상현실 콘텐츠도 이용할 수 있다. 현재 미국의 150개 이상 노인요양시설에서 알코브를 활용하고 있는데, 사용자의 행복감이 40% 상승했다는 발표가 있을 만큼 효과적이다.

가상현실을 활용해 암 환자의 치료를 돕는 솔루션도 상용화되었다. 미국의 코그니햅(CogniHab)이 제공하는 솔루션이 그 예다. 이 회사는 가상현실을 활용해 항암 치료 전 휴식부터, 수술 후 재활까지 암 치료의 모든 단계에서 환자를 안심시키고 통증을 완화하는 솔루션을 제공한다. 코그니햅은 암 환자에게 이 솔루션을 적용한 결과, 고통 65%, 불안 60%, 진통제 사용 39% 감소 효과를 얻었다고 주장한다.

고령자들의 우울증을 치료하는 가상현실 서비스기업도 있다. 예를 들어, 미국의 스타트업 비바비타(Viva Vita)는 은퇴한 고령자들의 정신 건강 회복을 위한 가상현실 서비스를 제공한다.

이 회사가 보유하고 있는 우울증 치료용 VR 콘텐츠는 수백 종류에 이르는데, 가족이나 본인이 온라인으로 신청하면 전문가가 VR 기기와 맞춤형 콘텐츠를 갖고 방문해 치료를 도와준다.

사용자들은 이 솔루션을 이용해 파리, 런던 등을 가상으로 여행하고, 물고기와 함께 물속을 거닐거나 새와 함께 날아다니는 가상 체험을 현실처럼 할 수 있다. 비바비타에 따르면, 우울증을 앓고 있는 고령자들에게 이 솔루션을 적용한 결과 약 90%가 증상이 완화되는 효과를 얻었다.

전 세계 고령인구가 급증하면서 '제론테크(Gerontech)'가 미래 유망 비즈니스의 하나로 떠오르고 있다. 제론테크란 노년학(Gerontology)과 기술(Technology)의 합성어로, 고령층의 안전과 삶의 질을 높이고, 노인성 질병 치료를 돕는 일련의 상품, 서비스, 기술을 말한다. 치매 노인 실종 예방용 신발, 노인 돌봄 로봇, 스마트 요양원, 노인지원 디지털 보조기기 등이 그 예이며, 인공지능, 로봇, IoT, 빅데이터 등 4차 산업혁명의 핵심기술들이 제론테크에 활용된다.

최근 메타버스가 발전하면서 이 개념이 제론테크에 활용되는 사례가 늘어날 것으로 기대되고 있다. 메타버스가 고령층을 위해 기여할 수 있는 분야 중 하나는 그들이 흔히 겪는 사회적 고립감을 경감시키는 것이다.

4. ESG 콘텐츠

지금 세상 어디선가 누군가 울고 있다
세상에서 이유 없이 울고 있는 사람은
나 때문에 울고 있다
- 라이너 마리아 릴케 <엄숙한 시간> 중

사회적 책무의 가치, ESG

ESG는 환경, 사회, 기업 지배구조를 뜻하는 단어 Environmental, Social, corporate Governance의 줄임말이다. 기업의 재무적인 부분뿐만 아니라 비재무적인 요소인 환경 · 사회 · 지배구조의 건전성을 기준으로 기업의 가치를 평가하는 것이다. 단순히 재무적 이익만을 추구하는 것이 아니라 윤리적인 책임을 다하는 기업에게 투자할 수 있는 '사회적 책임투자'를 위한 지표가 된다. ESG 경영의 최종 목표는 장기적인 관점에서 지속적인 성장을 추구하고, 사회적 이익에 큰 영향을 주는 것이다.

'환경(E)'은 말 그대로 기업이 경영 과정에서 환경에 미치는 영향을 말한다. 사용하는 자원이나 에너지, 발생시키는 쓰레기나 폐기물의 양 등이 이에 속한다. 기후변화의 주범인 온실가스, 탄소 배출량은 물론 자원의 재활용이나 처리 건전성 또한 포함한다. '사회(S)'는 기업이 기업으로서 마땅한 사회적 책임을 잘 수행하는지에 대한 항목이다. 주로 인권이나 지역사회 기여와 연결된다. 노동자의 처우나 다양성 존중, 기업이 관계 맺은 지역사회나 기관 등에 대한 영향을 포괄한다. '지배구조(G)'는 경영의 투명성이다. 의사결정 과정이나 기업구조, 인사 또는 경영 정책 등이 민주적으로 책임성 있게 운영되는지 판단하는 요소이다.

ESG는 기본적으로 위 세 요소를 원칙으로 지속 가능성 및 기업가치 제고를 목표로 하는 '가치'이다. 애플이나 마이크로소프트, 테슬라 등 글로벌 빅테크 기업에 있어 ESG는 경영 '전략'이다. ESG는 기업을 판단하는 '지표'가 되기도 한다(PWC, 2021).

기존의 경영활동은 비용 절감과 효율을 최우선으로 하기 때문

▶ 지속 성장을 추구하고 사회적 이익을 구현하는 ESG 경영 (픽사베이 제공)

에 그것에 따른 환경에 미치는 요인은 크게 고려하지 않았지만, ESG 경영은 친환경 기업활동을 우선시하고 있다. 과거에는 재활용 원자재를 이용해 제작한 제품은 브랜드 이미지 향상을 위한 마케팅 목적으로 많이 사용되었다면 현재는 소비자들이 실제로 친환경 소재를 이용한 제품을 소비하는 것을 원하기 때문에 트렌드에 뒤처지지 않고 수요를 따라가기 위한 흐름이라 할 수 있다.

사실 ESG는 그간 기업가치 평가의 절대기준이었던 재무적 요소를 하나도 말해주지 않는다. 기업가치 평가의 전통적 기준은 재무제표이다. 매출이나 영업이익, 현금흐름 등 '실적'이다. 그러나 이 트렌드가 바뀐 것이다. 실적이 아무리 좋아도 환경영향, 사회적 책임, 지배구조의 건전성을 인정받지 못하면 기업가치는 인정받지 못하게 된 것이다. 재무적인 이익을 내기 위해서라도 환경과 같은 비재무적 요소를 함께 고려해야 하는 시대, ESG가 떠오른 오늘날이다.

ESG 쟁점에 관심을 두는 가장 큰 이유는 기업의 역할에 대한 가치관이 변했기 때문이다. 기업의 경제적 성과만을 기대하던 기존의 가치관에서 변화해 주요한 사회적 문제를 일으킨 기업이 책임경영 활동을 통해 이를 해결하고 우리의 삶에 긍정적 영향을 주는 행동을 할 것이라는 기대가 커졌다.

ESG 개념은 코로나19 이전에도 탄소중립, 사회공헌, 투명한 기업 지배구조 등을 강조하며 기업 경영의 새로운 패러다임으로 주목받았다. 하지만 공동체적인 위기의식과 해결 방식에 대한 고민을 촉발한 코로나19 팬데믹은 기업의 다양한 문제와 사회적 역할을 재조명해 기업 경영의 패러다임 전환과 ESG 참여를 가속화하고 있다. 실제로 국내에서도 금융, 식품, 유통, IT 등 업종을 불문하고 ESG 전담 조직을 만들거나 관련 채권을 발행하는 등 기업의 ESG 활동이 두드러지고 있다.

ESG는 기업의 비재무적 성과를 판단하는 기준으로 활용되고 있다. 환경은 기후변화 영향, 사업장 환경오염물질 저감, 친환경 제품 개발과 같은 요소가 포함되며, 사회의 경우 인적 자원 관리, 산업안전, 하도급 거래, 제품·서비스의 안전성, 공정경쟁 등이 있다(삼정KPMG, 2021). 마지막으로 지배구조는 주주 권리, 이사회 구성과 활동, 감사제도, 배당과 같은 요소가 이에 해당한다. ESG와 관련한 개념으로는 기업의 사회적 책임(CSR), 지속 가능성 공유가치 창출, 기업 시민의식, 지속 가능한 발전, Triple Bottom Line 등 다양하게 존재한다.

이제 기업은 안전하고 친환경적 제품을 요구하는 고객, 공정한 거래 관계를 요구하는 정부, 환경친화적 운영을 요구하는 지역사회 그리고 자원 사용 감축을 통해 원가 절감을 요구하는 주주 등 다양한 이해관계자의 요구에 직면하고 있다.

ESG와 유사한 개념 혹은 그 전신 격으로 CSR이 거론되곤 했다. 재무 활동으로 벌어들인 재화를 사회에 환원하는 등 주로 '선한 이미지'를 브랜딩하는 데 쓰였다. 그러나 오늘날 ESG가 추구하는 영역은 사회적 영향력뿐 아니라 환경적 영향력을 기틀에 두고 당장의 홍보효과를 위한 '그린워싱(greenwashing, 위장환경주의)'이 아닌지, 의사 결정 과정은 투명한지까지 검토한다. 환경을 희생해 얻는 당장의 재무적 이익보다 이후 미래에 치를 어마어마한 환경 비용을 비로소 경영 기준에 반영한다.

기업의 사회적 책임과 가치 창출에 대한 요구가 높아지면서, 해당 사업 및 산업이 우리 사회에 기여하는 영향력에 대한 관심도 증대하고 있다. 사회적 영향력(Social Impact), 기업의 시민정신(Corporate Citizenship) 등 다양한 표현으로 강조되고 실행하고 있지만, 결국 '선한 영향력(Good Impact)'에 대한 역할과 책임으로 요약된다(전승혜 · 김종화, 2021).

이는 MZ세대의 소비 경향과 맞물린다. 이제 소비는 '미닝아웃(Meaning Out)'으로 불릴 만큼 단순히 재화나 서비스의 이용만이 아닌 가치 표현 수단으로 자리잡고 있다(GS칼텍스 매거진, 2021). 환경은 그중에서도 가장 대표적이고 또 대중적인 대상이다. 인스타그램(Instagram)에서 '#선한영향력'과 관련한 포스팅은 하나의 트렌드가 되고 있다.

영국 밴드 콜드플레이는 탄소 배출 문제를 언급하며 2019년 지속 가능한 공연 방식을 찾을 때까지 투어를 중단하겠다고 선언했는데, 탄소 발생량을 이전 투어의 50% 수준으로 줄이는 것을 목표로 2022년 투어를 재개했다.

사회 현상으로 확대되고 있는 선한 영향력은 한 사람의 자발적인 행동이나 생각이 긍정적으로 발전되어 주변에 좋은 영향을 미치는 것을 의미한다. 정부, 기업, 자본, 그리고 소비자까지 앞으로의 시장경제에서 ESG는 모든 주체에게 사랑받는 가치이자 전략, 기준이자 지표가 될 가능성이 높다고 하겠다.

글로벌 콘텐츠업계의 ESG 활동

글로벌 기업 구글은 2007년부터 탄소중립을 실현했으며 2020년 환경 보고서를 통해 2030년까지 50억 달러 이상을 투자해 5기가와트 규모의 태양열과 풍력을 확보하는 등 탄소 배출 없는 회사를 만들겠다고 밝혔다. 대표적인 ESG 활동으로 '모두를 위한 인공지능 개발'이라는 슬로건 아래 인공지능을 활용해 인류가 직면한 문제를 해결하고 삶의 질을 향상하려고 노력 중이다. 인공지능을 기반으로 홍수나 지진과 같은 자연재해를 예측해 예방하고 수중 데이터를 활용해 멸종 위기의 고래를 보호하는 등의 다양한 프로젝트를 진행하고 있다.

미디어콘텐츠가 전파하는 긍정적인 영향력에 대한 사회적 요구가 높아지면서 이에 대한 인식 개선과 제작도 확대되고 있다. 넷플릭스, 디즈니 등 대형 미디어 사업자 위주의 콘텐츠들은 다수의 콘텐츠를 통해 인종, 성별 등의 다양성을 이야기하고, 지구 및 환경에 대한 미래를 경고하고 있다. 또한, 사회적 약자 및 소수에 대한 포용성을 강조하는 등 사회적 이슈를 반영한 다양한 콘텐츠를 선보이고 있다.

미디어업계의 ESG 활동으로 대표 사례인 넷플릭스의 경우 ESG 보고서를 발간하면서 독특한 평가 지표를 제시했다. 1시간 영상을 시청할 때 배출되는 이산화탄소를 화질별, 기기별로 측정해 탄소발자국의 양을 구체적으로 제시했는데, 콘텐츠 제작에 있어서도 에너지·탄소 절감을 위한 제작 지침을 구체화한다는 방침이다. 아울러 구성원의 성별과 인종의 다원화, 제작진과 출연진의 다양화, 정보 프라이버시(개인식별정보 보호)를 강화하는 사회책임을 구체적으로 실천하는 중이라고 밝히고 있다. 넷플릭스는 콘텐츠 촬영 제작 시 디젤 발전기 대신 모바일 배터리를 사용하고(환경) 콘텐츠 창작자 지원을 위한 기금을 조성하고 일자리를 창출하고 있으며(사회), 인종 및 성별 등에서의 차별 없는 기업 문화 추구 및 이사회 구성(거버넌스) 등의 기업 고유의 특성을 반영한 ESG 활동을 추진하고 있다.

넷플릭스는 2019년부터 발간하고 있는 〈Environment, Social & Governance Report〉에서 스스로를 "다양한 장르와 언어를 통해 최고의 스토리로 세상을 즐겁게 한다"라고 정의하고 있다. 어떻게 기업을 운영하고자 하는지 그 목적이 분명하다. 또한 지속가능성 보고서를 발간하면서는 스스로 지속 가능성을 다음과 같이 정의하였다. "넷플릭스가 엔터테인먼트로 즐거운 세상을 만드는 것의 전제는 우리가 살아갈 수 있는 세상이며, 이를 위해 중요한 것은 환경의 지속 가능성이다." 이를 위해 'Net zero'라는 프로젝트를 시행하고 있다. 탄소 배출을 저감하고 자연을 보존하며, 대기 중의 탄소를 제거하는 프로젝트다. 또한, 'DIMPACT'라는 프로젝트를 통해 엔터테인먼트 기업 및 학계 연구진과 손잡고 OTT 사업자의 서비스가 기후에 미치는 영향을 조사하기도 했다. 넷플릭스 영상을 한 시간 시청하면 발생하는 이산화탄소의 양은 LED 전등 한 시간, 팝콘 4봉지를 튀기는 데 발생하는 이산화탄소의 양과 비슷하다. 환경 관련 콘텐츠에도 많은 투자를 했다. 영국 BBC 및 WWF(세계자연기금)와 공동으로 4년간 〈하나뿐인 지구〉, 〈지구의 극지〉, 〈열대우림〉 등 총 8편의 에피소드를 만들어 미국 방송제인 에미(Emmy Award), 영화제인 오스카(Academy Awards) 등에서 수상했다. 환경문제에 대한 꾸준한 투자의 결과다.

언론사 기업 중에선 BBC가 독보적이다. 따로 ESG 보고서를 발간하는 건 아니지만 지속 가능한 환경과 다양성·포용성을 위해 노력하고 있다. 프로그램 제작 시 환경 영향을 최소화하기 위해 친환경 제작 기준을 만들고, 탄소발자국 계산기를 개발해 적용하고 있다. 또한 '5050 평등 프로젝트'를 통해 모든 출연진과 제작진의 남녀 성비를 같게 하는 노력을 진행 중이며, 전체 직원의 20%를 소수 인종으로, 12%를 장애인으로 고용하겠다는 목표를 제시하기도 했다.

BBC는 2011년부터 TV프로그램에 대한 최초의 산업 표준 환경 영향평가 시스템인 '앨버트 탄소 계산기'를 도입해 BBC 및 BBC 스튜디오 제작물에 앨버트 인증을 받도록 의무화했고, 영국의 제작사들에게도 무료로 사용하도록 해 200개 이상의 제작사와 방송사가 사용하고 있다.

영상콘텐츠 제작산업은 다른 산업과 비교해 상당한 양의 온실가스를 배출하고 있다. 예를 들어 제작사가 몰려 있는 미국의 로스앤젤레스 광역권에서 영상콘텐츠 제작산업의 온실가스 배출량은 정유산업에 이어 두 번째로 많다. 영국에서도 영화 한 편을 제작하는 과정에서 항공 여행으로 발생하는 온실가스 배출량은 런던과 뉴욕을 75회 왕복할 수 있는 수준이며, 숙박에 따른 배출량은 영국 내 34가구의 연간 전기 소비로 발생하는 온실가스와 비슷하다고 한다.

이에 따라 미국과 유럽을 중심으로 친환경 영상콘텐츠 제작에 대한 산업적 관심이 증가하였다. 미국에서는 2008년 전미제작자조합이 영상콘텐츠 제작산업에서 지속 가능성을 높이기 위해 녹색위원회를 출범시켰다. 그리고 2010년에 아마존, 디즈니, 폭스, NBC유니버셜, 넷플릭스, 소니, 비아콤, 워너미디어 등 영상콘텐츠 산업의 대기업을 중심으로 지속가능제작연맹이 출범하였다. 두 기구는 2010년부터 공동으로 〈Green Production Guide〉라는 친환경 제작 이니셔티브를 전개하고 있다. 해당 이니셔티브는 탄소 계산기, 체크리스트, 교육 등 다양한 분야에서 친환경 제작 관행을 구축하는 사업을 수행하였다. 유럽에서는 2017년부터 EU 집행위원회의 지역개발 협력 프로그램인 〈Interreg Europe〉을 통해서 친환경 영상콘텐츠 제작 이니셔티브인 〈Green Screen〉이 운영되고 있다. 프랑스, 벨기에, 스페인을 포함한 총 6개국의 지역 영화진흥기구가 네트워크를 구축하여 탄소 계산기 개발을 지원하고, 친환경 제작 가이드라인과 사례 연구를 전개하고 있다.

친환경 영상콘텐츠 제작의 초점은 온실가스 배출을 줄이는 데 맞춰져 있다. 특정 산업이 환경에 미치는 영향은 수질, 토양, 대기 등 다양한 영역에서 발생하지만, 영상콘텐츠 제작산업이 환경에 미치는 영향은 제작과정에서 발생하는 온실가스 배출에서 압도적으로 많다. 조명, 장비, 포스트 프로덕션, 사무실 운영 등 제작과정 전반에 걸쳐 전기가 과도하게 소비되는데 이동, 숙박, 발전이 직접적으로 온실가스를 배출하며, 조명, 장비, 포스트 프로덕션, 사무실 운영, 케이터링 등에서 간접적으로 배출하는 온실가스 양도 상당하다. 친환경 제작 관련 이니셔티브가 기후에 집중하는 것도 이러한 이유에서 비롯한다.

미디어 및 엔터테인먼트 산업은 문화, 사회적 견해, 사회적 결과에 영향을 미치고 반영하는 강력한 힘을 가지고 있다는 점에서 불평등과 차별 등 사회문제 해결을 위한 미디어 기업의 활동에도 관심이 높아지고 있다. 예컨대 일상에서 접하는 영상 콘텐츠는 성차별과 인종차별, 편견, 고정관념, 증오에 맞서고 소외된 집단에 대한 스토리에 관심을 환기시키는 계기를 제공할 수 있다. 이를 위해 미디어 기업의 콘텐츠 제작 방식과 전체 크리에이티브 공급망에서의 평등과 기회가 보장되어야 함은 물론이다.

공권력에 의한 흑인 시민의 사망과 아시아계에 대한 증오 범죄 등으로 사회적 파장을 겪은 미국에서는 미디어 엔터테인먼트 분야의 대기업 사이에 반향이 커졌고, 관련 기업들이 ESG 전략을 재고하는 계기로 작동했다. 워너미디어(WarnerMedia)는 2021년 10월 2020/21년 형평성 및 포용성 보고서(Equity & Inclusion Report 2020/21 : THE POWER OF STORIES)를 발표했는데, 인력, 콘텐츠, 프로그램, 커뮤니티 등 4개 영역에서 형평성과 포용성을 강조하고 있다.

넷플릭스 또한 2021년 2월 발간한 오리지널콘텐츠 포용보고서(Inclusion in Netflix Original U.S. Scripted Series & Film)를 통해 다양성 항목을 분석하고 있는데, 젠더, 인종, 민족성, 성소수자, 장애 등 22개 항목의 다양성 지표를 활용하고 있다. 이 지표를 통해 넷플릭스가 2018년과 2019년 미국에서 공개한 영화 126편과 TV 시리즈 180편의 출연진과 크리에이터, 프로듀서, 작가, 감독 등 제작진 구성을 분석했다. 분석 결과에 따르면 다양성은 19개 항

목에서 개선되고 있는 것으로 나타났다. 영화와 TV 시리즈에서 유색 인종의 여성 감독 비율이 높아졌고, 시리즈물의 여성 크리에이터 비중 역시 높아졌다. 여성 캐스팅도 늘어나고 있다. OTT 업계가 글로벌로 콘텐츠를 뻗어가고 있는 상황에서, 다양성의 지표는 콘텐츠업계에 지속적으로 반영될 예정이다.

이처럼 해외 미디어 기업들은 ESG 경영 실현의 일환으로 미디어 생태계의 다양성과 포용성, 형평성을 높이기 위해 노력하고 있다.

국내 콘텐츠업계의 ESG 추진

국내에서는 대표적으로 네이버가 2020년부터 SASB(Sustainability Accounting Standards Board ; 지속가능 회계기준위원회) 보고서, TCFD (Task Force on Climate-Related Financial Disclosures ; 기후 관련 재무정보공개 협의체) 보고서와 함께 ESG 보고서를 발간하고 장기적인 관점에서 지속 가능한 미래를 만들기 위한 다양한 프로그램을 소개했다. 예를 들어, 환경 전담 조직을 신설하고 신사옥 및 제2데이터센터를 중심으로 에너지 효율을 개선, 신·재생 에너지 사용을 확대하며 친환경 사업을 발굴하는 등 2040년까지 탄소 배출이 없는 기업을 만들기 위한 정책과 구체적인 실행 방안을 제시했다. 또한, 내부 구성원의 역량과 복지 개선, 이용자 경험과 만족 증대, 창작자 지원 및 문화 콘텐츠 활성화, 파트너사와의 동반성장 추구 그리고 미래 세대의 디지털 활용능력 제고 등 사회적 가치 창출과 기여를 위한 다양한 프로그램을 수행하고 있다. 한편, ESG 위원회와 실무 전담 조직을 신설하고 인공지능 윤리 준칙, 기업윤리 규범, 컴플라이언스 조직, 반부패경영시스템(ISO 37001) 등을 통해 윤리경영과 공정거래 관리를 강화한다.

카카오도 ESG 위원회를 신설하고 ESG 보고서를 발간했다. '더 나은 세상을 위한 카카오의 약속과 책임'의 구체적 활동을 환경, 사회, 지배구조 영역별로 소개했다. 먼저 2023년 준공 예정인 친환경 데이터센터 건립과 환경 전담 조직 구축 및 체계 확립 등 환경 영향을 최소화하고 친환경 플랫폼과 서비스를 구축하기 위한 계획이 진행 중이다. 아울러 인공지능 윤리, 프라이버시 보호, 글로벌 협력 등의 분야에서 기업의 디지털 책임을 수행하고 '카카오 협력사 지속가능경영 가이드'를 수립해 콘텐츠 제작자, 제휴사, 협력사 등 다양한 파트너의 경쟁력 제고 및 동반성장을 위한 선순환 생태계를 구축하기 위해 노력한다. 또한 건전하고 투명한 지배구조를 확립하고 책임경영을 수행하겠다는 '기업지배구조헌장'을 제정하고 기업활동 기준과 경과를 적극적으로 공개한다.

CJ ENM도 '2021 ESG 리포트 : 콘텐츠와 커머스, 선한 영향력의 시작'을 공개했다. 자연 환경 보존은 물론 산업 생태계(eco-system)를 균형 있게 발전시키기 위해 ECP(Eco-Balanced Content Production), ECV(Eco-Balanced Commerce Value-chain) 철학에 기반해 각 산업 특성을 반영한 ESG 실행 체계를 추진하고 있다.

보고서는 2020년 1월 1일부터 2021년 3분기까지의 ESG 경영 활동 및 기록을 기준으로 작성됐다. 보고서는 콘텐츠의 선한 영향력(Good Impact of Content)을 강조하고 있는데, 콘텐츠는 시청자들에게 새로운 경험과 웃음을 전달하는 동시에 따듯한 울림을 주기도 하며, 때로는 다소 무거울 수 있는 사회적인 문제를 사람들의 이야기로 잔잔하게 전해 대중의 인식, 나아가 후원과 나눔 등 행동까지 변화시킨다는 것이다.

여기서 '선한 영향력'이란 누군가의 자발적 행동이나 생각이 긍정적으로 발전되어 주변에 좋은 영향을 미치는 것을 뜻한다. 이에 CJ ENM은 사회적 가치 실현의 다양성에 주목하며, 콘텐츠를 통해 선한 영향력을 전파할 수 있는 조건을 분석하고 있는데, 콘텐츠가 선한 영향력을 갖기 위한 조건은 1차 영향과 2차 영향으로

선한 영향력 콘텐츠가 되기 위한 조건

1차 영향	• 사회적 가치 기준에 콘텐츠 기획 의도 부합 • 시청자 몰입도(공감 · 감동 · 긍정 등)	선한 영향력은 시청자가 이야기에 충분히 '공감'할 때 생겨나는 만큼 몰입도가 낮다면 많은 제작비를 투자한 콘텐츠일지라도 사회적으로 영향력이 지속되는 것에는 한계가 따름
2차 영향	• 콘텐츠를 통한 시청자들의 인식, 행동 변화 • 사회적 영향력(인식 개선, 제도 정비 등)	선한 영향력 콘텐츠로 정의하려면 반드시 콘텐츠 시청 후 실행과 변화의 반응인 2차 영향이 필요. 각자의 방식으로 변화된 인식을 실행으로 옮길 때 비로소 선한 영향력에 대한 측정이 가능함

나뉘며, 두 영향은 필요충분조건이 성립돼야 한다. 기획 의도가 좋고 화제성이 높다 하더라도, 선한 영향력 콘텐츠는 상업적인 화제성과 구별해 측정 및 논의할 필요가 있다.

ESG 철학 보여주는 방송 프로그램

방송사 등 전통적인 콘텐츠 기업의 ESG 활동은 상대적으로 미비하다. KBS와 MBC는 연례보고서를 발간해 프로그램 중심의 성과, 시청자와 지역사회에 대한 공헌을 소개하고 JTBC는 개별적인 사회공헌활동을 모아 사회공헌백서를 발간한다. 그러나 이는 결과물 중심의 단편적인 기술에 머물고 있으며, ESG를 도입했다고 보기 어렵다. 대다수의 국내 콘텐츠 기업들이 사회적 책임과 공헌에 대해 산발적으로 언급하기는 하지만 ESG와는 거리가 멀다.

공영방송과 인허가 등 공적 규제 틀 중심의 우리 미디어 생태계는 제도적 규범 안에서 소극적 책임을 다하면 문제없으니 관심 밖일 수 있다. 그러나 상황이 변화하고 있다. 철학 및 사회책임활동(CSR, Corporate Social Responsibility) 차원에서 챙겨왔던 활동들이 이제는 실질적이고 내재적인 기업 경영활동의 영역에서 논의되고 있다. 그동안 미디어 기업들은 CSR 활동을 기업의 '좋고 착한' 활동 정도로 총무, 사회공헌 또는 홍보 · 소통 부서 중심의 수세적인 입장으로만 생각하여 한계를 가지고 있었다. 이를 극복하고자 여러 가지 노력이 행해지고 있다. 광고주와 투자자, 소비자도 윤리적 책임과 공정 거래를 약속하고 정보를 투명하게 공개한 미디어를 선택해야 이용에 따르는 각종 피로와 위험을 낮출 수 있다.

이에 최근 ESG가 방송 콘텐츠 분야에서도 새로운 소재로 부상하고 있다. 교양 프로그램은 물론이고, ESG 이슈를 녹여 낸 예능도 눈에 띄기 시작했다. 특히 지구온난화에 따른 기후위기의 경각심을 타고 환경 문제에 대한 관심이 뜨겁다. 각계의 저명한 전문가들이 환경을 주제로 이야기하는 콘퍼런스 프로그램을 선보이는가 하면, 연예인 출연자들이 '쓰레기 제로' 캠핑이나 '탄소 제로' 생활에 도전하는 등 환경 미션을 소화하는 예능 프로그램도 속속 등장하고 있다. KBS 〈오늘부터 무해하게〉는 공효진, 이천희, 전혜진이 에너지 자립섬 죽도에서 일주일 동안 펼치는 탄소 제로 생활 도전기다. 환경 문제의 중요성을 강조하고 시청자들과 함께 플라스틱 소비를 줄이기 위한 해결 방안을 찾아 나서 시선을 모았다. SBS의 〈공생의 법칙〉은 우리 사회가 크게 주목하지 않았던 주제, 즉 생태계 교란종이 생겨난 원인과 현황을 파악하고, 조화로운 공생을 위해 인간의 역할과 책임에 대해서 생각해보는 친환경 예능 프로그램으로 화제를 모았다.

이러한 프로그램의 의의는 방송사라는 매체의 힘을 활용하여 지금 당장 실천 가능한 ESG 요소를 탐색했다는 데 있다. 건강한

▶ 환경 이슈에 집중하는 방송 프로그램들 (홈페이지 갈무리)

환경을 위해 지금 할 수 있는 영역과 해야 하는 영역을 구분하고 이를 프로그램 제작에 반영한 것이다.

방송은 그 자체가 공익적 성격을 갖기 때문에, 방송의 사회적 가치는 당연히 높다고 생각하기 쉽다. 그러나 ESG 관점에서 방송의 사회적 가치는 방송 제작과 유통 전 과정에서 환경보호, 동반성장, 안전한 양질의 노동조건, 의사결정의 투명성 등이 내재화되는 것을 의미한다. 단순한 사회공헌 활동을 넘어서 시청자, 근로자, 협력사, 정부 · 공공기관, 지역사회 등 이해관계자의 지속 가능한 발전을 추구하는 것이다. 이를 위해 근로자들의 안전과 권리 보호를 위한 매뉴얼을 마련하고, 교육을 통해 내재화하는 노력이 요구된다. 점차 비중이 높아지고 있는 아동 · 청소년 출연자 보호를 위한 조치에 더욱 많은 관심이 필요하다. 또한, 외주제작사 등 협력사와의 공정한 거래와 동반성장을 위해 거래절차 표준화, 인프라 · 기술 지원, 판로 지원 등에도 더욱 적극적으로 나설 필요가 있다. 특히, 방송 제작과정에서 환경오염이나 자연훼손이 발생하지 않도록 주의하고, 사고가 발생했을 때는 이를 최대한 복구하도록 방송제작가이드에 명시하는 등 책임의식을 갖출 필요가 있다.

2021년 tvN을 통해 방영된 드라마 〈슬기로운 의사생활 2〉는 사회적 영향력을 전파한 국내 콘텐츠의 대표 사례이다. 〈슬기로운 의사생활 2〉는 총 12개 중 5개의 에피소드를 통해 장기기증을 소재로 한 이야기를 전했다. 시청자 중 다수는 '공감'이라는 영향을 넘어, 실제로 장기기증 희망 등록을 하는 등 인식의 변화와 행동을 실천했다. 국립 장기조직 혈액관리원은 장기기증 에피소드가

▶ 선한 영향력을 행사하는 방송 프로그램들 (홈페이지)

다뤄진 7월부터 8월의 6주 동안 장기기증 희망 등록에 참여한 사람이 전년 동 기간과 비교해 3배 이상 증가했고, 장기기증 절차와 뇌사 시 장기기증에 대한 소재가 상세하게 다뤄진 에피소드 7화 방영 이후에는 일주일 동안 같은 기간 대비해 11배 증가했다고 밝혔다(CJ ENM, 2021). 특히, 코로나19가 지속되어 평소의 장기기증 현장 캠페인을 진행하지 못했던 어려운 상황을 고려하면, 콘텐츠를 통한 사회적 영향력 전파는 더욱 의미 있는 결과라고 할 수 있다.

〈유 퀴즈 온 더 블럭〉은 어린이부터 청소년, 청년, 중년, 노인까지 우리 사회에서 다양한 삶을 살고 있는 주변 일반인을 초대해 그들의 일상과 인생에 관해 이야기를 나누며 소통하는 예능 프로그램이다. 보통 사람들, 다양한 직업군의 일반인과 소소한 대화 속에서 대중이 잘 알지 못했던 삶, 가치를 전하며 시청자들에게 자극적이지 않은 웃음과 공감, 정겨움, 인류애를 전한다. 특히, '은밀한 이중생활' 편에서 어려운 청년들을 위해 저렴한 가격에 식당을 운영하는 신부님의 이야기가 전해진 후, 김은숙 작가를 비롯해 시청자들이 사회 각지에서 식당을 응원하는 것은 물론 실제 기부·후원 등 나눔을 실천했다. 이처럼 〈유 퀴즈 온 더 블럭〉은 우리 사회에서 주목받지 못한 다양한 면면을 담아내며, 이야기를 통해 선한 영향력을 발산한 것이다. '서로 위로하고 북돋우며 다 같이 함께 잘 살아간다'는 상생의 의미를 내포한다. 코로나19 위기를 웃음과 눈물과 위로와 감동으로 함께한 예능 콘텐츠이다. 코로나19 사태의 중심에 있는 사람들, 코로나19로 인해 설 자리를 잃은 사람들, 그리고 코로나19로 인해 힘든 시간을 보내고 있는 우리 모두를 위한 기획이다. 우리 사회의 변화를 함께 느낄 수 있는, 우리 사회의 소수자와 약자를 포용한다. 생각해볼 거리를 던져주는, 사회적 메시지가 담긴, 위로와 감동이 담긴 프로그램인 것이다.

국내 최초 '스튜디오 모델'을 도입해 성공모델을 구축한 스튜디오드래곤은 CJ ENM의 ESG 경영 철학을 바탕으로 스튜디오드래곤만의 특성을 살려 Healthy Planet(행복한 세상), Happy People(행복한 사람), Hopeful Business(희망적인 사업)라는 이른바 '3H 모델'을 구축하고 있다.

드라마 〈환혼〉의 경우 문경시와 업무협약을 맺고, 경상북도 문경시 마성 하내리에 방치되었던 폐기물 부지를 드라마 오픈 세트장으로 탈바꿈시켰다. 수년간 방치된 폐기물이 5만 톤이나 쌓여 있었던 곳으로, 지역의 골칫거리였던 폐기물 부지가 드라마 세트장으로 환골탈태, 잠재적인 관광자원으로 떠오른 협업 사례가 된 것이다.

전 세계 팬들의 호평을 얻은 〈우리들의 블루스〉는 "살아 있는 우리 모두를 응원한다"는 주제의식에 충실하게 강한 울림 있는 이야기를 담아냈다. 드라마는 옴니버스 형식을 띠고 있어 미성년자의 혼전 임신, 우울증 환자의 양육권 논쟁, 장애인에 대한 사회적 차별 등, 우리가 외면해온 다양한 사회 현실들을 따뜻한 시선을 가득 담아 현실적으로 녹여냈다. 뿐만 아니라 제주도 토착민을 주인공으로 하여, 육지 사람들에게는 익숙하지 않은 제주도 방언이나 해녀문화 등 제주에 남아 있는 고유의 문화들을 조명하며 대중들의 큰 관심을 불러일으켰다. 다양한 콘텐츠를 통해 '다양성'이 바르고 자연스럽게 받아들여질 수 있도록 대중들을 리드하고, 더 많은 이야기들을 통해 선한 영향력을 전파하고 있음이다.

2022년 2월 넷플릭스를 통해 공개된 〈소년심판〉은 소년범을 혐오하는 판사 심은석이 지방법원 소년부에 부임하면서 마주하게 되는 소년범죄와 그들을 둘러싼 이야기를 그려냈다. 이 드라마에서는 '촉법소년 연령'과 '소년법'의 당위성에 대해 다시 한 번 생각하고 논의하게 하는 등 사회에 묵직한 메시지를 던지며 대중들에게 호평을 받았다. '소년범'이 단순히 콘텐츠의 소재로 사용된 것이 아니라, 마땅히 재고해봐야 하는 이슈들을 세상 밖으로 끌어올리는 역할을 하며 사회에 경종을 울린 것이다.

드라마 〈갯마을 차차차〉는 포항의 한 조용한 바닷가 마을을 배경으로 촬영했다. 드라마가 큰 인기를 끌며 드라마 속 장소가 포항 관광의 필수 코스로 급부상했다. 덕분에 주변 상권과 지역 경제도 살아났다는 후문이다. 포항시는 실제 촬영 장소를 찾아가는 관광코스 '갯차 코스'를 운영하기도 했다. 소박하고 아담한 분위기의 지역 시장은 드라마 종영 이후에도 꾸준히 관광객들이 유입되었고, 늘어난 관광객들을 위해 주변 노후한 건물을 아름다운 벽화 건물로 재탄생시키는 등 점점 아름다운 장소로 변모했다.

때론 좋은 드라마 한 편이 수백 건의 기사보다 높은 영향력을 가진다. 드라마는 단 하나의 장면으로도 강렬한 메시지를 남긴다. 〈모래시계〉를 통해 5 · 18 광주를 기억하고, 〈추노〉에서 신분제의 모순을 체감하는 식이다. 시청자들은 때론 드라마라는 스토리텔링 가득한 미디어 속 메시지를 반긴다.

2022년 6월 '이상한' 드라마가 등장했다. ENA 수목드라마 〈이상한 변호사 우영우〉로, 천재적인 두뇌와 자폐 스펙트럼을 동시에

▶ 좋은 드라마로 호평받은 드라마 〈이상한 변호사 우영우〉 (홈페이지)

가진 우영우(박은빈 분)가 다양한 사건들을 해결하며 진정한 변호사로 성장하는 대형 로펌 생존기를 그린 드라마다.

자폐 스펙트럼 장애의 극히 일부인 천재성을 강조하는 한계가 있지만, 시청자들은 모처럼 등장한 '선한 드라마'라는 데 호응했다. 본방송을 앞둔 수요일과 목요일 밤 9시가 다가오면, 온라인 커뮤니티, 포털 드라마톡, 소셜 네트워크 서비스(SNS) 등이 시끌시끌해졌다.

편견의 대상이기도 하지만, 그래서 더 세상의 편견에 맞선 시선으로 사건과 사람을 보는 우영우 변호사의 고군분투는 그 자체로 따뜻한 감동을 자아낸다. 낯설고 어려운 새로운 세상을 대하는 우영우의 모습은 우리에게 세상을 바라보는 색다른 시선을 제공한다. 정해진 틀에서 벗어나 자신만의 방식으로 한계를 극복하고 사건을 해결해 나가는 우영우의 성장이 감동을 준다.

장애가 있는 여성 변호사를 중심으로 지금껏 '존재했지만 존재하지 않았던' 우리 사회 소수자들을 드라마 곳곳에서 자연스럽게 등장시켰다. 조금 특별한 변호사가 법률적 지식을 유쾌하게 전달하는 '판타지'에 그치지 않고 불합리한 현실의 묘사를 피하지 않았다.

〈이상한 변호사 우영우〉는 '좋은' 드라마다. 장애가 있는 주인공을 일상공간에 위치시키고 사람들과의 관계 속에서 장애를 보여준다. 주인공이 자신만의 특별한 관점을 통해 사건을 해결하는 과정을 그린다. 새로운 이야기 방식을 통해 뻔한 장애극복 성공스토리와 결별한다.

첫 재판정에 올라 먼저 자신을 이상하게 바라보는 이들을 향해 우영우가 당당하게 자신의 장애를 밝히고 양해까지 구하는 대목은 인상적이다. "모두 진술에 앞서 양해 말씀드립니다. 저는 자폐스펙트럼 장애를 가진, 가지고 있어, 여, 여러분이 보시기에 어, 말이 어눌하고 행동이 어색할 수 있습니다. 하지만 법을 사랑하고 피고인을 존중하는 마음만은 여느 변호사와 다르지 않습니다. 변호인으로서 피고인을 도와 음… 사건의 진실을 밝힐 수 있도록 최선을 다하겠습니다." 이로써 우영우는 사회가 소외시킨 약자들의 대변자가 된다.

〈이상한 변호사 우영우〉가 보여주는 건 자폐 스펙트럼을 가졌지만 기막힌 변론으로 늘 이기는 우영우의 영웅담이 아니다. 자폐를 가졌어도 사회에서 제 역할을 척척해내는 판타지도 아니다. 우영우가 마주하고 있는 현실은 여전히 차별과 편견 투성이다. 그런 현실을 인정하면서 이 드라마는 그래도 살 만한 세상이라는 메시지를 놓치지 않는다. 몽상적인 판타지가 아니라 손에 잡힐 것 같은 현실적인 판타지가 주는 리얼한 공감대가 이 드라마의 미덕이다.

한편으로, 드라마는 우리 사회의 다양한 소수자들이나 흔히 발견하기 어려운 존재들을 등장시킨다는 점에서 특기할 만하다. 우영우의 아버지 우광호(전배수 분)는 미혼부고, 우광호와 관련된 것으로 보이는 양대 로펌 대표 한선영(백지원 분)과 태수미(진경 분) 모두가 여성이다. 성소수자(여여커플) 이야기가 다뤄지기도 하고, 또 다른 자폐인이 등장하기도 한다.

드라마 곳곳에는 수백 건의 기사보다 가치 있는, 우리가 발 딛고 서 있는 이 세상에 필요한 질문이 담겼다. "제 삶은 이상하고 별나지만, 가치 있고 아름답습니다"라던 마지막 회 우영우의 대사처럼, 사회적 약자를 향한 먹먹한 위로와 연대도 있었다.

KBS 〈굿닥터〉(2013년), JTBC 〈라이프〉(2018년), SBS 〈스토브리그〉(2019년) 등을 통해 능동적이고 주체적인 장애인 캐릭터들의 모습이 제시돼왔다. 하지만 그 현재가 꽤 나쁘지 않음에도 여전히 아쉬운 점이 존재한다. 더 많은 〈우영우〉가 만들어져야 하는 이유다.

콘텐츠를 통한 선한 사회적 영향력을 전파하는 것은 이미 우리 산업이 지속하고 있는 분야이다. 앞으로 보다 깊고 다양한 시각에서 확대할 수 있을 것이며, 전 세계 시청자들이 더욱 가치 있는 세상을 이야기할 수 있도록, 또한 다양한 사람들의 이야기가 전파될 수 있도록 하는 것이 우리 콘텐츠와 미디어산업이 창출할 우선적인 사회적 가치가 될 것이다.

팬데믹-엔데믹 시대 일상회복과 콘텐츠

팬데믹에 이어 엔데믹 시대, 회복탄력성이라는 개념이 중요하게 논의되고 있다.

회복탄력성(Resilience)이라는 개념은 1973년 홀링스(Hollings)의 〈회복탄력성과 생태계 안정성(Resilience and stability of ecological systems)〉이라는 저서에서 처음 사용되었으나, 최근에는 생태학, 심리학, 도시연구, 재난 대응/회복, 국제개발, 조직/사업체의 건강성 등과 같은 다양한 학제 및 영역에서 사용되고 있는 개념이다.

영국의 잉글랜드예술위원회(Arts Council England)는 2010년 〈Great art and Culture for Everyone〉이라는 보고서에서 회복탄력성이라는 개념을 "문화예술분야 조직들이 그들의 미션을 달성하기 위해 변화에 적응하는 역량"이라는 의미로 처음 사용했다. 실제로 "예술, 박물관과 도서관이 회복탄력성을 가지고 환경적으로 지속 가능하도록 하는 것"을 영국예술위원회의 세 번째 전략 목표로 내세우고 있다. 회복탄력성의 의미는 이후 지속적으로 진화되고 있으며 콘텐츠 산업에도 적용될 수 있다.

회복탄력성은 크게 세 개의 개념으로 구분해 볼 수 있다. 첫 번째는 충격으로부터 다시 기존의 상태로 돌아가는 회복탄력성 개념, 두 번째는 충격을 흡수하는 역량으로서의 회복탄력성, 세 번째는 닥쳐올 충격에 대한 예측에 기반한 긍정적인 적응능력으로서의 회복탄력성 개념이 바로 그것이다. 특히 세 번째 회복탄력성의 개념은 단순히 원래 상태로 돌아가려는 회복탄력성(bouncing back)이 아닌 새로운 상태로 나아가는 회복탄력성(bouncing forward)이라는 개념으로 정의된다. 새로운 상태로 나아가는 개념으로서의 회복탄력성은 코로나19 이후의 콘텐츠 산업을 설명하는 핵심 개념이 될 수 있을 것이다. 이는 미션이나 조직구조와 기능은 이상이라기보다는 새로운 상황에 적합해야 한다는 점, 견디는 힘보다는 적응력이 더 중요하다는 점, 레질리언스라는 개념은 중장기적 관점을 내포하고 있는 용어로서, 단기적 적응력은 오히려 중장기적 회복탄력성을 감소시킬 수도 있다는 점을 강조한다. 회복탄력성이라는 개념 자체가 다양성(diversity), 가외성(redundancy), 환류(feedback), 지속적인 실험(continuous experimentation)과 같은 개념과 마찬가지로 생태학적(ecological)이고 진화적(evolutionary)인 성격을 갖고 있기 때문이다.

콘텐츠 산업은 회복탄력성을 촉진하는 중요한 기여자(contributor) 역할을 할 수 있을 것으로 기대된다. 콘텐츠는 개인의 심미적

▶ 좋은 미디어, 콘텐츠는 공동체의 회복에 기여한다. (픽사베이 제공)

만족도 충족과 깊은 관련이 있으므로 개인들의 심리적 회복탄력성(individual psychological resilience)과 공동체의 회복탄력성(community resilience)을 형성하고 구축할 수 있을 것으로 예상할 수 있다.

콘텐츠에 대한 투자는 결국 사회의 회복탄력성을 위한 투자이기도 하다. 콘텐츠는 코로나19로 인한 사람들의 심미적 치유와 공감대를 제공하는 데 크게 도움이 된다.

UNESCO는 코로나19로 전 세계 문화예술계가 전례 없는 위기 상황에 직면했음에도 불구하고 예술인들이 온라인 공연, 가상 전시, 웹기반 축제 등과 같이 물리적 봉쇄에 저항하는 새롭고 창의적인 해결책들을 지속적으로 고안해냈고, 전 세계의 많은 이들은 예술을 통해 위로받고, 연대하며, 코로나19가 가져온 불안과, 고립, 사회적 혐오와 갈등을 극복하기 위한 용기와 힘을 얻을 수 있었다는 점을 지적하며, ResiliArt Movement를 제안했다. ResiliArt란 Resilience(회복력/탄력성/복원력)와 Art(예술)의 합성어로 코로나19 상황 속에서 더욱 명확하게 드러난 예술의 회복탄력성, 즉 예술은 새로운 도전이나 위협에 대한 자기회복력과 적응능력을 가지며(Art is Resilient), 우리의 삶을 회복시키는 힘을 가지고 있다(Art makes us resilient)는 점을 강조한다.

전문적인 예술교육을 받지 않았음에도 코로나19로 인해 생긴 시간을 예술창작에 사용할 수 있었던 것은 동영상 기반 5세대 소셜 미디어의 등장, 비전문가도 쉽게 표현할 수 있는 다양한 애플리케이션의 등장도 한몫했다. 블로그와 같이 인터넷을 통한 텍스트 기반의 1 : n 관계 방식이 1세대였다면, 문자와 이미지가 결합된 2세대(싸이월드), 초고속 통신망을 기반으로 한 n : n 관계방식의 3세대(페이스북), 스마트폰 기반으로 이미지를 중시하는 4세대(인스타그램) SNS를 거쳐, 최근에는 '틱톡'과 같이 5G를 기반으로 동영상을 통해 n : n의 관계를 맺는 5세대 소셜 미디어가 각광받고 있다(이경상, 2020). 이는 스마트폰 하나만 있다면 공간의 제약 없이 15초에서 1분가량의 짧은 영상을 함께 공유하며, '숏(short) 확행(짧지만 확실한 행복)'을 추구하는 MZ세대(밀레니얼 세대와 Z세대를 통칭)의 소비 트렌드와 부합하기 때문이다. 피아노가 없어도 스마트폰의 건반 앱으로 언제 어디서든 연주하고, 화성법 같은 음악전문지식이 없어도 흥얼거리는 노래가락만으로도 악보를 그릴 수 있는 다양한 작곡 앱(Lily, 험온, 뮤직메모 등)이 개발되고, 태블릿을 이용한 일러스트나 그림 그리기가 예전보다 훨씬 더 쉬워진 것 또한 이러한 변화를 이끌어내는 데 기여했다. 코로나19를 계기로 급격히 확대된 온라인·비대면 콘텐츠의 향유(소비) 문화 확산과 함께 코로나 시대의 일상을 소재로 한 수많은 크리에이터의 탄생은 예술 생산자와 소비자 간의 경계를 더욱 허물고 있으며, 새로운 콘텐츠 생산, 유통, 소비를 촉진하는 계기로도 작용한다.

이에 엔데믹 시대 콘텐츠 활성화는 중요한 과제가 되는데, 우선 비대면 사회진입으로 인한 부작용을 콘텐츠로 최소화해야 할 것이다. 코로나19로 인해 멀어진 물리적 거리를 온라인 콘텐츠를 통한 교류를 통해 메꿈으로써 '사회적 거리 좁히기'의 결과를 창출할 수 있다. 비대면 환경에서도 콘텐츠를 통한 사회성을 높여줄 수 있는 콘텐츠의 특성에 주목하여 사회적 소통 영역의 콘텐츠 개발이 요구된다.

취약 계층의 미디어 리터러시 함양 및 접근성 강화가 요구된다. 비대면 현상으로 인해 온오프라인 환경 모두에서 배제되는 취약계층을 대상으로 미디어 리터러시를 좁혀주고 콘텐츠 접근성을 높여주어야 한다. 언택트 환경에서의 문화 향유 기반구축 및 콘텐츠 리터러시 제고를 통한 새로운 문화적 안전망을 구축해야 한다. 전 국민의 콘텐츠 창작자 혹은 자신의 문화예술을 콘텐츠화할 수 있게 도와주는 사업을 추진하여, 실버 수요도 충족하면서 디지털 디바이드(디지털 격차, 리터러시) 문제까지 다룰 수 있도록 설계되어야 한다. 지역 간, 계층 간 콘텐츠 향유 관련 격차가 벌어지고 있으며, 방문형 · 대면형 콘텐츠의 이용이 어려워지면서 언택트 콘텐츠 향유에 대한 수요가 높아짐에 따라 취약계층 대상 언택트 콘텐츠 바우처를 도입하여 '보편적 서비스'로서 언택트 콘텐츠 향유 제도화 방안이 마련되어야 할 것이다.

방탄소년단(BTS) 음악의 선한 영향력

2013년 데뷔한 방탄소년단(이하 BTS)은 명실상부 한국을 대표하는 그룹으로 성장했다. 그들은 데뷔 초부터 가상의 세계관을 구축하며 자신들의 음악이 단순히 상업적으로만 소비되는 것이 아닌 곡 안에 내포된 메시지와 주제를 전달하는 데 노력했다. 그렇기에 그들이 이룬 업적은 단순히 세계적으로 유행하는 곡을 만들었다기보다는 그들의 철학과 메시지가 세계적으로 인정받게 되었다고 볼 수 있다.

BTS는 발매하는 앨범들을 통해 청춘들의 생각, 꿈, 삶과 사랑 등의 스토리를 담아내며 시리즈로 구성된 앨범을 발매했다. 주요 수록곡들은 하나의 이야기로 연결되어 있으며 그들의 세계관과 주제 의식에 관한 내용을 표현한다.

BTS의 전체적인 앨범 경향은 가사를 통해 BTS 자신들의 성장, 경험, 사랑, 사상 등을 메시지로 전하며 대중들에게 공감, 위로, 희망, 치유와 같은 긍정적이고 선한 영향력을 끼치고 있다.

BTS는 노래와 춤과 가사를 통해 사회의 현실과 청춘들의 고민에 공감과 위로와 함께 희망의 메시지들을 전하기도 하고, BTS의 정규 앨범 〈YOU NEVER WALK ALONE〉의 타이틀곡 〈봄날〉에서는 세월호 사건에 대한 마음이 노래 깊숙이 담겨 있는 추모곡으로 위로를 전하기도 했다.

BTS의 스페셜 앨범 〈비(BE)〉는 코로나19로 모두가 무력감을 느끼고 전염성도 불안하지만 기약 없는 쉼에도 불안하고 두려움을 가지고 있는데 많은 생각과 마음들, 복잡한 감정들이 있지만 그럼에도 우리 모두가 함께 이겨내야 한다는 희망 메시지와 BTS 특유의 활력을 주면서 코로나19 시대적 상황을 위로하는 메시지를 전하고 있다. 〈Life Goes On〉에서는 열심히 달려가고 있다가 멈춰서 설 수밖에 없는 지금과 같은 원치 않는 상황을 마주하지만 이런 상황 속에서도 삶은 계속된다는 예술철학사상을 담고 있고, 〈내 방을 여행하는 법〉에서는 전 세계가 코로나19 팬데믹 상황 때문에 거의 대부분의 것들이 통제되어 있는데 이런 상황이 길어짐으로 여행이라는 단어의 정의나 개념이 달라질 수도 있고, 여행에 목말라 있는 전 세계 사람들에게 시야를 조금 바꿔서 집 안을 관찰하며 여행하는 것처럼 삶의 소소한 재미를 찾는 긍정적인 생각과 눈으로 세상을 보자는 예술철학사상을 담고 있고, 〈Blue & Grey〉에서는 내면의 감정들을 색깔들로 표현해서 우울함과 불안감을 블루(Blue)와 회색(Grey)로 표현해서 같은 사람으로서 감

▶ BTS는 음악을 통해 선한 영향력을 행사한다. (BTS 앨범 재킷)

정에 대한 공감을 예술철학사상을 담고 있고, 〈잠시〉에서는 코로나19로 인해 전 세계에 있는 팬클럽 아미와 직접 만날 수 없고 소통을 하더라도 항상 온라인으로 하는 잠시 떨어져 있는 현재 시대의 상황에 비록 떨어져 있지만, 팬클럽 아미와 함께 있음을 느끼고, 아미와 함께하는 순간이 가장 행복하다는 예술철학사상을 담고 있고, 〈병〉에서는 월드스타(World Star)로 전 세계적인 활동을 쉴 틈도 없이 하고 있다가 팬데믹 상황으로 멈춘 것을 갑자기 찾아온 쉼이라는 표현으로 오히려 쉬는 게 쉬는 것이 아닌 불안과 불편을 느끼는 일종의 직업병에 비유하면서 자신들만의 방법으로 다시 극복해보자는 예술철학사상을 담고 있고, 〈Stay〉에서는 비록 각자가 다 멀리 떨어져 있지만 어디에 있어도 항상 함께 머무르고 있다는 예술철학사상을 담고 있고, 〈Dynamite〉에서는 작고 사소한 모든 순간들을 통해서 삶의 소중함과 인생의 특별함이 있고, 코로나19로 전 세계의 모든 사람들이 힘들어하는 시기에 활력과 희망을 전하고 싶어 하는 예술철학사상을 담고 있다(김민석 · 전윤한, 2021).

BTS는 데뷔 앨범부터 세상을 바라보는 자신들의 시각과 생각으로, 즉 BTS의 예술철학사상으로 대중들과 공감대를 형성하고, 〈비〉 앨범에서도 코로나19 때문에 달라져 버린 현재를 가사와 음악을 통해 표현했다. 늘 그랬던 것처럼 많은 대중들이, 특히 아미가 〈비〉 앨범으로 더 위로를 받고, 희망과 활력을 얻었다. 유튜브에서 'BTS 리액션(Reaction)'이라는 키워드만 검색해 보아도 전 세계에 있는 많은 사람들이 BTS의 뮤직비디오나 무대영상, 가사해석 등을 보면서 비주얼로, 퍼포먼스로, 음악으로, 메시지 등으로 정말 많은 영향들을 받고 있는 것을 알 수 있다.

음악 속에 녹여낸 메시지들은 사회 전반의 분위기를 투영하기도 하고 시대의 정신을 나타내기도 한다. 빌리 홀리데이(Billie Holiday)의 〈Strange Fruit〉은 인종차별에 대한 흑인들의 비참한 삶과 억울한 죽음에 대해 얘기했고, 마이클 잭슨(Michael Jackson)의 〈Billie Jean〉은 본인을 둘러싼 루머를 해명했으며, 핑크(Pink)는 〈Dear Mr. president〉라는 곡을 통해 당시 대통령 조지 부시(George W. Bush)에게 편지 형태의 노랫말로 미국의 국내외 상황을 거론하며 비판하기도 했다.

BTS가 예술로 보여주는 예술철학사상은 어떤 상황 속에서도 현실을 받아들이고 앞으로 나아가고, 나라와 나라, 사람과 사람을 예술로 자유롭게 연결시켜주고, BTS가 전하는 행복, 희망, 사랑, 위로 등의 메시지가 진리로까지 받아들여지며, 전 세계의 음악들을 하나로 합쳐주는 역할을 하고 있다.

한편, BTS의 팬덤은 진화된 팬덤 문화를 보여준다. 스스로를 '청년의 대변인(A.R.M.Y, Adorable Representative M.C forYouth)'이라고 칭하는 등 아미는 팬들의 단순 집합체를 넘어서 강력한 사회·경제적 세력으로 자리하면서 '선한 영향력' 행사의 표본이 되고 있다. 아미는 자발적 문화실천을 보여주는데, BTS의 기부 또는 메시지를 추종하던 초기 형태에서 진화해 자신들이 스스로 사회문제를 인식하고 이에 대한 기여를 아미라는 공동 정체성을 통해 자발적으로 실행하고 있다. 단순히 팬덤을 통한 유흥 또는 즐거움에서 그치는 것이 아닌 이를 통해 자신의 목소리를 내는 문화적 소통 창구로 기능하고 있음이다. 이들은 자신들의 세대적 문화코드인 디지털 네트워크를 통해 의사소통을 하고, SNS를 적극 활용해 여러 연결망을 형성하며, 이러한 연결망은 시공간의 제약을 넘어 확산되고 실천적 행위로 이어진다. 이는 스타가 아닌 팬들 스스로의 자기 완성적 실현을 위한 행위이자 정서적 공감대를 형성하며 공동체 일원들과 바람직한 사회를 구축해나가는 데 일조하고자 하는 욕구이며 이들의 문화적 코드이기도 한 것이다.

포용적 경험과 포용 콘텐츠

2020년, 전 세계 인터넷상에서 가장 중요했던 검색 키워드 중 하나는 미국 경찰의 흑인 민간인 과잉진압으로 인한 사망 사건으로 촉발된 Black Lives Matter(BLM) 시위였다. 이 시위는 이후 'Stop Asian Hate, Black Trans Lives Matter' 등 전반적인 소수자의 권리 운동으로 번지며 미국만이 아니라 많은 나라에 다양성과 소수자 포용의 중요성을 시사했다.

이러한 흐름은 갑작스럽게 등장한 것이 아니라, 사회 전반적인 포스트모더니즘 기조로 인한 인구학적, 문화적 다양성 추구 경향과 사회적 소수에 대한 관심의 증가로 인해 자연스럽게 진행된 것이다. 이러한 배경에서, 현재 인권, 문화, 정치계와 기업 문화, 조직 관리 분야에서는 포용(Inclusion)이라는 키워드가 매우 중요하게 떠오르고 있다.

포용은 사전적 의미인 '무언가를 포함시킨다'는 의미를 넘어 성별, 외모, 인종, 연령, 신체적 장애나 성지향성 등으로 특정 사회, 문화 집단을 소외시키지 않고 포용적으로 접근하는 자세를 말하기 위해 쓰인다. 포용이라는 단어는, 소수자의 사회적 권리 신장을 위한 활동에서 과거에 더 활발히 쓰이던 '다양성'이라는 단어의 뜻을 보충하는 의미로 쓰이다가, 현재는 해당 단어를 대체하기도 하는 양상을 보이고 있다. 특히 최근에는 인권 평가의 지표에 '포용적'이라는 표현이 자주 등장하고 있다. '다양'이라는 단어가 '포용'이라는 단어로 변화되는 과정을 살펴보면 소수 집단을 주류에 '포함한다'는 개념 자체가 사회적 담론을 통해 변화했음을 알 수 있다. 기존에 사회, 문화, 신체적 소수자나 약자들로 구성된 소수 집단을 사회에 포함한다는 맥락에서 쓰였던 '다양성(Diversity)'은 1990년대에는 구성원의 인구통계학적 다양성 확보 등 수치적인 변화에 좀 더 초점을 맞추었다. 여기에 타깃으로 하는 다양성을 가진 집단의 특징도 장애, 나이, 성별 등 명확히 인지 가능한 요소들만이 아닌 눈에 보이지 않는 차원까지도 포함되었다. 최근 '다양성의 확보'는 '포용적(inclusive)' 활동이라는 개념으로 옮겨가고 있는데, 여기서 인클루시브는 소수 집단을 단순히 다수 집단에 끼워넣기만 하는 것이 아니라 그들의 문화를 이해하고 의견을 반영할 수 있는 시스템을 통해, 의사결정에서 소외되던 그룹들에 참여의 기회를 주고 발언권과 의사결정권 등 힘을 부여(empowering)하는 것에 가깝다.

한편, 세계화 추세가 지속됨에 따라 국가를 초월하여 기업과 사람의 이동이 활발해지고 노동이주자, 국제결혼이주자, 유학생 등 국내에 거주하는 이주자의 수가 증가하고 있다. 한국 사회는 1988년 서울 올림픽 이후 경제가 성장하여 인건비가 낮은 외국인 근로자, 국제결혼으로 인한 결혼이주여성, 외국인 유학생, 북한이탈주민 등이 증가했을 뿐만 아니라 이로 인해 사회적, 문화적으로 급속한 변화를 맞이하고 있다.

한국 사회는 결혼이주여성과 이주노동자가 유입되고 세계화 흐름에 발맞춘 세계화와 국제화의 추진으로 빠르게 다문화시대를 맞이하고 있다. 그렇다고 국민이 단일민족신화에 기초한 국가정체성의 틀에서 완전히 벗어난 것은 아니다. 이를 위해 국가와 민간에서 다양한 계몽 콘텐츠를 제작하고 있다. 또한 다문화는 사회현상이기 때문에 TV, 영화, 문학작품 등 다양한 방법으로 재현하고 있다.

장애는 반드시 극복해야 하며, 극복하지 못했을 경우에는 사회적으로 배제되어 살아가는 모습으로 등장하곤 했다. 전체인구의 5%가 장애를 경험하고 있는 상황이나, 비장애인이 장애인을 떠올렸을 때 그려지는 이미지는 다양하지 못한 것이 현실이다. 우리의 일상에서 가장 밀접하게 수용하는 다양한 미디어의 영향일 수 있다. 현재 미디어에서 비춰지는 장애인의 모습은 극히 제한적이며, 이들을 바라보는 시각이나 논의 역시 왜곡되어 있거나 협소하다.

최근 다양한 분야에서 포용에 대한 논의가 이루어지면서 포용적 복지국가는 발전된 복지국가를 일컫는 표현으로, 사회적 포용은 사회적 배제의 반대 개념으로 더 많이 사용되었다. 포용 개념은 개인의 다양성을 존중하는 현상이다. 다양성을 바탕으로 개인의 개별성을 살릴 수 있는 보완적 관계가 가능한 사회적 구조를 의미한다.

미디어 보도 측면에서 장애인은 주로 왜곡되어 있거나 부정적이며, 대개 주변적 내용이나 소재에 국한하여 표현하고 있다. 즉, 장애인의 특정 측면에 초점을 두어 편향된 시각을 보이고 있으며, 장애인이 필요로 하는 정보보다는 비장애인이 보기 원하는 모습을 묘사하는 것이다. 미디어에서 장애인을 표현하고 묘사하는 방식은 장애인 스스로가 사회적 정체성을 형성하는 데 영향을 미칠 수 있다. 미디어가 묘사하는 장애인은 크게 '비참한 장애인'

▶ 미디어는 다양성, 사회적 포용을 지지해야 한다. (픽사베이 제공)

과 '성공한 장애인' 두 부류로 정형화된다. 모금방송에 등장하는 열등한 사회구성원으로서 그려내거나 장애를 극복하여 드라마틱한 삶을 살아가는 성공한 장애인으로 그려내고 있는 것이다.

포용적 미디어로 변화하기 위해서는 미디어 환경과 관련해 다양한 접근이 필요하다.

첫째, 개인의 다양성을 드러내기 위한 꾸준한 접근이다. 이는 내용에 대한 다양성으로 해석할 수 있는데 다양한 장애 유형의 장애인이 등장해 사회구성원으로서의 일상적인 모습을 노출하거나 장애인을 둘러싼 환경을 드러내는 방식이다. 대중이 장애를 포괄해 개별성과 다양성을 인식하는 데 영향을 미칠 수 있다.

둘째, 미디어에 등장하는 모습뿐만 아니라 미디어를 생산하는 과정에서의 참여가 필요하다. 앞서 강조한 노동의 포용성과도 깊은 관계가 있다. 미디어 제작환경에서 장애인이 실재적인 역할을 하는 것은 장애인의 사회적 참여를 보장하는 것뿐 아니라 장애인과 관련된 올바른 메시지를 전달할 수 있다.

셋째, 장애 관련 용어에 대한 적절한 점검과 적용이 필요하다. 대부분 언론과 방송 등에서는 게재 이후 혐오표현 실태조사와 모니터링 등이 실시되고 있다. 이러한 혐오발언에 대한 인권적 대응이 필요할 것이다. 하지만 이 역시 사후적 권리구제 방식일 뿐이므로 제작단계에서 명확한 전달을 할 수 있는 구조적으로 참여할 수 있는 시스템이 마련되어야 할 것이다.

마지막으로 기술 발전으로 인해 재편되고 있는 디지털 환경을 포용적으로 조성하는 것이다. 미디어 이용에 대한 범위를 확대하여 이용 다양성을 확보하는 것이다. 자막이나 수어, 쉬운 언어 사용 등 장애인을 포함한 모든 사회구성원이 차별받지 않는 환경에서 미디어를 경험할 수 있어야 한다.

사회와 국가에서 포용을 실현해 감에 있어서 포용성을 이야기하는 '포용적 캠페인'에 대한 실천이 하나의 해결책이 될 수 있다. 미디어에서 장애인, 다문화가족, 성소수자 등 소수자를 소구하는 방식이 사회에서의 분리나 배제, 배려, 일방적인 통합이 아닌 연대와 포용의 방향으로 전환할 필요가 있다. 이러한 캠페인 활동은 단순히 미디어에서 그려지는 '장애'뿐만 아니라 동시에 민간단위의 활동이 정책 수립에 영향을 미칠 수 있을 것이라 생각하며 이를 통해 정부, 공공기관, 장애와 인권관련 단체, 기업의 캠페인에 관련한 역량을 강화하고, 긍정적인 방향을 제시해 줄 것이다.

사회적 이슈에 주목하는 착한 미디어

〈빅이슈(The Big Issue)〉는 1991년 9월 영국의 존 버드와 고든 로딕이 창간한 격주간 잡지이다. 홈리스를 지원하기 위해 발행되는 스트리트페이퍼로, 잡지 판매대금의 절반 이상이 홈리스 출신의 판매사원(빅판)에게 돌아간다. 현재 세계 10개국 15종이 발간되고 있다. 한국어판인 〈빅이슈코리아〉는 2010년 7월 5일 창간되었으며, 아시아에서는 일본, 타이완에 이어 세 번째로 창간되었다.

〈빅이슈〉는 사회적 이슈와 비즈니스를 결합한 잡지다. 소수자들의 문제, 반려동물, 청년 주거문제 등 각 호마다 다른 콘셉트 기사들로 이뤄진다. 노숙자들에게만 잡지를 판매할 수 있는 권한을 주어 자활의 계기를 제공하는 것이 목표다. 잡지는 창간한 지 얼마 되지 않아 수천 명 노숙자들에게 일자리를 주어 자립으로 이끌었다. 당시 영국의 500여 개 자선단체가 하지 못한 일을 〈빅이슈〉가 해냈다는 평가를 받을 정도였다. 노숙자들이 직접 홍보하고 판매하며 자활의 기회를 얻는 〈빅이슈〉는 세계 각국으로 퍼져갔다.

2010년 설립된 〈빅이슈코리아〉는 비즈니스 솔루션을 통해 기회를 창출하여 빈곤 해체를 미션으로 하는 사회적 기업이다. 격주로 매호 1만~1만 5,000부를 발행하고 있다. 홈리스에게 〈빅이슈〉 판매라는 일자리를 제공해줘 자립과 자활을 할 수 있는 기회를 제공하는 것이다. 매년 100여 명의 판매원이 신규 등록하고 있다.

▶ 홈리스의 자립을 지원하는 〈빅이슈〉 매거진 (홈페이지)

〈빅이슈〉를 판다는 건 판매원들에게 단순한 일자리 이상의 의미다. 잡지 한 권을 팔면 판매원들에게는 판매가 절반인 2,500원이 남는다. 하지만 더 중요한 건 오랫동안 사회와 단절된 채 살아가던 홈리스들이 사람과 다시 연결되는 경험이다. 잡지를 판다고 금세 판매원들의 형편이 나아지진 않지만 "아직 세상은 살만한 곳"이라고 생각하게 되는 것이다.

그러나 〈빅이슈〉의 의미 있는 성장은 멈췄다. 코로나 팬데믹으로 지하철이나 대학가에서 잡지를 팔기 어려워지자 판매량은 급격히 떨어졌다. 세계 각국의 〈빅이슈〉가 공통적으로 맞닥뜨린 위기였다.

영국의 〈빅이슈〉도 2020년 3월, 정부가 코로나로 첫 봉쇄령을 내리자 판매량이 0으로 떨어졌다. 새로운 마케팅 전략이 절박해

지자 〈빅이슈〉는 판매 방식을 온라인과 디지털로 전환하는 작업에 나섰다. 세계 최대 구인 구직 소셜 미디어인 〈링크드인〉과의 협업이 시작됐다. 판매원과 고객이 적극적으로 교류할 수 있는 온라인 커머스 플랫폼을 만드는 이 프로젝트는 기존의 단골 고객과의 관계를 지속시키면서 잠재 고객을 발굴할 수 있는 통로로 활용할 수 있게 하는 것이 목표였는데, 판매원과의 특별한 유대가 〈빅이슈〉에 대한 지지로 이어지는 경우가 많다는 조사결과를 주목한 시도였다. 노숙자 판매원들에게는 소셜 플랫폼을 활용할 수 있도록 사용법을 철저하게 교육시켰다. 거리에서 판매하던 방식을 플랫폼을 활용한 커머스 채널로 바꾼 〈빅이슈〉와 〈링크드인〉의 프로젝트 성과는 놀라웠다. 판매량은 400% 증가했고 디지털 구독도 325% 증가했다. 세계 3대 광고제 중 하나인 칸 국제광고제는 〈빅이슈〉와 〈링크드인〉의 이 협업 프로젝트에 '2021 그랑프리'를 안겼다.

장애인 묘사와 미디어 다양성

미디어에서 특정 카테고리의 인물이 배제된 현상은 그 카테고리가 사회에서 소외됐다는 것을 보여준다. 미디어는 현실을 '재현'하고, 우리는 미디어를 거울처럼 느끼고, 영향을 받는다. 하지만 미디어는 현실을 그대로 드러내지 않는다. 미디어가 '소홀히 대하는 대상' 중 하나가 장애인이다.

한국 미디어는 장애인과 장애를 어떻게 그리고 있을까. '왜곡된 묘사'보다 심각한 건 묘사 자체를 찾아보기 힘들다는 사실이다. 2019년 방통위가 실시한 〈미디어 다양성 조사〉에 따르면 2019년 1~9월에 주요 채널에서 방영된 드라마 등장인물 2,713명 가운데 장애인은 0.7%에 그쳤다. 한국의 장애인이 5%로 추산되는 점을 고려하면 터무니없이 낮은 비중이다.

드라마에서 주인공이 비극적인 일을 겪으며 장애를 '극복'해야 하는 대상처럼 삼는 건 클리셰처럼 굳어졌다. 코미디 프로그램에서는 지적 장애를 희화화하는 캐릭터가 등장해 공공연하게 전파를 탔다.

뉴스도 장애에 대한 편견을 부추긴다. 포털에는 장애인 인권을 조명한 유의미한 기사도 적지 않지만 이를 묻어버릴 만큼의 차별을 조장하는 기사가 쏟아지고 있다는 점이 문제다. 장애인먼저실천운동본부의 2021년 모니터 결과 '벙어리', '정상인', '불구자', '장애를 앓다' 등 차별이나 편견을 조장할 수 있는 용어를 사용한 신문 기사가 넘쳐난다.

▶ 장애인, 다문화 어린이 캐릭터가 등장하는 EBS 〈딩동댕 유치원〉 (EBS 제공)

이런 가운데 EBS의 〈딩동댕 유치원〉의 새로운 캐릭터 구성은 주목할 만하다. 인형으로 등장하는 캐릭터들 가운데 휠체어를 탄 장애인 캐릭터 하늘이, 다문화 가정에서 나고 자란 마리 등이 새롭게 등장한다. '체육을 좋아하는 소녀'와 '문학을 좋아하는 소년' 캐릭터 등을 통해 고정적인 성역할에서 벗어나려는 노력이 돋보인다. 〈딩동댕 유치원〉은 40년 동안 방영됐지만, 장애, 다문화 어린이가 등장한 건 처음이다. 다른 방송사 어린이 프로그램에서도 장애를 가진 고정 캐릭터를 찾아볼 수는 없는 상황이다.

드라마에서도 장애를 다루는 태도가 달라지기 시작했다. 드라마에서 장애인의 일상을 비중 있게 그려내는 사례가 연달아 등장했다. 2018년 방영된 JTBC 드라마 〈라이프〉의 지체 장애인 등장인물은 비리를 밝혀내는 등 극 중에서 중요한 역할을 하는 인물이다. 드라마는 그의 일상을 집중적으로 그려낸다. 그는 전동휠체어를 타고 이동한다. 휠체어를 탄 채로 청소 등 집안일을 하고, 출근해 일을 한다. 장거리 이동 때는 장애인콜택시를 부른다. 장애인들에겐 전동휠체어가 보편화됐지만 유독 드라마에선 수동휠체어가 많이 보이던 상황이었기에 전동휠체어 등장 자체로도 호평을 받았다. 2019년 방영된 SBS 드라마 〈스토브리그〉에서도 장애인 캐릭터가 큰 비중으로 등장했다.

해외에선 BBC가 장애를 적극 드러내기 위한 노력을 해온 대표적인 방송사로 꼽힌다. 2009년 BBC의 어린이 채널에서는 한쪽 팔이 없는 배우인 세리 버넬이 방송 진행을 맡았다. 당시 국내 언론도 조명할 정도로 주목을 받았다. BBC는 장애 여부를 불문하고 사회생활을 할 때 모든 사람에게 동등한 기회가 보장돼야 한다는 취지로 그를 발탁했다.

BBC는 PD들에게 배포하는 〈프로듀서를 위한 지침서〉를 통해 '코미디에서 인종, 종교, 연령, 장애 등을 다룰 때 고정관념에 유의한다'. '흑인을 범죄자로, 여성을 주부로, 장애인을 희생자로, 노인을 무능력자로 범주화하지 않는다' 등의 규정을 두고 있다.

미국의 유명 어린이 프로그램 〈세서미 스트리트(Sesame Street)〉에는 청각 장애를 가진 린다, 다운증후군을 가진 제이슨, 휠체어를 타는 타라, 시각 장애를 가진 아리스토텔레스, 그리고 자폐성 장애를 가진 줄리아가 등장한다.

미국 아카데미상은 2025년부터 주류 영화에서 소외된 여성, 소수인종·민족, 성소수자, 장애인 등이 비중 있게 참여할 수 있게 수상 자격에 다양성 기준을 적용할 계획이다. '조연·단역의 최소

30% 이상이 다인종, 여성, 성소수자, 장애인 중 두 가지 이상을 포함', '영화의 주요 줄거리, 주제 또는 내러티브가 소수자 집단에 관한 내용', '책임자 직책 중 적어도 두 명이 소수자 집단(다인종·여성·성소수자·장애인) 출신', '전체 제작진의 최소 30%가 소수자 집단 출신' 등의 기준을 마련했다.

미디어는 장애인을 포함한 소수자와 약자를 지금보다 더 많이, 그리고 제대로 보여줘야 한다. 장애인 캐릭터의 미디어 출연이 더 이상 뉴스가 되지 않게 해야 할 것이다.

참 고 문 헌

강병규(2022). 호모 아딕투스, 알고리즘을 설계한 신인류의 탄생. 다산북스.

강보라(2018). SNS상의 이미지 생산과 의미에 관한 연구: '먹스타그램' 사례를 중심으로. 영상문화, (33), 5-32.

강준만(1999). 대중문화의 겉과 속 I. 인물과 사상사.

강진숙(2011). 미디어 중독의 담론지형과 쟁점 연구. 한국방송학보, 25(4), 7-38.

고명지 · 최유정 · 최샛별(2017). 청년 세대 음식소비문화에 관한 연구. 소비문화연구, 20(2), 49-78.

관계부처합동(2020.12). 가상융합경제 발전전략.

길태숙(2014). 캐주얼 게임의 부상: 향수를 넘어 소통으로. 한국컴퓨터게임학회논문지, 27(3), 193-201.

김대호 외(2011). 미디어생태계. 커뮤니케이션북스.

김명남 · 장시형 역(2007). 특이점이 온다 - 기술이 인간을 초월하는 순간. 김영사.

김민석 · 전윤한(2021). 방탄소년단(BTS) 작품 비(BE) 앨범에 나타난 예술철학사상 연구. 문화와 융합, 43(12), 829-854.

김선화 · 엄기준(2020). 트렌드 변화에 따른 이모티콘의 의미 패턴 연구. Design Research, 5(4), 404-413.

김성벽(2002). 웹미디어(webmedia) 경험과 커뮤니케이션능력(communication competence)에 대한 연구: 미디어생태학(media ecology)적 연구관점을 중심으로. 중앙대 박사논문.

김성벽(2004). 미디어생태학의 연구 경향과 의의에 대한 고찰. 스피치와 커뮤니케이션, (3), 218-243.
김수완 · 임정원 · 최종혁(2021). 복지기술은 사회혁신인가: 독거노인을 위한 기술기반 돌봄서비스 사례 연구. 비판사회정책, 71, 7-41.
김승수(2006). 커뮤니케이션산업의 공익융합모형, 방송통신융합시대 뉴미디어 확산과 수용자 권익보호. 한국방송비평회 포럼.
김용섭(2015). 스낵컬처, 콘텐츠의 지도를 바꾸다. 트렌드 측.
김용희(2021). 미디어 산업계의 ESG확산과 대응 필요성. KCA 미디어 이슈 & 트렌드 9+10월호, 6-21.
김원제(2006). 호모미디어쿠스. 커뮤니케이션북스.
김원제(2009). 콘텐츠 실크로드 미디어 오디세이. 이담북스.
김원제(2009). 창조문화시대 창의인력 모델. 콘텐츠산업정보포털 전문가 칼럼.
김원제(2010). 생태계 개념과 미디어산업의 지속성장 조건. 콘텐츠산업정보포털 전문가칼럼.
김원제 외(2011). 스마트 미디어 콘텐츠 인사이트. 이담북스.
김원제(2017). 위험사회를 넘어 안심사회의 조건. 한국학술정보.
김원제 외(2018). 시니어 비즈니스 블루오션. 한국학술정보.
김원제(2022). 힐링 문화 비즈니스. 신영사.
김원제 · 송해룡(2015). 미디어콘텐츠, 창조기획과 스마트 비즈니스. 한국학술정보.
김유석(2021.2.9). 방송의 지속가능성을 위한 사회적 가치. 신아일보.
김정수(2020). 콘텐츠, 가상융합경제의 혈액이 되다. 소프트웨어정책연구소 연구자료.
김창남(2010). 대중문화의 이해. 한울.
김항규(2020). XR, 경험 확장을 통한 사회적 치유. 월간SW중심사회, 10월호.
네이버(2020). [ESG보고서] Embracing Sustainability for Growth.

노명우(2011). 호모 루덴스, 놀이하는 인간을 꿈꾸다. 사계절.
류정아(2012). 축제의 원칙. 커뮤니케이션북스.
류준호 · 윤승금(2010). 생태계 관점에서의 문화콘텐츠 산업 구성 및 구조, 한국콘텐츠학회논문지, 10, 327-339.
박상천(2012). 문화콘텐츠의 '즐거움'과 '재미'에 관한 연구. 한국언어문화, 60, 139-164.
박성식 · 임학순(2021). 문화콘텐츠 생태계 연구의 새로운 모색. 만화애니메이션연구, 64, 611-641.
박소진(2012). 대학생의 노래방 체험: 자기표현과 전시. 문화와사회, 13, 7-52.
박영주(2021). 해외 미디어 기업의 ESG 활동 - 넷플릭스의 ESG보고서 분석. KCA 미디어 이슈 & 트렌드 9+10월호, 22-34.
박윤나 · 한상린(2021). 기업의 ESG 활동이 기업 이미지, 지각된 가격, 공정성 및 소비자 반응에 미치는 영향. 경영학연구, 50(3), 643-664.
배만규(2011). 축제의 심리적 스트레스 해소 효과. 관광레저연구, 23(8), 381-398.
배진아(2020). 위기 앞에서 보여준 선한 영향력, 상생 예능. 방송 트렌드 & 인사이트, 통권 22호(5월호). http://www.kocca.kr/trend/vol22/sub/s41.html
삼정KPMG(2021). ESG의 부상, 기업은 무엇을 준비해야 하는가? Samjong INSIGHT, Vol 74.
성욱제 외(2020). 디지털 시대 지속가능한 방송통신 생태계 구축을 위한 정부의 역할 연구. 방송통신위원회 연구보고서.
송기봉(2022). 이모티콘이 유발하는 감정이 브랜드 애착에 미치는 영향. 한성대 석사논문.
송도영(1997). 문화산업의 구조와 일상적 문화소비 양식: 노래방의 사례; 문옥표 외(1997). 한국인의 소비와 여가생활. 한국정신문화연구원.
송도영(2004). 인류학자 송도영의 서울읽기. 소화.

송해룡(2009). 미디어2.0과 디지털미디어 생태계 패러다임. 성균관대학교 출판부.
송해룡(2010). 미디어 비즈니스 시장과 생태계. 성균관대학교출판부.
송해룡 · 조항민(2014). 디지털미디어 시대 리스크 현실과 진단. 한국학술정보.
송해룡 외(2019). 미디어콘텐츠 4.0. 한국학술정보.
송해룡 외(2020). 넥스트 노멀. 신영사.
심용운(2015). 스마트 생태계. 커뮤니케이션북스.
CJ ENM(2021). 2021 ESG REPORT: 콘텐츠와 커머스, 선한 영향력의 시작.
유영만(2006). 지식생태학. 삼성경제연구소.
이동후(2014). 포스트만의 미디어 생태학적 시각에 관한 고찰. 인간 · 환경 · 미래, 13, 125-158.
이동후(2015). '뉴'미디어의 이해, 미디어 생태학의 지적 실천과 함의. 한국방송학보, 29(5), 32-66.
이문학 · 정현욱(2021). 짧은 동영상 플랫폼 틱톡 이용에 대한 수용자의 인식 유형 연구. 주관성 연구, 54, 5-25.
이상우(2011). 미디어생태계. 커뮤니케이션북스.
이선미 · 박종철(2022). 기업의 ESG 활동이 기업평판에 미치는 영향: 신뢰의 매개효과를 중심으로. 경영컨설팅연구, 22(1), 257-267.
이완수(2017). 부고의 사회학. 시간의 물레.
이정재(2001). 한국축제의 길 - 일상과 일탈. 인문학연구, 5, 29-69.
장용호 · 공병훈(2011). 출판생태계의 복잡적응계적 접근. 한국출판학연구, 61, 31-60.
장용호 · 공병훈(2013). 디지털 출판 생태계와 출판사의 적응 전략 연구. 한국출판학연구, 65, 167-194.
장용호 · 공병훈 · 조정미(2013). 스마트미디어 기반 잡지산업 성장 전략 연구. 한국언론진흥재단 연구보고서.

전승혜 · 김종화(2021). 콘텐츠의 선한 영향력과 사회적 가치. KCA 미디어 이슈 & 트렌드 9+10월호, 35-47.

정명희(2003). 축제방문객이 지각한 도시축제의 사회문화적 영향: 하이서울 페스티발을 중심으로. 관광연구논총, (15), 243-263.

정지훈 · 류현정 역(2014). 기계와의 전쟁. 티움.

정혜욱(2011). 환경으로서의 미디어 생태학 사상: 공간의 변화에서 두뇌구조의 변화까지. 한국영상학회논문집, 9(4), 5-18.

최언희 · 이무용(2019). 도시음악축제에서 나타나는 일탈성 양상 연구. 예술경영연구, 50, 65-100.

최창현 · 정시구(2015). 복잡계로 바라본 C-P-N-D ICCT 생태계. 커뮤니케이션북스.

카카오(2020). [ESG보고서] 2020 카카오의 약속과 책임.

클라우스 슈밥(2016). 클라우스 슈밥의 제4차 혁명. 새로운현재.

허종호 · 김태민 · 이세리 · 이채린(2022). ESG와 브랜드자산과의 관계. 경영연구, 37(1), 1-20.

홍나리 · 김인신(2021). 여행 중 음식사진 공유 행동은 여행만족에 기여하는가? 관광학연구, 45(3), 81-100.

Croteau, D. & Hoynes, W.(2000). Media/Society: Industries, Images, and Audiences. Sage Pub. 전석호 역(2002). 미디어소사이어티. 사계절.

Csikszentmihalyi, M.(1990). Flow: The Psychology of Optimal Experience. New york, Harper and Row.

Fidler, R.(1997). Mediamorphosis: Understanding New Media. 조용철 역(1999). 미디어모포시스. 커뮤니케이션북스.

Keller, D.(1995). Media Culture. 김수정 · 정종희 역(1997). 미디어 문화. 새물결.

Lum, C. (Ed.)(2006). Perspectives on culture, technology and communication: The media ecology tradition. 이동후 역(2008). 미디어 생태학 사상. 한나래.

McLuhan, H. M.(1964). Understanding media: The extensions of man. 김상호 역(2011). 미디어의 이해: 인간의 확장. 커뮤니케이션북스.

McLuhan, M., Fiore, Q., & Agel, J.(1967/2001). The Medium is the massage: An inventory of effects. 김진홍 역(2001). 미디어는 맛사지다. 커뮤니케이션북스.

Mumford, L.(1934). Technics and civilization. 문종만 역(2013). 기술과 문명. 책세상.

Netflix(2021). Environment, Social & Governance Report.

Netflix(2021). Inclusion in Netflix Original U.S. Scripted Series & Film.

Odum, E.(1997). Ecology: A Bridge between Science and Society. Sinauer Association, Inc. 이도원 외 역(2001). 생태학. 사이언스북스.

Pine, B. J., & Gilmore, J. H.(1998). Welcome to the experience economy. Harvard Business Review, 76(4), 97-105.

Pine, B. J. & Gilmore, J. H.(1999). The Experience Economy: Work is Theatre & Every Business a Stage. United States, Harvard Business Press.

Poster, M.(1995). The Second Media Age. Polity Press. 이미옥 · 김준기 역(1998). 제2의 미디어. 민음사.

Poster, M.(1990). The Mode of Information; Poststructuralism and Social Context. Polity Press. 김성기 역(1994). 뉴미디어의 철학. 민음사.

PWC(2021). ESG and technology, media and telecoms: A chance to rethink strategy.

Schmitt, Bernd. H.(2003). Customer Experience Management: A Revolutionary Approach to Connecting with Your Customers. New York, John Wiley & Sons.

Schwab, K.(2016). The Fourth Industrial Revolution: how to respond.

weforum.org

Shin, M.(水越伸, 1999). 디지털미디어 100년 후를 상상한다. Tokyo: Iwanami Shoten Pub. 백성수 외 역(2000). 한국학술정보.

ViacomCBS(2022.1). ESG REPORT 2020-2021: TAKING ACTION.

WarnerMedia(2021.10). Equity & Inclusion Report 2020/21: THE POWER OF STORIES.

김원제

현재 (주)유플러스연구소 연구소장(대표이사), 성균관대학교 겸임교수로 재직 중이며, (사)매거진미디어융합학회 부회장을 맡고 있다. 공공 분야 연구기획, 프로젝트 및 자문, 기업비즈니스 컨설팅을 주업으로 하며, 다양한 사회현상에 대한 기획저술을 꾸준히 하고 있다.

저서로 〈힐링 문화 비즈니스〉(2022, 한국출판학회 올해의 책 선정), 〈넥스트 노멀〉(2020, 공저), 〈미디어콘텐츠 4.0〉(2019, 공저), 〈시니어 비즈니스 블루오션〉(2018, 공저), 〈위험사회를 넘어 안심사회의 조건〉(2017, 한국연구재단 저술지원), 〈미디어스포츠 사회학〉(2016 개정판), 〈미디어콘텐츠, 창조기획과 스마트 비즈니스〉(2015, 공저), 〈위험커뮤니케이션의 이론과 실제〉(2013, 공저, 문화체육관광부 우수학술도서), 〈구텐베르크의 귀환〉(2012, 공저, 문화체육관광부 우수학술도서), 〈스마트 미디어 콘텐츠 인사이트〉(2011, 공저), 〈콘텐츠 실크로드 미디어 오디세이〉(2009, 문화부 우수교양도서), 〈퓨전테크 그리고 퓨전비즈〉(2007, 문화부 우수교양도서) 등이 있다.

이용준

대진대학교 미디어커뮤니케이션학과 교수로 재직 중이며, (사)매거진미디어융합학회 회장과 대진대학교 정보전산원장을 맡고 있다. 한국언론진흥재단 언론진흥기금관리위원, 한국출판문화산업진흥원 간행물윤리위원, 문화체육관광부 규제개혁위원, 경기대진테크노파크 영상미디어문화콘텐츠위원회 위원장, 한국언론학회 출판과 커뮤니케이션연구회 회장, 플로리다 주립대학교(Florida State University) 방문교수, 영국 Center for Publishing of Stirling University의 Visiting Researcher를 역임했다.

저서로 〈미디어콘텐츠 4.0〉(2019, 공저), 〈구텐베르크의 귀환〉(2012, 공저, 문화체육관광부 우수학술도서), 〈전자책 빅뱅〉(2010, 공저) 등이 있다.

송해룡

현재 성균관대학교 명예교수이다. 한국방송학회장, 성균관대학교 사회대 학장, 문화융합대학원장, 국무총리 직속 국민안전안심위원회 위원을 역임했다.

저서로 〈넥스트 노멀〉(2020, 공저), 〈미디어콘텐츠 4.0〉(2019, 공저), 〈시니어 비즈니스 블루오션〉(2018, 공저), 〈위험커뮤니케이션의 쟁점과 과제〉(2017), 〈미디어콘텐츠, 창조기획과 스마트 비즈니스〉(2015, 공저), 〈아이디스오더 : 기술문명 스트레스와 그 극복〉(2015, 역저), 〈디지털미디어시대 리스크 현실과 진단〉(2014, 공저), 〈위험커뮤니케이션의 이론과 실제〉(2013, 공저, 문화체육관광부 우수학술도서), 〈미디어 비즈니스 시장과 생태계〉(2010) 등이 있다.

굿 콘텐츠 Good Content

2023년 3월 3일 제1판 1쇄 인쇄
2023년 3월 10일 제1판 1쇄 발행

저 자 김원제 · 이용준 · 송해룡
발행인 권 영 섭
발행처 (주)신 영 사

경기도 파주시 심학산로 12(출판문화단지)
등 록 : 1988. 5. 2 / 제406-1988-000020호
전 화 : 031-946-2894(代)
F A X : 031-946-0799
e-mail : sys28945@naver.com
홈페이지 : http://www.shinyoungsa.co.kr

정가 **15,000**원 ISBN 978-89-5501-835-6

* 이 저서는 우송대 교양교육연구소의 지원을 받아 수행된 연구임